旅游法规导读

Guided Reading of Tourism Regulations

林志勇 主编

北京大学出版社
PEKING UNIVERSITY PRESS

图书在版编目(CIP)数据

旅游法规导读/林志勇主编.—北京:北京大学出版社,2012.7
ISBN 978-7-301-20852-6

Ⅰ.①旅… Ⅱ.①林… Ⅲ.①旅游业-法规-中国-高等学校-教材
Ⅳ.①D922.296

中国版本图书馆CIP数据核字(2012)第132627号

书　　　名:**旅游法规导读**
著作责任者:林志勇　主编
责 任 编 辑:宋　霜
标 准 书 号:ISBN 978-7-301-20852-6/F·3218
出 版 发 行:北京大学出版社
地　　　址:北京市海淀区成府路205号　100871
网　　　址:http://www.pup.cn
电　　　话:邮购部62752015　发行部62750672　编辑部62752926　出版部62754962
电 子 信 箱:em@pup.cn
印　刷　者:河北滦县鑫华书刊印刷厂
经　销　者:新华书店
787毫米×1092毫米　16开本　15.25印张　355千字
2012年7月第1版　2012年7月第1次印刷
印　　　数:0001—4000册
定　　　价:32.00元

前 言

旅游法规课程作为一门经验性、实践性和综合性极强的独立学科，已经成为高校旅游管理专业的必修课程之一。但由于法制建设的迅速发展、大量新法律的颁布和修订，教材本身急需从理论上更新相关内容和案例，同时，如果不对旅游法律法规相关抽象条文进行详细解读，就无法对旅游法律制度基本原理有深刻的认识，学习起来会晦涩难懂。因此，为了满足高等院校旅游专业教学发展的迫切需要，编者认真总结了现有旅游法规教材的编写经验，精心编写了本教材，力求突出以下特色：

其一，新颖性。本教材密切关注旅游法规的发展变化，融入旅游法规的最新内容，尤其是及时增加了新近颁布实施的《旅行社条例》、《食品安全法》、《风景名胜区条例》、《旅游投诉处理办法》和《大陆居民赴台湾地区旅游管理办法》等重要内容，并对其重点法条进行解读，努力使这门课程联系实际，从而满足旅游法规教学需要。

其二，完整性。本教材不仅注重对原有和新近实施的旅游法律法规的汇编，还重视旅游法律中的司法解释以及旅游行业服务标准的整理、阐释并汇集，使读者对整个旅游法律体系的认识更加全面和透彻。

其三，实用性。为了适应案例教学法的需要，本教材在各章中汇集了相应的旅游法规案例，特别是有代表性的相关案例，并对其做了详细的评析，致力于形成关系密切、妙趣横生的教学内容，促使学生能够有效地理解和掌握旅游法规，并有利于授课教师按照教学计划安排使用。

在编著的过程中，本教材参考借鉴与引用改编了一些近年出版的旅游法规学术专著及案例汇编，在此对原作者表示崇高的敬意与衷心感谢。同时，对于北京大学出版社编辑郝小楠、宋霜女士的热情帮助、及时指导与认真编校，一并表示诚挚的谢意。

由于编著者对旅游法规科研涉足不深以及编著时间的限制，本教材肯定存在不少问题与疏漏之处，敬请学界的专家学者提出宝贵意见。

编 者

2012 年 1 月

目　录

一

旅游综合法律制度

中华人民共和国宪法(总纲)

第一条 中华人民共和国是工人阶级领导的、以工农联盟为基础的人民民主专政的社会主义国家。

社会主义制度是中华人民共和国的根本制度。禁止任何组织或者个人破坏社会主义制度。

法条解读:人民民主专政,是我国国家制度的核心,是对人民的民主和对敌人的专政两个方面的有机结合。工人阶级领导是人民民主专政的根本标志,工农联盟是人民民主专政的阶级基础,爱国统一战线,是我国人民民主专政的一个重要特点,注意,社会主义制度是我国的根本制度。

第二条 中华人民共和国的一切权力属于人民。

人民行使国家权力的机关是全国人民代表大会和地方各级人民代表大会。

人民依照法律规定,通过各种途径和形式,管理国家事务,管理经济和文化事业,管理社会事务。

第三条 中华人民共和国的国家机构实行民主集中制的原则。

全国人民代表大会和地方各级人民代表大会都由民主选举产生,对人民负责,受人民监督。

国家行政机关、审判机关、检察机关都由人民代表大会产生,对它负责,受它监督。

中央和地方的国家机构职权的划分,遵循在中央的统一领导下,充分发挥地方的主动性、积极性的原则。

法条解读:我国政权组织形式是人民代表大会制度,其基本内容包括:国家一切权力属于人民;全国人民代表大会和地方人民代表大会由民主选举产生,对人民负责,受人民监督;国家行政机关、审判机关、检察机关、军事机关都由人民代表大会选举产生,对它负责,受它监督;各级人民代表大会及其常务委员会实行民主集中制,集体行使权力,集体决定问题。注意,我国国家机构的组织原则:民主集中制。

第四条 中华人民共和国各民族一律平等。国家保障各少数民族的合法的权利和利益,维护和发展各民族的平等、团结、互助关系。禁止对任何民族的歧视和压迫,禁止破坏民族团结和制造民族分裂的行为。

国家根据各少数民族的特点和需要,帮助各少数民族地区加速经济和文化的发展。

各少数民族聚居的地方实行区域自治,设立自治机关,行使自治权。各民族自治地方都是中华人民共和国不可分离的部分。

各民族都有使用和发展自己的语言文字的自由,都有保持或者改革自己的风俗习惯的自由。

法条解读:这是关于民族区域自治制度的规定,实行民族区域自治制度的优越性表现在:有利于保障各少数民族当家作主,自主管理本民族内部事务;有利于少数民族地区经济发展;有利于维护和发展我国民族关系;有利于国家统一。

第五条 中华人民共和国实行依法治国,建设社会主义法治国家。

国家维护社会主义法制的统一和尊严。

一切法律、行政法规和地方性法规都不得同宪法相抵触。

一切国家机关和武装力量、各政党和各社会团体、各企业事业组织都必须遵守宪法和法律。一切违反宪法和法律的行为,必须予以追究。

任何组织或者个人都不得有超越宪法和法律的特权。

法条解读:本条是关于建设法治国家的规定。依法治国也叫做"法治"或者"以法治国",指的是治理国家的理念和方略,主要内容包括:法律是国家和公民活动的最高准则,任何国家机构、政党、社会团体和公民个人包括国家领导人都必须毫无例外地遵守法律,在法律规定的范围内活动;国家权力的行使需要有法律依据,对公民权利和自由的限制也必须有法律依据;法律面前人人平等,任何人违反了法律都必须受到追究;在犯罪与刑罚的领域,实行罪刑法定原则,法无明文规定不为罪等。实行依法治国的具体要求是:第一,国家维护社会主义法制的统一和尊严,这是实施依法治国方略的第一要务;第二,一切法律、行政法规和地方性法规都不得同宪法相抵触;第三,一切国家机关和武装力量、各政党和社会团体、各企业事业单位都必须遵守宪法和法律;第四,任何组织或者个人都不得有超越宪法和法律的特权。

第六条 中华人民共和国的社会主义经济制度的基础是生产资料的社会主义公有制,即全民所有制和劳动群众集体所有制。社会主义公有制消灭人剥削人的制度,实行各尽所能、按劳分配的原则。

国家在社会主义初级阶段,坚持公有制为主体、多种所有制经济共同发展的基本经济制度,坚持按劳分配为主体、多种分配方式并存的分配制度。

法条解读:(1) 我国基本经济以公有制为主体,多种所有制经济共同发展。(2) 分配制度:社会主义实行各尽所能,按劳分配,这是社会主义社会的一项基本原则。但在现阶段(社会主义初级阶段),我国坚持按劳分配为主体、多种分配方式并存的分配制度。这里应区分作为社会主义基本原则的分配制度同我国社会主义初级阶段实行的分配制度的差异。

第七条 国有经济,即社会主义全民所有制经济,是国民经济中的主导力量。国家保障国有经济的巩固和发展。

第八条 农村集体经济组织实行家庭承包经营为基础、统分结合的双层经营体制。农村中的生产、供销、信用、消费等各种形式的合作经济,是社会主义劳动群众集体所有制经济。参加农村集体经济组织的劳动者,有权在法律规定的范围内经营自留地、自留山、家庭副业和饲养自留畜。

城镇中的手工业、工业、建筑业、运输业、商业、服务业等行业的各种形式的合作经济，都是社会主义劳动群众集体所有制经济。

国家保护城乡集体经济组织的合法的权利和利益，鼓励、指导和帮助集体经济的发展。

法条解读：国有经济是国民经济的主导力量，国家对集体经济的政策是“鼓励、指导和帮助”。

第九条 矿藏、水流、森林、山岭、草原、荒地、滩涂等自然资源，都属于国家所有，即全民所有；由法律规定属于集体所有的森林和山岭、草原、荒地、滩涂除外。

国家保障自然资源的合理利用，保护珍贵的动物和植物。禁止任何组织或者个人用任何手段侵占或者破坏自然资源。

法条解读：这是关于自然资源所有权、使用权的规定，注意矿藏、水流只能是国家所有，至于森林、山岭、草原、荒地、滩涂等自然资源，既可以为国家所有，也可以为集体或者公民个人所有。

第十条 城市的土地属于国家所有。

农村和城市郊区的土地，除由法律规定属于国家所有的以外，属于集体所有；宅基地和自留地、自留山，也属于集体所有。

国家为了公共利益的需要，可以依照法律规定对土地实行征收或者征用并给予补偿。

任何组织或者个人不得侵占、买卖或者以其他形式非法转让土地。土地的使用权可以依照法律的规定转让。

一切使用土地的组织和个人必须合理地利用土地。

法条解读：宅基地、自留山、自留地绝对属于集体所有，农村和城市郊区的土地，除了法律特别规定属于国家所有外，也属于集体所有。

第十一条 在法律规定范围内的个体经济、私营经济等非公有制经济，是社会主义市场经济的重要组成部分。

国家保护个体经济、私营经济等非公有制经济的合法的权利和利益。国家鼓励、支持和引导非公有制经济的发展，并对非公有制经济依法实行监督和管理。

法条解读：注意非公有制经济是“是社会主义市场经济的重要组成部分”，同时，国家对非公有制经济的政策是“鼓励、支持、引导、监督和管理”。

第二十四条 国家通过普及理想教育、道德教育、文化教育、纪律和法制教育，通过在城乡不同范围的群众中制定和执行各种守则、公约，加强社会主义精神文明的建设。

国家提倡爱祖国、爱人民、爱劳动、爱科学、爱社会主义的公德，在人民中进行爱国主义、集体主义和国际主义、共产主义的教育，进行辩证唯物主义和历史唯物主义的教育，反对资本主义的、封建主义的和其他的腐朽思想。

法条解读：我国社会主义精神文明建设分为两个方面：(1) 教育科学、文化建设的内容：发展社会主义教育事业（第十九条）；发展科学事业（第二十条）；发展卫生和体育事业（第二十一条）；发展文学艺术和其他文化事业（第二十二条）。(2) 思想道德建设的内容：普及理想、道德、文化和法纪教育，培养“四有”公民（第二十四条第一款）；提倡“五爱”教育，树立和发扬社会公德（第二款）；进行马克思主义教育，反对腐朽思想（第二款）。

第三十三条 凡具有中华人民共和国国籍的人都是中华人民共和国公民。

中华人民共和国公民在法律面前一律平等。

国家尊重和保障人权。

任何公民享有宪法和法律规定的权利,同时必须履行宪法和法律规定的义务。

法条解读:平等权是公民享有的首要的基本权利,所谓的平等权,是指公民根据法律规定享有同等的权利和承担同等的义务,不因任何外在差别而予以不同的对待。

第三十四条 中华人民共和国年满十八周岁的公民,不分民族、种族、性别、职业、家庭出身、宗教信仰、教育程度、财产状况、居住期限,都有选举权和被选举权;但是依照法律被剥夺政治权利的人除外。

第三十五条 中华人民共和国公民有言论、出版、集会、结社、游行、示威的自由。

法条解读:这是关于公民政治权利和自由的规定,主要包括:选举权与被选举权;政治自由,即公民的言论、出版、结社、集会、游行、示威的自由。

第三十六条 中华人民共和国公民有宗教信仰自由。

任何国家机关、社会团体和个人不得强制公民信仰宗教或者不信仰宗教,不得歧视信仰宗教的公民和不信仰宗教的公民。

国家保护正常的宗教活动。任何人不得利用宗教进行破坏社会秩序、损害公民身体健康、妨碍国家教育制度的活动。

宗教团体和宗教事务不受外国势力的支配。

法条解读:这是关于宗教信仰自由的权利规定,国家保护正常的宗教信仰活动,任何人不得利用宗教进行破坏社会秩序,损害公民身体健康,妨碍国家教育制度的活动。宗教团体和宗教事务,不受外国势力的支配。

第三十七条 中华人民共和国公民的人身自由不受侵犯。

任何公民,非经人民检察院批准或者决定或者人民法院决定,并由公安机关执行,不受逮捕。

禁止非法拘禁和以其他方法非法剥夺或者限制公民的人身自由,禁止非法搜查公民的身体。

第三十八条 中华人民共和国公民的人格尊严不受侵犯。禁止用任何方法对公民进行侮辱、诽谤和诬告陷害。

第三十九条 中华人民共和国公民的住宅不受侵犯。禁止非法搜查或者非法侵入公民的住宅。

第四十条 中华人民共和国公民的通信自由和通信秘密受法律的保护。除因国家安全或者追查刑事犯罪的需要,由公安机关或者检察机关依照法律规定的程序对通信进行检查外,任何组织或者个人不得以任何理由侵犯公民的通信自由和通信秘密。

法条解读:这是关于公民人身自由权利的规定,是公民参加社会活动、实现其他权利的基础,是公民最重要的基本权利之一。该权利的内容包括:公民的人身自由不受侵犯;公民的人格尊严不受侵犯;公民的住宅不受侵犯;公民的通信自由和通信秘密受法律保护。

第四十一条 中华人民共和国公民对于任何国家机关和国家工作人员,有提出批评和建议的权利;对于任何国家机关和国家工作人员的违法失职行为,有向有关国家机关提出申诉、控告或者检举的权利，但是不得捏造或者歪曲事实进行诬告陷害。

对于公民的申诉、控告或者检举，有关国家机关必须查清事实，负责处理。任何人不得压制和打击报复。

由于国家机关和国家工作人员侵犯公民权利而受到损失的人，有依照法律规定取得赔偿的权利。

法条解读：这是关于公民监督权和取得赔偿权的规定，是公民监督国家权力的运行过程，协调公民与政府之间的关系，使被侵犯的权利得到救济的重要形式。具体是指：批评权与建议权；申诉、控告或者检举的权利；取得赔偿权，即由于国家机关和国家工作人员侵犯公民权利而受到损失的人，有依据法律的规定取得赔偿的权利。

第四十二条 中华人民共和国公民有劳动的权利和义务。

国家通过各种途径，创造劳动就业条件，加强劳动保护，改善劳动条件，并在发展生产的基础上，提高劳动报酬和福利待遇。

劳动是一切有劳动能力的公民的光荣职责。国有企业和城乡集体经济组织的劳动者都应当以国家主人翁的态度对待自己的劳动。国家提倡社会主义劳动竞赛，奖励劳动模范和先进工作者。国家提倡公民从事义务劳动。

国家对就业前的公民进行必要的劳动就业训练。

第四十三条 中华人民共和国劳动者有休息的权利。

国家发展劳动者休息和休养的设施，规定职工的工作时间和休假制度。

第四十四条 国家依照法律规定实行企业事业组织的职工和国家机关工作人员的退休制度。退休人员的生活受到国家和社会的保障。

第四十五条 中华人民共和国公民在年老、疾病或者丧失劳动能力的情况下，有从国家和社会获得物质帮助的权利。国家发展为公民享受这些权利所需要的社会保险、社会救济和医疗卫生事业。

国家和社会保障残废军人的生活，抚恤烈士家属，优待军人家属。

国家和社会帮助安排盲、聋、哑和其他有残疾的公民的劳动、生活和教育。

法条解读：第四十二至四十五条，是关于公民社会经济权利的规定，主要包括：劳动权、休息权、退休人员的生活保障权和物质帮助权。

第四十六条 中华人民共和国公民有受教育的权利和义务。

国家培养青年、少年、儿童在品德、智力、体质等方面全面发展。

第四十七条 中华人民共和国公民有进行科学研究、文学艺术创作和其他文化活动的自由。国家对于从事教育、科学、技术、文学、艺术和其他文化事业的公民的有益于人民的创造性工作，给以鼓励和帮助。

法条解读：这是关于公民文化教育权利与自由的规定，主要包括：受教育权，进行科学研究、文化艺术创作和其他文化生活的自由。

第四十八条 中华人民共和国妇女在政治的、经济的、文化的、社会的和家庭的生活等各方面享有同男子平等的权利。

国家保护妇女的权利和利益，实行男女同工同酬，培养和选拔妇女干部。

第四十九条 婚姻、家庭、母亲和儿童受国家的保护。

夫妻双方有实行计划生育的义务。

父母有抚养教育未成年子女的义务,成年子女有赡养扶助父母的义务。

禁止破坏婚姻自由,禁止虐待老人、妇女和儿童。

第五十条 中华人民共和国保护华侨的正当的权利和利益,保护归侨和侨眷的合法的权利和利益。

第五十一条 中华人民共和国公民在行使自由和权利的时候,不得损害国家的、社会的、集体的利益和其他公民的合法的自由和权利。

法条解读:以上是关于特定主体权利保护的规定,主要有妇女权利的保障,婚姻、家庭、母亲、儿童和老人的权利受法律保护,华侨的正当权益受法律保护等。

第五十二条 中华人民共和国公民有维护国家统一和全国各民族团结的义务。

第五十三条 中华人民共和国公民必须遵守宪法和法律,保守国家秘密,爱护公共财产,遵守劳动纪律,遵守公共秩序,尊重社会公德。

第五十四条 中华人民共和国公民有维护祖国的安全、荣誉和利益的义务,不得有危害祖国的安全、荣誉和利益的行为。

第五十五条 保卫祖国、抵抗侵略是中华人民共和国每一个公民的神圣职责。

依照法律服兵役和参加民兵组织是中华人民共和国公民的光荣义务。

第五十六条 中华人民共和国公民有依照法律纳税的义务。

法条解读:以上是关于公民基本义务的规定,宪法规定中华人民共和国公民的基本义务包括:维护国家统一和民族团结;遵守宪法和法律,保守国家秘密,爱护公共财产,爱护公共财产,遵守劳动纪律,遵守公共秩序,尊重社会公德;维护祖国安全,荣誉和利益;保卫祖国,抵抗侵略,依法服兵役和参加民兵组织;依法纳税等等。

中华人民共和国合同法(总则)

第二条 本法所称合同是平等主体的自然人、法人、其他组织之间设立、变更、终止民事权利义务关系的协议。

婚姻、收养、监护等有关身份关系的协议,适用其他法律的规定。

法条解读:《合同法》调整的是平等主体之间的民事合同,既包括设定债权债务关系的债权合同,也包括设定物权关系的物权合同,如抵押合同。注意:婚姻、收养、监护等身份关系的协议,不属于合同法调整的民事协议。

第三条 合同当事人的法律地位平等,一方不得将自己的意志强加给另一方。

第四条 当事人依法享有自愿订立合同的权利,任何单位和个人不得非法干预。

第五条 当事人应当遵循公平原则确定各方的权利和义务。

第六条 当事人行使权利、履行义务应当遵循诚实信用原则。

第七条 当事人订立、履行合同,应当遵守法律、行政法规,尊重社会公德,不得扰乱社会经济秩序,损害社会公共利益。

第八条 依法成立的合同,对当事人具有法律约束力。当事人应当按照约定履行自己的义务,不得擅自变更或者解除合同。

依法成立的合同,受法律保护。

法条解读:合同法的基本原则包括:平等原则、自愿原则、公平原则、诚实信用原则和合同效力原则。

第十条　当事人订立合同,有书面形式、口头形式和其他形式。

法律、行政法规规定采用书面形式的,应当采用书面形式。当事人约定采用书面形式的,应当采用书面形式。

第十一条　书面形式是指合同书、信件和数据电文(包括电报、电传、传真、电子数据交换和电子邮件)等可以有形地表现所载内容的形式。

法条解读:合同的书面形式包括合同书、信件和数据电文等;合同的其他形式主要是推定和默示。推定形式是指当事人以一定积极行为表达于外部,从而使他人可以推定其意思表示的形式;沉默形式是指既无言词又无行动的不作为形式,如继承开始后,继承人未就接收或放弃继承作出表示的,视为接受,这就是沉默形式。

第十三条　当事人订立合同,采取要约、承诺方式。

第十四条　要约是希望和他人订立合同的意思表示,该意思表示应当符合下列规定:

(一) 内容具体确定;

(二) 表明经受要约人承诺,要约人即受该意思表示约束。

第十五条　要约邀请是希望他人向自己发出要约的意思表示。寄送的价目表、拍卖公告、招标公告、招股说明书、商业广告等为要约邀请。

商业广告的内容符合要约规定的,视为要约。

法条解读:要约与承诺是合同订立的必经过程,但是要约邀请则不是;合同法第十四条规定了要约的构成要件,注意要与要约邀请进行区分。

第十六条　要约到达受要约人时生效。

采用数据电文形式订立合同,收件人指定特定系统接收数据电文的,该数据电文进入该特定系统的时间,视为到达时间;未指定特定系统的,该数据电文进入收件人的任何系统的首次时间,视为到达时间。

第十七条　要约可以撤回。撤回要约的通知应当在要约到达受要约人之前或者与要约同时到达受要约人。

第十八条　要约可以撤销。撤销要约的通知应当在受要约人发出承诺通知之前到达受要约人。

第十九条　有下列情形之一的,要约不得撤销:

(一) 要约人确定了承诺期限或者以其他形式明示要约不可撤销;

(二) 受要约人有理由认为要约是不可撤销的,并已经为履行合同作了准备工作。

第二十条　有下列情形之一的,要约失效:

(一) 拒绝要约的通知到达要约人;

(二) 要约人依法撤销要约;

(三) 承诺期限届满,受要约人未作出承诺;

(四) 受要约人对要约的内容作出实质性变更。

法条解读：要约的生效时间，合同法采取到达主义；注意要约撤回与要约撤销是不同的；注意合同法规定要约不得撤销的三种情形；注意要约失效的四种情形，同时注意要约的撤回不是要约失效的情形。

第二十一条 承诺是受要约人同意要约的意思表示。

第二十二条 承诺应当以通知的方式作出，但根据交易习惯或者要约表明可以通过行为作出承诺的除外。

第二十三条 承诺应当在要约确定的期限内到达要约人。

要约没有确定承诺期限的，承诺应当依照下列规定到达：

（一）要约以对话方式作出的，应当即时作出承诺，但当事人另有约定的除外；

（二）要约以非对话方式作出的，承诺应当在合理期限内到达。

第二十四条 要约以信件或者电报作出的，承诺期限自信件载明的日期或者电报交发之日开始计算；信件未载明日期的，自投寄该信件的邮戳日期开始计算。要约以电话、传真等快速通讯方式作出的，承诺期限自要约到达受要约人时开始计算。

第二十五条 承诺生效时合同成立。

第二十六条 承诺通知到达要约人时生效。承诺不需要通知的，根据交易习惯或者要约的要求作出承诺的行为时生效。

采用数据电文形式订立合同的，承诺到达的时间适用本法第十六条第二款的规定。

第二十七条 承诺可以撤回。撤回承诺的通知应当在承诺通知到达要约人之前或者与承诺通知同时到达要约人。

第二十八条 受要约人超过承诺期限发出承诺的，除要约人及时通知受要约人该承诺有效的以外，为新要约。

第二十九条 受要约人在承诺期限内发出承诺，按照通常情形能够及时到达要约人，但因其他原因承诺到达要约人时超过承诺期限的，除要约人及时通知受要约人因承诺超过期限不接受该承诺的以外，该承诺有效。

第三十条 承诺的内容应当与要约的内容一致。受要约人对要约的内容作出实质性变更的，为新要约。有关合同标的、数量、质量、价款或者报酬、履行期限、履行地点和方式、违约责任和解决争议方法等的变更，是对要约内容的实质性变更。

第三十一条 承诺对要约的内容作出非实质性变更的，除要约人及时表示反对或者要约表明承诺不得对要约的内容作出任何变更的以外，该承诺有效，合同的内容以承诺的内容为准。

法条解读：承诺的主体是受要约人，那意味着，非受要约人作出的承诺的意思表示并非承诺，而是向要约人发出的要约；承诺的内容是同意要约，这里强调承诺的内容与要约的内容应当一致，承诺实质性变更要约的，为新要约；承诺的形式包括：通知方式、交易习惯方式和推定方式；注意了解承诺的期限（第二十三条），但是如果承诺迟到，则效力如何，根据第二十八和二十九条，可以区分两种承诺迟到情形：如果因承诺人自身原因迟到，原则上承诺无效，为新要约；如果非因承诺人自身原因迟到，原则上承诺有效。

第三十九条 采用格式条款订立合同的，提供格式条款的一方应当遵循公平原则确定当事人之间的权利和义务，并采取合理的方式提请对方注意免除或者限制其责任的条款，按照对方的要求,对该条款予以说明。

格式条款是当事人为了重复使用而预先拟定,并在订立合同时未与对方协商的条款。

第四十条 格式条款具有本法第五十二条和第五十三条规定情形的,或者提供格式条款一方免除其责任、加重对方责任、排除对方主要权利的,该条款无效。

第四十一条 对格式条款的理解发生争议的,应当按照通常理解予以解释。对格式条款有两种以上解释的,应当作出不利于提供格式条款一方的解释。格式条款和非格式条款不一致的,应当采用非格式条款。

法条解读:这是关于格式条款制度的规定,注意格式合同不同于合同示范文本;第三十九条规定格式条款订立规则,提供方有义务提请对方注意免除或限制其责任的条款,并有说明义务,这与保险合同、旅游合同等规定是一致的;注意格式条款无效的几种情形;第四十一条规定了格式条款解释规则:通常理解解释、不利于提供方解释和非格式条款优于格式条款解释。

第四十二条 当事人在订立合同过程中有下列情形之一,给对方造成损失的,应当承担损害赔偿责任:

(一) 假借订立合同,恶意进行磋商;

(二) 故意隐瞒与订立合同有关的重要事实或者提供虚假情况;

(三) 有其他违背诚实信用原则的行为。

第四十三条 当事人在订立合同过程中知悉的商业秘密,无论合同是否成立,不得泄露或者不正当地使用。泄露或者不正当地使用该商业秘密给对方造成损失的,应当承担损害赔偿责任。

法条解读:这是关于缔约过失责任制度的规定,注意:缔约过失行为违反的是前契约义务而非合同义务;缔约过失行为侵害的是缔约对方的信赖利益而非合同利益;缔约过失责任是法定的损害赔偿之债,与违约责任并列为债的发生原因之一;缔约过失责任违背的是诚实信用原则。

第四十四条 依法成立的合同,自成立时生效。

法律、行政法规规定应当办理批准、登记等手续生效的,依照其规定。

法条解读:生效合同要具备的条件是:主体合格、意思真实和内容合法;违背此条件,就是瑕疵合同,主要包括:无效合同、可变更或者可撤销合同。

第四十五条 当事人对合同的效力可以约定附条件。附生效条件的合同,自条件成就时生效。附解除条件的合同,自条件成就时失效。

当事人为自己的利益不正当地阻止条件成就的,视为条件已成就;不正当地促成条件成就的,视为条件不成熟。

第四十六条 当事人对合同的效力可以约定附期限。附生效期限的合同,自期限届至时生效。附终止期限的合同,自期限届满时失效。

法条解读:这是关于附条件与附期限合同的规定,注意附期限与附条件合同的生效时间。

第五十二条 有下列情形之一的,合同无效:

(一) 一方以欺诈、胁迫的手段订立合同,损害国家利益;

(二) 恶意串通,损害国家、集体或者第三人利益;

(三) 以合法形式掩盖非法目的;

(四) 损害社会公共利益;

(五) 违反法律、行政法规的强制性规定。

第五十三条 合同中的下列免责条款无效:

(一) 造成对方人身伤害的;

(二) 因故意或者重大过失造成对方财产损失的。

法条解读:这是关于无效合同的规定,所谓无效合同,是指当事人签约成立而不受国家承认和法律保护,没有法律约束力的合同。注意无效合同的五种情形,同时无效合同要与效力待定合同区分开来。

第五十四条 下列合同,当事人一方有权请求人民法院或者仲裁机构变更或者撤销:

(一) 因重大误解订立的;

(二) 在订立合同时显失公平的。

一方以欺诈、胁迫的手段或者乘人之危,使对方在违背真实意思的情况下订立的合同,受损害方有权请求人民法院或者仲裁机构变更或者撤销。

当事人请求变更的,人民法院或者仲裁机构不得撤销。

第五十六条 无效的合同或者被撤销的合同自始没有法律约束力。合同部分无效,不影响其他部分效力的,其他部分仍然有效。

第五十七条 合同无效、被撤销或者终止的,不影响合同中独立存在的有关解决争议方法的条款的效力。

第五十八条 合同无效或者被撤销后,因该合同取得的财产,应当予以返还;不能还或者没有必要返还的,应当折价补偿。有过错的一方应当赔偿对方因此所受到的损失,双方都有过错的,应当各自承担相应的责任。

法条解读:这是关于可变更和可撤销的合同的规定,注意可变更和可撤销合同是发生在合同成立之后,而无效合同自始至终是无效的;可变更和可撤销合同产生的条件是:必须要有法定事由(重大误解、显示公平等),必须有一方当事人请求变更或撤销,必须由人民法院或仲裁机构行使;根据第五十八条规定,行使变更或撤销权产生的法律后果是:返还财产、赔偿损失或者折价补偿。

第六十条 当事人应当按照约定全面履行自己的义务。

当事人应当遵循诚实信用原则,根据合同的性质、目的和交易习惯履行通知、协助、保密等义务。

法条解读:合同的履行应遵循全面履行原则和诚实信用原则。所谓全面履行原则,是指当事人除按合同规定的标的履行外,还要按合同规定的数量、质量、期限、地点、价金等各方面全面、适当地履行;所谓诚实信用履行原则是指履行要尽通知、协助、保密等义务,履行时根据合同的性质、目的和交易习惯进行。

第六十一条 合同生效后,当事人就质量、价款或者报酬、履行地点等内容没有约定或者约定不明确的,可以协议补充;不能达成补充协议的,按照合同有关条款或者交易习惯确定。

法条解读：这是关于协议补充履行规则的规定，是合同法自愿原则的体现，使意思自治的原则贯穿于合同订立时、合同生效之后和合同终止或者解除时。

第六十二条　当事人就有关合同内容约定不明确，依照本法第六十一条的规定仍不能确定的，适用下列规定：

（一）质量要求不明确的，按照国家标准、行业标准履行；没有国家标准、行业标准的，按照通常标准或者符合合同目的的特定标准履行。

（二）价款或者报酬不明确的，按照订立合同时履行地的市场价格履行；依法应当执行政府定价或者政府指导价的，按照规定履行。

（三）履行地点不明确，给付货币的，在接受货币一方所在地履行；交付不动产的，在不动产所在地履行；其他标的，在履行义务一方所在地履行。

（四）履行期限不明确的，债务人可以随时履行，债权人也可以随时要求履行，但应当给对方必要的准备时间。

（五）履行方式不明确的，按照有利于实现合同目的的方式履行。

（六）履行费用的负担不明确的，由履行义务一方负担。

法条解读：这是关于合同约定不明的履行规则的规定。

第六十三条　执行政府定价或者政府指导价的，在合同约定的交付期限内政府价格调整时，按照交付时的价格计价。逾期交付标的物的，遇价格上涨时，按照原价格执行；价格下降时，按照新价格执行。逾期提取标的物或者逾期付款的，遇价格上涨时，按照新价格执行；价格下降时，按照原价格执行。

法条解读：这是关于价格变动的履行规则规定，该规则体现"谁违约谁受损，谁守约谁受益"的法律价值取向，体现了惩罚违约方，保护守约方的原则。

第九十一条　有下列情形之一的，合同的权利义务终止：

（一）债务已经按照约定履行；

（二）合同解除；

（三）债务相互抵销；

（四）债务人依法将标的物提存；

（五）债权人免除债务；

（六）债权债务同归于一人；

（七）法律规定或者当事人约定终止的其他情形。

第九十二条　合同的权利义务终止后，当事人应当遵循诚实信用原则，根据交易习惯履行通知、协助、保密等义务。

法条解读：合同终止是指当事人双方终止合同，合同所确定的当事人之间的权利义务关系消灭；合同法规定了7种合同终止的情形，注意，要区分合同中止、合同终止和合同解除的概念。

第九十三条　当事人协商一致，可以解除合同。

当事人可以约定一方解除合同的条件。解除合同的条件成就时，解除权人可以解除合同。

第九十四条　有下列情形之一的，当事人可以解除合同：

（一）因不可抗力致使不能实现合同目的；

（二）在履行期限届满之前，当事人一方明确表示或者以自己的行为表明不履行主要债务；

（三）当事人一方迟延履行主要债务，经催告后在合理期限内仍未履行；

（四）当事人一方迟延履行债务或者有其他违约行为致使不能实现合同目的；

（五）法律规定的其他情形。

法条解读：合同解除是指合同成立生效之后，因双方当事人的协议或者法定事由，而使合同权利义务关系终止的行为，通俗地说，是指合同关系有效期未满的，当事人提前终止合同的效力。合同的解除分为协议解除和法定解除两种形式，法定解除有五种情形。

第一百零七条 当事人一方不履行合同义务或者履行合同义务不符合约定的，应当承担继续履行、采取补救措施或者赔偿损失等违约责任。

法条解读：违约责任的承担方式包括：继续履行、补救措施和赔偿损失三种。

第一百一十四条 当事人可以约定一方违约时应当根据违约情况向对方支付一定数额的违约金，也可以约定因违约产生的损失赔偿额的计算方法。

约定的违约金低于造成的损失的，当事人可以请求人民法院或者仲裁机构予以增加；约定的违约金过分高于造成的损失的，当事人可以请求人民法院或者仲裁机构予以适当减少。

当事人就迟延履行约定违约金的，违约方支付违约金后，还应当履行债务。

第一百一十五条 当事人可以依照《中华人民共和国担保法》约定一方向对方给付定金作为债权的担保。债务人履行债务后，定金应当抵作价款或者收回。给付定金的一方不履行约定的债务的，无权要求返还定金；收受定金的一方不履行约定的债务的，应当双倍返还定金。

第一百一十六条 当事人既约定违约金，又约定定金的，一方违约时，对方可以选择适用违约金或者定金条款。

法条解读：定金和违约金的区别在于：定金要事先支付，违约金事后补救；定金要双向担保，违约金是单向的；定金有"定金制裁"，违约金无此规则；定金责任为惩罚性责任，以惩罚为核心，不以实际损失为条件，违约金是补救性责任，以补偿损失为要务。注意，合同中同时约定定金与违约金时，只能选择一种罚则。

第一百二十二条 因当事人一方的违约行为，侵害对方人身、财产权益的，受损害方有权选择依照本法要求其承担违约责任或者依照其他法律要求其承担侵权责任。

法条解读：这是关于违约责任与侵权责任竞合的规定，所谓责任竞合是指由于某一法律事实的出现，导致产生两种或两种以上的民事责任，这些民事责任被数个法律规范调整，彼此之间相互冲突的现象。在民法中，责任竞合常常表现为违约责任和侵权责任的竞合，注意发生责任竞合的时候，受损害方只能择一而诉。

国家旅游局行政许可实施暂行办法

第二条 本办法所称的旅游行政许可，是指国家旅游局根据公民、法人或者其他组织（以下简称申请人）的申请，经依法审查，准予其从事特定活动的行为。

第三条 实施旅游行政许可，应当遵守《行政许可法》及有关法律、法规和本办法的规定。

第四条 旅游行政许可的设定、管理、实施、监督检查，适用本办法。

国家旅游局对其他机关或者对其直接管理的事业单位的人事、财务、外事等事项的审批，不适用本办法。

法条解读：结合第二、三、四条的规定，旅游行政许可属于须申请的、羁束的、授益的具体行政行为；注意，旅游行政许可仅限于设定、管理、实施与监督管理，至于人事、财务、外事等事项则不适用旅游行政许可法。

第五条 实施旅游行政许可，应当按照法定的权限、范围、条件和程序，遵循公开、公平、公正、便民、高效和监督检查的原则。

未经公布的规定不得作为实施行政许可的依据。

法条解读：旅游行政许可遵循的原则包括：合法原则；公开、公平、公正原则；便民、高效原则；监督检查原则和信赖保护的原则。

第六条 实施旅游行政许可，不得在法定条件之外附加任何不正当要求。

第七条 旅游行政规章及其他文件、内设机构文件一律不得设定行政许可。

旅游行政规章可以在上位法设定的行政许可事项范围内，对实施该行政许可作出具体规定，但不得增设行政许可；可以对行政许可条件作出具体规定，不得增设违反上位法的其他条件。

法条解读：注意不得设定旅游行政许可的文件包括：行政规章、内设机构文件和其他文件，行政规章可以对上位法设定的行政许可作出具体规定。

第九条 国家旅游局在法定权限内，以本部门的名义统一实施行政许可。

国家旅游局内设机构和派出机构不得以各自的名义独立实施行政许可。

国家旅游局根据法律、行政法规和规章的规定，可以委托省、自治区、直辖市旅游行政管理部门或者其他行政机关实施行政许可。国家旅游局对委托行为的后果，依法承担法律责任。

受委托的省、自治区、直辖市旅游行政管理部门或者其他行政机关不得转委托。

法条解读：国家旅游局可以委托省级旅游行政部门或其他行政机关实施行政许可，但是国家旅游局要承担委托行为的法律后果。

第十二条 国家旅游局办理行政许可的业务司应当将有关行政许可的事项、依据、条件、数量、程序、期限以及需要提交的全部材料的目录和申请书示范文本等在互联网和办公场所公示。

申请人要求对公示内容予以说明、解释的，办理行政许可的业务司应当说明、解释，提供准确、可靠的信息。

法条解读：在国家旅游局办理的行政许可业务，相关的材料应当在两个场所进行公示。

第十四条 依法应当先经省级旅游行政管理部门审查后报国家旅游局决定的行政许可，省级旅游行政管理部门应当依法接受申请人的申请，并进行初步审查。申请人提交材料齐全、符合法定形式的，应在法定期限内审查完毕并将初步审查意见和全部申请材料直接报送国家旅游局。实施旅游行政许可不得要求申请人重复提供申请材料。

申请人直接向国家旅游局提出申请前款规定的行政许可事项,国家旅游局不予受理,并告知申请人通过省级旅游行政管理部门提出申请。

法条解读:应当先经省级旅游行政管理部门审查后报国家旅游局决定的行政许可,省级旅游行政管理部门应当先经过初步审查,申请人不得直接跨级提出申请。

第十六条 国家旅游局对申请人提出的行政许可申请,应当根据下列情况分别作出处理:

(一)申请事项依法不需要取得行政许可的,应当即时告知申请人不受理,并向其出具《行政许可申请不予受理决定书》;

(二)申请事项依法不属于本部门职权范围的,应当即时作出不予受理的决定,向申请人出具《行政许可申请不予受理决定书》;

(三)申请材料存在文字、计算等可以当场更正的错误的,应当允许申请人当场更正,并告知其在修改处确认;

(四)申请材料不齐全或者不符合法定形式的,应当场或者在五日内一次告知申请人需要补正的全部内容。逾期不告知,自收到申请材料之日起即为受理;

(五)申请事项属于本部门职权范围,申请材料齐全、符合法定形式或者申请人依照本部门要求提交补正材料的,应当受理行政许可申请,并向申请人出具《行政许可申请受理决定书》。

国家旅游局出具的上述书面凭证,应当加盖国家旅游局印章,并注明日期。

法条解读:依照第十六条的规定,国家旅游局受理申请人提出的行政许可申请,必须满足以下条件:申请事项依法需要取得行政许可;申请事项属于本部门职权范围;申请材料齐全、符合法定形式。

第十八条 申请人对提交申请材料的真实性负责。国家旅游局一般采取书面审查的方式对申请人提交的申请材料进行审查。

依法需要对申请材料的实质内容进行核实的,国家旅游局应当派两名以上工作人员进行核查,并制作现场检查笔录或者询问笔录。

现场检查笔录应当如实记载核查的时间、地点、参加人和内容,并由核查人员签字。

核查中需要询问当事人或者有关人员时,核查人员应当出示证件,表明身份,询问笔录应当经被询问人核对无误后签名或者盖章。

法条解读:这是关于审查旅游行政许可申请的规定,主要包括:对真实性负责;原则进行书面审查;两名工作人员核查;制作现场检查笔录或询问笔录。

第十九条 实施旅游行政许可应当注意听取公民、法人或者其他组织的陈述和申辩。对行政许可申请进行审查时,发现该行政许可事项直接关系他人重大利益的,应当在决定前告知利害关系人。申请人、利害关系人有权进行陈述和申辩。行政许可办理工作人员对申请人、利害关系人的口头陈述和申辩,应当制作陈述、申辩笔录。管理部门应当对申请人、利害关系人提出的事实、理由进行复核。事实、理由成立的,应当采纳。

第二十条 国家旅游局对行政许可申请进行审查后,对申请人提交的申请材料齐全、符合法定形式、能够当场作出决定的,应当场作出书面的行政许可决定;对不能当场作出决定的,应当在法定期限内按照规定程序作出行政许可决定。

法条解读：一般的旅游行政许可，要尽到听取申请人的陈述和申辩义务，对于行政许可事项直接关系他人重大利益的，应当尽到决定前告知的义务，同时要让申请人、利害关系人进行陈述和申辩。注意，旅游行政许可有当场作出许可决定和法定期限内作出许可决定两种形式。

第二十四条 行政许可决定依法作出即具有法律效力。非经法定程序不得改变已经生效的行政许可。

行政许可所依据的法律、法规、规章修改或者废止，或者准予行政许可所依据的客观情况发生重大变化的，为了公共利益的需要，国家旅游局可以依法变更或者撤销已经生效的行政许可。由此给公民、法人或者其他组织造成财产损失的，应当依法给予补偿。

法条解读：这是旅游行政许可中信赖保护原则的重要表现之一，所谓信赖保护原则，是指行政管理相对人对行政权力的正当合理信赖应当予以保护，行政机关不得擅自改变已生效的行政行为，确需改变行政行为的，对于由此给相对人造成的损失应当给予补偿，信赖保护原则是行政法中的一个重要原则。

第二十五条 行政许可申请人隐瞒有关情况或者提供虚假材料申请行政许可的，国家旅游局不予受理或者不予行政许可，并给予警告；行政许可属于直接关系公共安全、人身健康、生命财产安全事项的，申请人在一年内不得再次申请该行政许可。

法条解读：注意申请人违法申请行政许可要受到的行政处罚后果，若违法申请行政许可是属于直接关系公共安全、人身健康或者生命财产安全的，申请人一年内禁止再次申请该行政许可。

第二十七条 法律、法规、规章规定实施行政许可应当听证的事项，或者国家旅游局认为需要听证的涉及公共利益的重大行政许可事项，国家旅游局应当在行政许可事项涉及的区域内发布听证公告，并举行听证。听证公告应当明确听证事项、听证举行的时间、地点、参加人员要求及提出申请的时间和方式等。

第二十九条 申请人、利害关系人要求听证的，应当在收到国家旅游局《行政许可听证告知书》后五日内提交申请听证的书面材料；逾期不提交的，视为放弃听证的权利。

第三十条 国家旅游局应当在接到申请人、利害关系人申请听证的书面材料二十日内组织听证，并且在举行听证的七日前，发出《行政许可听证通知书》，将听证的事项、时间、地点通知申请人、利害关系人。

第三十一条 听证主持人由国家旅游局从从事该项行政许可办理工作人员以外的国家公务员中指定。

第三十二条 行政许可审查工作人员应当在举行听证五日前，向听证主持人提交行政许可审查意见的证据、理由等全部材料。

第三十三条 听证会按照以下程序公开进行：

（一）主持人宣布会场纪律；

（二）核对听证参加人姓名、年龄、身份，告知听证参加人权利、义务；

（三）许可审查人提出许可审查意见的证据、理由；

（四）申请人、利害关系人进行申辩和质证；

（五）许可审查人与申请人、利害关系人就有争议的事实进行辩论；

（六）许可审查人与申请人、利害关系人作最后陈述；

（七）主持人宣布听证会中止、延期或者结束。

第三十五条 听证记录员应当将听证的全部活动制作笔录，由听证主持人和记录员签名。听证笔录应当经听证参加人确认无误或者补正后，由听证参加人当场签名或者盖章。听证参加人拒绝签名或者盖章的，由听证主持人记明情况，在听证笔录中予以载明。

第三十六条 国家旅游局应当根据听证笔录，作出行政许可决定。对听证笔录中没有认证、记载的事实依据，或者申请人听证后提交的证据，国家旅游局可以不予采信。

第三十七条 依法应当举行听证而不举行听证的，根据利害关系人的请求或者依据职权，可以撤销行政许可，由此给当事人的合法权益造成损害的，应当给予赔偿；撤销行政许可可能对公共利益造成重大损害的，不予撤销。

法条解读：这是关于旅游行政许可听证程序的规定，"应当听证的事项"可以由法律、法规规定，也可以由规章规定；注意听证程序中期限的规定，听证主持人的产生方式；听证程序遵循：宣布—核对—举证—申辩—质证—辩论—最后陈述，听证应当制作听证笔录，作为旅游行政许可决定的依据；注意，应当听证的事项而没听证，可根据申请或依职权予以撤销，但是涉及公共利益并可能造成重大损害的除外。

第三十八条 除当场作出行政许可决定的外，国家旅游局应当自受理行政许可申请之日起二十日内作出行政许可决定。二十日内不能作出决定的，经国家旅游局局长批准，可以延长十日，并向申请人出具《行政许可决定延期通知书》，告知延长期限的理由。

法律、法规对作出行政许可决定期限另有规定的，依照其规定。

法条解读：注意旅游行政许可决定时间是20日，并可以延期，但最长不超过30日。

第四十六条 有行政许可法第六十九条第一款所列情形之一的，国家旅游局根据利害关系人的请求或者依据职权，可以撤销行政许可。

被许可人以欺骗、贿赂等不正当手段取得行政许可的，应当予以撤销。

依照前两款的规定撤销行政许可，可能对公共利益造成重大损害的，不予撤销。

依照本条第一款的规定撤销行政许可，被许可人的合法权益受到损害的，旅游行政管理部门应当依法给予赔偿。依照本条第二款的规定撤销行政许可的，被许可人基于行政许可取得的利益不受保护。

第四十九条 被许可人以欺骗、贿赂等不正当手段取得行政许可的，国家旅游局将依法给予行政处罚；取得的行政许可属于直接关系公共安全、人身健康、生命财产安全事项的，申请人在三年内不得再次申请该行政许可。

法条解读：注意"可以撤销旅游行政许可情形"规定在行政许可法第六十九条，包括：行政机关工作人员滥用职权、玩忽职守作出准予行政许可决定的；超越法定职权作出准予行政许可决定的；违反法定程序作出准予行政许可决定的；对不具备申请资格或者不符合法定条件的申请人准予行政许可的；"应当撤销行政许可"的情形主要是以欺骗、贿赂等不正当手段获得的行政许可，值得一提的是，应当撤销行政许可的情形，是属于直接关系公共安全、人身健康、生命财产安全事项的，三年内禁止再次申请该许可事项。

旅游投诉处理办法

第二条 本办法所称旅游投诉，是指旅游者认为旅游经营者损害其合法权益，请求旅游行政管理部门、旅游质量监督管理机构或者旅游执法机构（以下统称“旅游投诉处理机构”），对双方发生的民事争议进行处理的行为。

法条解读：这是关于旅游投诉的法律规定，注意旅游投诉受理范围是民事的争议，涉及行政争议与刑事内容的则不属于旅游投诉受理的范围。

第四条 旅游投诉处理机构在处理旅游投诉中，发现被投诉人或者其从业人员有违法或犯罪行为的，应当按照法律、法规和规章的规定，作出行政处罚、向有关行政管理部门提出行政处罚建议或者移送司法机关。

法条解读：旅游投诉受理过程中，遇到行政争议或者刑事犯罪情形应当移送相关部门处理。

第五条 旅游投诉由旅游合同签订地或者被投诉人所在地县级以上地方旅游投诉处理机构管辖。

需要立即制止、纠正被投诉人的损害行为的，应当由损害行为发生地旅游投诉处理机构管辖。

法条解读：这是关于旅游投诉的级别管辖规定，其遵循的一般原则是“旅游合同签订地”或者“被投诉人所在地县级以上地方投诉处理机构”管辖，但是，特别情况下，可以由“损害发生地旅游投诉处理机构”管辖。

第六条 上级旅游投诉处理机构有权处理下级旅游投诉处理机构管辖的投诉案件。

第七条 发生管辖争议的，旅游投诉处理机构可以协商确定，或者报请共同的上级旅游投诉处理机构指定管辖。

法条解读：这是关于旅游投诉的移送管辖和指定管辖的规定。

第八条 投诉人可以就下列事项向旅游投诉处理机构投诉：

（一）认为旅游经营者违反合同约定的；

（二）因旅游经营者的责任致使投诉人人身、财产受到损害的；

（三）因不可抗力、意外事故致使旅游合同不能履行或者不能完全履行，投诉人与被投诉人发生争议的；

（四）其他损害旅游者合法权益的。

法条解读：旅游投诉受理的条件是：投诉者是与本案有直接利害关系的旅游者、海外旅游商、国内旅游经营者和从业人员；有明确的被投诉者、具体的投诉请求和事实依据；属于本规定所列的旅游投诉范围。

第九条 下列情形不予受理：

（一）人民法院、仲裁机构、其他行政管理部门或者社会调解机构已经受理或者处理的；

（二）旅游投诉处理机构已经作出处理，且没有新情况、新理由的；

（三）不属于旅游投诉处理机构职责范围或者管辖范围的；

（四）超过旅游合同结束之日 90 天的；

（五）不符合本办法第十条规定的旅游投诉条件的；

（六）本办法规定情形之外的其他经济纠纷。

属于前款第（三）项规定的情形的，旅游投诉处理机构应当及时告知投诉人向有管辖权的旅游投诉处理机构或者有关行政管理部门投诉。

法条解读：旅游投诉主管部门处理旅游投诉的法定期限缩短，投诉时效期限相对延长，便于游客维权。新《办法》缩短了受理和处理投诉的时限；新规定将旅游投诉处理机构作出受理意见时限由 7 日缩短为 5 日；被投诉人接到《旅游投诉受理通知书》之日作出书面答复的时间由 30 日缩短到 10 日；旅游投诉处理机构接到投诉后，在受理旅游投诉后到作出调解意见时间由 90 日缩短到 60 日；游客投诉时效期限从 60 天延长至 90 天，游客维权时间更加充沛。但仍然需要注意，投诉时效期限的起算时间明显改变，旧规定为知道或应当知道权利受侵害时起算，新规定为旅游合同结束时（旅游结束）起算。另外，少部分因权利受侵害的体现有滞后性的游客，超过投诉有效期限后，仍可选择通过向法院提起诉讼的方式维权。

第十条 旅游投诉应当符合下列条件：

（一）投诉人与投诉事项有直接利害关系；

（二）有明确的被投诉人、具体的投诉请求、事实和理由。

第十一条 旅游投诉一般应当采取书面形式，一式两份，并载明下列事项：

（一）投诉人的姓名、性别、国籍、通讯地址、邮政编码、联系电话及投诉日期；

（二）被投诉人的名称、所在地；

（三）投诉的要求、理由及相关的事实根据。

第十二条 投诉事项比较简单的，投诉人可以口头投诉，由旅游投诉处理机构进行记录或者登记，并告知被投诉人；对于不符合受理条件的投诉，旅游投诉处理机构可以口头告知投诉人不予受理及其理由，并进行记录或者登记。

第十三条 投诉人委托代理人进行投诉活动的，应当向旅游投诉处理机构提交授权委托书，并载明委托权限。

法条解读：这是关于旅游投诉的程序规定。注意投诉可以是书面的形式，也可以是口头形式；旅游投诉可以委托代理人进行投诉。

第十四条 投诉人 4 人以上，以同一事由投诉同一被投诉人的，为共同投诉。

共同投诉可以由投诉人推选 1 至 3 名代表进行投诉。代表人参加旅游投诉处理机构处理投诉过程的行为，对全体投诉人发生效力，但代表人变更、放弃投诉请求或者进行和解，应当经全体投诉人同意。

法条解读：共同投诉必须是 4 人以上，共同投诉可以推举投诉代表人，注意投诉代表人与投诉代理人是不同的，双方在投诉的参与方式和对投诉结果的影响等方面是不同的。

第十五条 旅游投诉处理机构接到投诉，应当在 5 个工作日内作出以下处理：

（一）投诉符合本办法的，予以受理；

（二）投诉不符合本办法的，应当向投诉人送达《旅游投诉不予受理通知书》，告知不予受理的理由；

（三）依照有关法律、法规和本办法规定，本机构无管辖权的，应当以《旅游投诉转办通知书》或者《旅游投诉转办函》，将投诉材料转交有管辖权的旅游投诉处理机构或者其他有关行政管理部门，并书面告知投诉人。

法条解读：新办法与旧规定在处理旅游投诉的时间上是不同的。

第十六条 旅游投诉处理机构处理旅游投诉，除本办法另有规定外，实行调解制度。

旅游投诉处理机构应当在查明事实的基础上，遵循自愿、合法的原则进行调解，促使投诉人与被投诉人相互谅解，达成协议。

法条解读：新办法注重对旅游投诉的调解，注意旅游投诉的调解原则是"自愿、合法"原则。

第十七条 旅游投诉处理机构处理旅游投诉，应当立案办理，填写《旅游投诉立案表》，并附有关投诉材料，在受理投诉之日起5个工作日内，将《旅游投诉受理通知书》和投诉书副本送达被投诉人。

对于事实清楚、应当即时制止或者纠正被投诉人损害行为的，可以不填写《旅游投诉立案表》和向被投诉人送达《旅游投诉受理通知书》，但应当对处理情况进行记录存档。

第十八条 被投诉人应当在接到通知之日起10日内作出书面答复，提出答辩的事实、理由和证据。

第十九条 投诉人和被投诉人应当对自己的投诉或者答辩提供证据。

第二十条 旅游投诉处理机构应当对双方当事人提出的事实、理由及证据进行审查。

旅游投诉处理机构认为有必要收集新的证据，可以根据有关法律、法规的规定，自行收集或者召集有关当事人进行调查。

第二十一条 需要委托其他旅游投诉处理机构协助调查、取证的，应当出具《旅游投诉调查取证委托书》，受委托的旅游投诉处理机构应当予以协助。

第二十二条 对专门性事项需要鉴定或者检测的，可以由当事人双方约定的鉴定或者检测部门鉴定。没有约定的，当事人一方可以自行向法定鉴定或者检测机构申请鉴定或者检测。

鉴定、检测费用按双方约定承担。没有约定的，由鉴定、检测申请方先行承担；达成调解协议后，按调解协议承担。鉴定、检测的时间不计入投诉处理时间。

第二十三条 在投诉处理过程中，投诉人与被投诉人自行和解的，应当将和解结果告知旅游投诉处理机构；旅游投诉处理机构在核实后应当予以记录并由双方当事人、投诉处理人员签名或者盖章。

法条解读：以上是关于旅游投诉机构处理旅游投诉的程序规定。大致包括：受理、送达、答辩、举证、调查取证、鉴定、和解等。

第二十四条 旅游投诉处理机构受理投诉后，应当积极安排当事双方进行调解，提出调解方案，促成双方达成调解协议。

法条解读：新办法中处理机制侧重调解，更趋人性化。旧《规定》中，调解不成的投诉，由处理机构作出《旅游投诉处理决定书》，《决定书》有强制执行效力。当事人对决定不服，不申请行政复议或提起诉讼又不履行的，旅游投诉管理机关可申请法院强制执行。而新《办法》对适用旅行社质量保证金赔偿以外的投诉事项，只能进行调解，调解不成时，则将作出《旅游投诉终止调解书》送达双方当事人，终结调解。《办法》规定，在投诉调解不成时，游客可通过诉讼途径解决。新《办法》既有效地保护了游客的合法权益，又能够兼顾到旅游经营者的权益，促进旅游业健康快速发展。

第二十五条 旅游投诉处理机构应当在受理旅游投诉之日起60日内，作出以下处理：

（一）双方达成调解协议的，应当制作《旅游投诉调解书》，载明投诉请求、查明的事实、处理过程和调解结果，由当事人双方签字并加盖旅游投诉处理机构印章；

（二）调解不成的，终止调解，旅游投诉处理机构应当向双方当事人出具《旅游投诉终止调解书》。

调解不成的，或者调解书生效后没有执行的，投诉人可以按照国家法律、法规的规定，向仲裁机构申请仲裁或者向人民法院提起诉讼。

第二十六条 在下列情形下，经旅游投诉处理机构调解，投诉人与旅行社不能达成调解协议的，旅游投诉处理机构应当做出划拨旅行社质量保证金赔偿的决定，或向旅游行政管理部门提出划拨旅行社质量保证金的建议：

（一）旅行社因解散、破产或者其他原因造成旅游者预交旅游费用损失的；

（二）因旅行社中止履行旅游合同义务、造成旅游者滞留，而实际发生了交通、食宿或返程等必要及合理费用的。

法条解读：新《办法》将业内时常发生的旅行社“甩团”等情形，明确适用旅行社质量保证金进行赔偿。

关于审理旅游纠纷案件适用法律若干问题的规定

第一条 本规定所称的旅游纠纷，是指旅游者与旅游经营者、旅游辅助服务者之间因旅游发生的合同纠纷或者侵权纠纷。

“旅游经营者”是指以自己的名义经营旅游业务，向公众提供旅游服务的人。

“旅游辅助服务者”是指与旅游经营者存在合同关系，协助旅游经营者履行旅游合同义务，实际提供交通、游览、住宿、餐饮、娱乐等旅游服务的人。

旅游者在自行旅游过程中与旅游景点经营者因旅游发生的纠纷，参照适用本规定。

法条解读：旅游纠纷，既包括旅游合同纠纷，也包括旅游侵权纠纷，旅游中间商在解释中称为“旅游辅助服务者”，依照新的规定，旅游纠纷法律关系主体主要包括旅游经营者、旅游者和旅游辅助服务者。

第二条 以单位、家庭等集体形式与旅游经营者订立旅游合同，在履行过程中发生纠纷，除集体以合同一方当事人名义起诉外，旅游者个人提起旅游合同纠纷诉讼的，人民法院应予受理。

法条解读：本条明确了旅游者有以个人名义提起诉讼的权利，以往一般只准许合同签订人提起诉讼，那么当未签字的旅游者受到损害，而合同签约人又怠于提起诉讼时，旅游者的权利就无法得到保障，所以这对于维护当事人合法权益具有重要意义。

第三条 因旅游经营者方面的同一原因造成旅游者人身损害、财产损失，旅游者选择要求旅游经营者承担违约责任或者侵权责任的，人民法院应当根据当事人选择的案由进行审理。

法条解读:旅游者受到人身损害或财产损失,涉及旅游经营者违约责任与侵权责任的法律竞合,本规定明确了关于旅游者违约与侵权之诉的选择、自由行旅游经营者的风险责任。

第六条 旅游经营者以格式合同、通知、声明、告示等方式作出对旅游者不公平、不合理的规定,或者减轻、免除其损害旅游者合法权益的责任,旅游者请求依据消费者权益保护法第二十四条的规定认定该内容无效的,人民法院应予支持。

法条解读:本规定直接确认旅游经营者"霸王条款"无效。旅行社的合同主要包含三大部分:合同、行程单和游客须知。合同一般采用国家旅游局的统一范本,旅行社基本不会对此修改。所谓的"霸王条款",主要是指一些旅行社单方面制定的逃避法定义务、减免自身责任的不平等的格式合同,其多数会夹杂在行程单和游客须知中,既严重损害了旅游者的合法权益,也与我国日趋成熟的旅游消费市场格格不入,规定确认旅游"霸王条款"无效,对于不符合行业规范的行为起到了抑制打击作用,如果游客在旅游过程中遇到"霸王条款",可依据此强有力的法律依据,将旅行社起诉到法院,更有效地保护自己的权益。

第七条 旅游经营者、旅游辅助服务者未尽到安全保障义务,造成旅游者人身损害、财产损失,旅游者请求旅游经营者、旅游辅助服务者承担责任的,人民法院应予支持。

因第三人的行为造成旅游者人身损害、财产损失,由第三人承担责任;旅游经营者、旅游辅助服务者未尽安全保障义务,旅游者请求其承担相应补充责任的,人民法院应予支持。

第八条 旅游经营者、旅游辅助服务者对可能危及旅游者人身、财产安全的旅游项目未履行告知、警示义务,造成旅游者人身损害、财产损失,旅游者请求旅游经营者、旅游辅助服务者承担责任的,人民法院应予支持。

旅游者未按旅游经营者、旅游辅助服务者的要求提供与旅游活动相关的个人健康信息并履行如实告知义务,或者不听从旅游经营者、旅游辅助服务者的告知、警示,参加不适合自身条件的旅游活动,导致旅游过程中出现人身损害、财产损失,旅游者请求旅游经营者、旅游辅助服务者承担责任的,人民法院不予支持。

第九条 旅游经营者、旅游辅助服务者泄露旅游者个人信息或者未经旅游者同意公开其个人信息,旅游者请求其承担相应责任的,人民法院应予支持。

法条解读:这是对旅游者尽到保障义务的规定,安全保障义务是旅游经营者和旅游辅助服务者的首要义务。无论在旅游合同中是否有明确约定,旅行社和服务供应商都必须履行安全保障义务,确保旅游者在旅游期间的人身财产安全。在旅游服务中,首先,旅行社必须确保旅游产品和服务是安全的,旅行社安排的旅游线路适合旅游者个体需求,否则一旦出现旅游者人身财产安全事故,旅行社就可能承担赔偿责任。其次,旅行社必须履行警示、告知和提示义务。再次,旅行社还必须采取相关措施,预防损害的发生、防止损害的扩大。如果侵权责任人不是旅行社,也不是旅游服务供应商,而是属于旅游合同之外的第三人,旅游者人身财产损害应当由第三人即侵权人承担责任。值得一提的是第九条,该规定对于督促旅行社强化管理,保障消费者个人隐私权不受侵害将起到积极的作用,因此,旅游者在办理相关旅游手续及证件时,向旅行社提交或披露必要的个人资料及信息后,旅行社必须妥善保管上述资料及信息,因其过失甚至故意泄漏上述信息,旅行社应承担相应法律责任。

第十条 旅游经营者将旅游业务转让给其他旅游经营者,旅游者不同意转让,请求解除旅游合同、追究旅游经营者违约责任的,人民法院应予支持。

旅游经营者擅自将其旅游业务转让给其他旅游经营者,旅游者在旅游过程中遭受损害,请求与其签订旅游合同的旅游经营者和实际提供旅游服务的旅游经营者承担连带责任的,人民法院应予支持。

法条解读:本规定明确了旅行社转团要告知的义务,旅游者之所以选择某家旅行社,是基于对其的信任,因此,旅行社确需转团的,必须征得旅游者的同意,这也是对旅游者的"信赖利益"的保护,故旅行社尽到转团要告知的义务也是与合同法精神相一致的。这就意味着,当出现旅行社以旅游人数不足不能成团为由将旅游者转团的情形,如旅游者不同意,合同因此解除的,旅游者仍有权追究旅行社的违约责任。因为一方面这是旅行社应承担的经营风险之一,另一方面要求旅行社承担违约责任是为了避免其滥用"人数不成团"这一理由来随意解除合同。

第十一条 除合同性质不宜转让或者合同另有约定之外,在旅游行程开始前的合理期间内,旅游者将其在旅游合同中的权利义务转让给第三人,请求确认转让合同效力的,人民法院应予支持。

因前款所述原因,旅游经营者请求旅游者、第三人给付增加的费用或者旅游者请求旅游经营者退还减少的费用的,人民法院应予支持。

法条解读:基于旅游者的原因,本规定允许旅游者在旅游行程开始前的合理期间内选择转让合同,出于公平原则,转让合同时允许在旅游费用上重新协商,这就减少了双方的纠纷,降低双方损失,也较为符合旅游合同的实际情况。

第十三条 因不可抗力等不可归责于旅游经营者、旅游辅助服务者的客观原因导致旅游合同无法履行,旅游经营者、旅游者请求解除旅游合同的,人民法院应予支持。旅游经营者、旅游者请求对方承担违约责任的,人民法院不予支持。旅游者请求旅游经营者退还尚未实际发生的费用的,人民法院应予支持。

因不可抗力等不可归责于旅游经营者、旅游辅助服务者的客观原因变更旅游行程,在征得旅游者同意后,旅游经营者请求旅游者分担因此增加的旅游费用或旅游者请求旅游经营者退还因此减少的旅游费用的,人民法院应予支持。

第十四条 因旅游辅助服务者的原因造成旅游者人身损害、财产损失,旅游者选择请求旅游辅助服务者承担侵权责任的,人民法院应予支持。

旅游经营者对旅游辅助服务者未尽谨慎选择义务,旅游者请求旅游经营者承担相应补充责任的,人民法院应予支持。

法条解读:不可抗力造成旅游计划无法履行是旅游合同免责的事由,旅游经营者请求旅游者分担因此增加的旅游费用条件:存在不可抗力的客观原因致使变更旅游行程;该客观原因非由旅游经营者或旅游服务辅助者造成;征得旅游者全部同意。

第十五条 签订旅游合同的旅游经营者将其部分旅游业务委托旅游目的地的旅游经营者,因受托方未尽旅游合同义务,旅游者在旅游过程中受到损害,要求作出委托的旅游经营者承担赔偿责任的,人民法院应予支持。

旅游经营者委托除前款规定以外的人从事旅游业务,发生旅游纠纷,旅游者起诉旅游经营者的,人民法院应予受理。

第十六条　旅游经营者准许他人挂靠其名下从事旅游业务，造成旅游者人身损害、财产损失，旅游者请求旅游经营者与挂靠人承担连带责任的，人民法院应予支持。

法条解读：与《旅行社条例》的第三十七条规定一致，当委托社将旅游业务委托给受托社，因受托社未尽旅游合同义务而造成旅游者合法权益损害的，委托社应当先承担责任；因挂靠在旅游经营者名下从事旅游业务而造成旅游者合法权益受到侵害的，挂靠人和旅游经营者要共同承担连带责任。

第十七条　旅游经营者违反合同约定，有擅自改变旅游行程、遗漏旅游景点、减少旅游服务项目、降低旅游服务标准等行为，旅游者请求旅游经营者赔偿未完成约定旅游服务项目等合理费用的，人民法院应予支持。

旅游经营者提供服务时有欺诈行为，旅游者请求旅游经营者双倍赔偿其遭受的损失的，人民法院应予支持。

法条解读：以上四种情况的违约行为旅游者均有权要求旅游经营者赔偿未完成约定旅游服务项目等合理费用；注意本条第二款是以司法解释的形式规定惩罚性条款，即旅游经营者提供服务时的欺诈行为是一种严重的违约行为，要承担更重的违约责任，但是从条款的逻辑关系看，解释的意图只将该惩罚性条款界定在违约责任，而侵权责任则不适用该条款，即如果发生违约责任与侵权责任的竞合，旅游者选择主张侵权责任，则不能适用双倍赔偿的惩罚。

第十八条　因飞机、火车、班轮、城际客运班车等公共客运交通工具延误，导致合同不能按照约定履行，旅游者请求旅游经营者退还未实际发生的费用的，人民法院应予支持。合同另有约定的除外。

法条解读：因公共客运交通工具延误致使旅游合同无法按约定履行，旅游经营者要承担相应民事责任，除了可要求退还未实际发生的作用外，根据《旅行社质量保证金的赔偿标准》，还可要求旅游经营者赔偿直接经济损失，同时赔偿经济损失10%的违约金。

第十九条　旅游者在自行安排活动期间遭受人身损害、财产损失，旅游经营者未尽到必要的提示义务、救助义务，旅游者请求旅游经营者承担相应责任的，人民法院应予支持。

前款规定的自行安排活动期间，包括旅游经营者安排的在旅游行程中独立的自由活动期间、旅游者不参加旅游行程的活动期间以及旅游者经导游或者领队同意暂时离队的个人活动期间等。

第二十条　旅游者在旅游行程中未经导游或者领队许可，故意脱离团队，遭受人身损害、财产损失，请求旅游经营者赔偿损失的，人民法院不予支持。

法条解读：旅游者在自行安排活动期间遭受人身损害、财产损失，原则上由自身承担，但是旅行社未尽到提示或救助义务的，则要承担相应的补充责任，注意第十九条对“旅游者自行安排活动期间”的界定，另外第二十条规定了旅游者旅游过程中遭受人身、财产损害的除外责任：不服从导游或领队的管理，故意脱离团队。

第二十一条　旅游者提起违约之诉，主张精神损害赔偿的，人民法院应告知其变更为侵权之诉；旅游者仍坚持提起违约之诉的，对于其精神损害赔偿的主张，人民法院不予支持。

法条解读：旅游者合法权益受到权益侵害，可提起违约之诉，也可以提起侵权之诉，但是违约之诉不可以主张精神损害赔偿，旅游者如果要主张精神损害赔偿，只能提起侵权之诉。

第二十二条 旅游经营者或者旅游辅助服务者为旅游者代管的行李物品损毁、灭失，旅游者请求赔偿损失的，人民法院应予支持，但下列情形除外：

（一）损失是由于旅游者未听从旅游经营者或者旅游辅助服务者的事先声明或者提示，未将现金、有价证券、贵重物品由其随身携带而造成的；

（二）损失是由于不可抗力、意外事件造成的；

（三）损失是由于旅游者的过错造成的；

（四）损失是由于物品的自然属性造成的。

法条解读：本条规定明确了旅游经营者或旅游辅助服务者丢失行李的赔偿责任，注意四种行李毁损、灭失免责事由。

第二十三条 旅游者要求旅游经营者返还下列费用的，人民法院应予支持：

（一）因拒绝旅游经营者安排的购物活动或者另行付费的项目被增收的费用；

（二）在同一旅游行程中，旅游经营者提供相同服务，因旅游者的年龄、职业等差异而增收的费用。

法条解读：旅游市场上强迫购物、差别收费的现象时有发生，是众多旅游者在选择旅游商品时较为头痛的一个问题，本条规定进一步明确了此类消费歧视的法律责任，这是对禁止性要求的民事责任的具体体现。除非旅行社为旅游者提供了特殊的服务，并因此需要额外增加成本支出，否则旅行社的差别收费就是消费歧视。

中华人民共和国反不正当竞争法

第二条 经营者在市场交易中，应当遵循自愿、平等、公平、诚实信用的原则，遵守公认的商业道德。本法所称的不正当竞争，是指经营者违反本法规定，损害其他经营者合法权益，扰乱社会经济秩序的行为。本法所称的经营者，是指从事商品经营或者营利性服务（以下所称商品包括服务）的法人、其他经济组织和个人。

法条解读：了解不正当竞争的含义，注意经营者的定义和范围，突出经营性、营利性。

第五条 经营者不得采用下列不正当手段从事市场交易，损害竞争对手：

（一）假冒他人的注册商标；

（二）擅自使用知名商品特有的名称、包装、装潢，或者使用与知名商品近似的名称、包装、装潢，造成和他人的知名商品相混淆，使购买者误认为是该知名商品；

（三）擅自使用他人的企业名称或者姓名，引人误认为是他人的商品；

（四）在商品上伪造或者冒用认证标志、名优标志等质量标志，伪造产地，对商品质量作引人误解的虚假表示。

法条解读：以上四种不正当竞争行为的共性：采用假冒或仿冒等混淆手段从事各类欺诈性市场交易行为，从而达到损害竞争对手的目的。

第六条 公用企业或者其他依法具有独占地位的经营者，不得限定他人购买其指定的经营者的商品，以排挤其他经营者的公平竞争。

第七条 政府及其所属部门不得滥用行政权力，限定他人购买其指定的经营者的商品，限制其他经营者正当的经营活动。政府及其所属部门不得滥用行政权力,限制外地商品进入本地市场,或者本地商品流向外地市场。

法条解读:以上两条实质是反垄断的规定,也称为限制竞争行为;第六条指向公用企业、独占经营者(煤气公司、电力公司等)的限定购买行为,第七条指向政府的三个行为:限定购买行为,限制外地商品流入和限制本地商品流出行为。

第八条 经营者不得采用财物或者其他手段进行贿赂以销售或者购买商品。在账外暗中给予对方单位或者个人回扣的,以行贿论处;对方单位或者个人在账外暗中收受回扣的,以受贿论处。经营者销售或者购买商品,可以以明示方式给对方折扣,可以给中间人佣金。经营者给对方折扣、给中间人佣金的,必须如实入账。接受折扣、佣金的经营者必须如实入账。

法条解读:本条规定商业贿赂行为是指在市场交易活动中,为了争取交易机会,特别是为挣得相对于竞争对手的市场优势,通过秘密给付财务或其他报偿等不正当手段收买客户相关负责人,从而影响市场公平交易的行为。注意商业贿赂强调的行为方式是"账外暗中",明账折扣和佣金都是正当的促销行为,但是必须如实入账。

第九条 经营者不得利用广告或者其他方法,对商品的质量、制作成分、性能、用途、生产者、有效期限、产地等作引人误解的虚假宣传。广告的经营者不得在明知或者应知的情况下,代理、设计、制作、发布虚假广告。

法条解读:这是关于引人误解的虚假宣传行为规定,注意其与第五条第一款第(四)项中的虚假表示行为区分:虚假宣传强调在宣传活动中,而虚假表示行为主要是在包装、装潢上作假。

第十条 经营者不得采用下列手段侵犯商业秘密:

(一) 以盗窃、利诱、胁迫或者其他不正当手段获取权利人的商业秘密;

(二) 披露、使用或者允许他人使用以前项手段获取权利人的商业秘密;

(三) 违反约定或者违反权利人有关保守商业秘密的要求,披露、使用或者允许他人使用其所掌握的商业秘密。第三人明知或者应知前款所列违法行为,获取、使用或者披露他人的商业秘密,视为侵犯商业秘密。本条所称的商业秘密,是指不为公众所知悉、能为权利人带来经济利益、具有实用性并经权利人采取保密措施的技术信息和经营信息。

法条解读:商业秘密的构成要件:秘密性、经济实用性和保密性;商业秘密包括技术信息和经营信息;侵犯商业秘密行为可以划分为两类:不正当获取(盗窃、利诱等)和不正当披露、使用和允许他人使用;侵犯商业秘密的主体扩大到第三人,这便于全方位禁止侵犯商业秘密的不正当竞争行为。

第十一条 经营者不得以排挤对手为目的,以低于成本的价格销售商品。有下列情形之一的,不属于不正当行为:

(一) 销售鲜活商品;

(二) 处理有效期限即将到期的商品或者其他积压的商品;

(三) 季节性降价;

(四) 因清偿债务、转产、歇业降价销售商品。

法条解读:这是关于低价倾销的规定,注意低价倾销的两个关键要件:低于成本的价格;

以排挤竞争对手为目的,注意低价倾销的例外情形。

第十二条 经营者销售商品,不得违背购买者的意愿搭售商品或者附加其他不合理的条件。

法条解读:这是关于禁止强行搭售行为的规定,注意其行为主体是经营者而非国家机关,行为方式是禁止强行搭售,禁止附加不合理条件,该行为违背了购买者的意愿,损害了竞争对手的利益。

第十三条 经营者不得从事下列有奖销售:

(一)采用谎称有奖或者故意让内定人员中奖的欺骗方式进行有奖销售;

(二)利用有奖销售的手段推销质次价高的商品;

(三)抽奖式的有奖销售,最高奖的金额超过五千元。

法条解读:这是关于违反规定的有奖销售行为的不正当竞争行为的规定,注意该条前两种销售行为为法律绝对禁止,但是对抽奖式的有奖销售则是有条件的禁止,其标准就是最高金额是否超过5 000元。

第十四条 经营者不得捏造、散布虚伪事实,损害竞争对手的商业信誉、商品声誉。

法条解读:损害商业信誉、商品声誉行为的构成要件包括:客观上有捏造、散布虚伪事实的行为,且为不特定的第三人所知道或推知;行为对象是竞争对手;该对象一般是特定的第三人,如果对象不特定,无法确定其侵权对象;主观目的是为了损害竞争对手的商业信誉、商品声誉,主观状态是故意。

第十五条 投标者不得串通投标,抬高标价或者压低标价。投标者和招标者不得相互勾结,以排挤竞争对手的公平竞争。

法条解读:本条也是限制竞争行为,禁止两类行为:投标者之间恶意串通投标行为;投标者与招标者之间的恶意串通行为。

中华人民共和国劳动合同法

第二条 中华人民共和国境内的企业、个体经济组织、民办非企业单位等组织(以下称用人单位)与劳动者建立劳动关系,订立、履行、变更、解除或者终止劳动合同,适用本法。

国家机关、事业单位、社会团体和与其建立劳动关系的劳动者,订立、履行、变更、解除或者终止劳动合同,依照本法执行。

法条解读:本条是关于劳动合同法适用范围的规定。劳动法的适用范围具体为:(1) 各类企业和与之形成劳动关系的劳动者;(2) 个体经济组织和与之形成劳动关系的劳动者;(3) 国家机关、事业组织、社会团体实行劳动合同制度的以及按规定应实行劳动合同制度的工勤人员;(4) 实行企业化管理的事业组织的人员;(5) 其他通过劳动合同与国家机关、事业组织、社会团体建立劳动关系的劳动者。考虑到劳动合同法是规范用人单位与劳动者之间订立劳动合同的法律规范,对一些不规范的用工,本法不好调整。所以对家庭雇工、兼职人员、返聘的离退休人员等未作规定。

第三条 订立劳动合同,应当遵循合法、公平、平等自愿、协商一致、诚实信用的原则。

依法订立的劳动合同具有约束力,用人单位与劳动者应当履行劳动合同约定的义务。

法条解读:本条是关于劳动合同订立的原则和劳动合同的效力的规定。劳动合同的效力就是劳动合同对当事人的约束力,根据本条的规定,劳动合同依法订立即具有法律效力,用人单位与劳动者应当履行劳动合同规定的义务。劳动合同依法订立,就受法律保护。非依法律规定或者征得对方同意,任何一方不得擅自变更或者解除劳动合同,否则就要承担法律责任。具体劳动合同的生效时间,当事人可以在劳动合同中约定,没有约定的,应当自双方签字之日起生效。

第八条 用人单位招用劳动者时,应当如实告知劳动者工作内容、工作条件、工作地点、职业危害、安全生产状况、劳动报酬,以及劳动者要求了解的其他情况;用人单位有权了解劳动者与劳动合同直接相关的基本情况,劳动者应当如实说明。

法条解读:本条是关于用人单位与劳动者告知义务的规定。为了使劳动合同当事人在订立劳动合同时,能比较全面地了解对方,防止盲目、草率签订劳动合同,避免或减少不必要的劳动争议的发生,本条对当事人在订立劳动合同前的如实告知义务作了规定。

第九条 用人单位招用劳动者,不得扣押劳动者的居民身份证和其他证件,不得要求劳动者提供担保或者以其他名义向劳动者收取财物。

法条解读:本条是关于用人单位不得要求劳动者提供担保或者向劳动者收取财物,不得扣押劳动者的证件的规定。在实践中,有些用人单位为防止劳动者在工作中给用人单位造成损失,不赔偿就不辞而别的情况,利用自己的强势地位,在招用劳动者时要求劳动者提供担保或者向劳动者收取风险抵押金,是一种不合法的行为。

第十条 建立劳动关系,应当订立书面劳动合同。

已建立劳动关系,未同时订立书面劳动合同的,应当自用工之日起一个月内订立书面劳动合同。

用人单位与劳动者在用工前订立劳动合同的,劳动关系自用工之日起建立。

法条解读:本条是关于订立书面劳动合同的规定。劳动合同是劳动者与用人单位确立劳动关系、明确双方权利和义务的协议。在用人单位与劳动者建立劳动关系的同时,应当订立劳动合同,但现实中有很多不按时订立书面劳动合同的情况。由于一些用人单位与劳动者法律意识薄弱,或者一些用人单位利用其优势地位,违反法律规定,故意拖延或者拒绝与劳动者签订书面劳动合同,逃避应当履行的劳动合同义务,任意解除劳动关系,极大地损害了劳动者的合法权益,因此,对于这种情况,本法作出了相应的规定。

第十二条 劳动合同分为固定期限劳动合同、无固定期限劳动合同和以完成一定工作任务为期限的劳动合同。

法条解读:本条是关于劳动合同期限的规定。根据本条规定,劳动合同期限分为固定期限、无固定期限和以完成一定工作任务为期限三种。

第十三条 固定期限劳动合同,是指用人单位与劳动者约定合同终止时间的劳动合同。

用人单位与劳动者协商一致,可以订立固定期限劳动合同。

法条解读:固定期限劳动合同,是指用人单位与劳动者约定合同终止时间的劳动合同。具体是指劳动合同双方当事人在劳动合同中明确规定了合同效力的起始和终止的时间。劳动合同期限届满,劳动关系即告终止。

第十四条 无固定期限劳动合同,是指用人单位与劳动者约定无确定终止时间的劳动合同。

用人单位与劳动者协商一致,可以订立无固定期限劳动合同。有下列情形之一,劳动者提出或者同意续订、订立劳动合同的,除劳动者提出订立固定期限劳动合同外,应当订立无固定期限劳动合同:

（一）劳动者在该用人单位连续工作满十年的;

（二）用人单位初次实行劳动合同制度或者国有企业改制重新订立劳动合同时,劳动者在该用人单位连续工作满十年且距法定退休年龄不足十年的;

（三）连续订立二次固定期限劳动合同,且劳动者没有本法第三十九条和第四十条第一项、第二项规定的情形,续订劳动合同的。

用人单位自用工之日起满一年不与劳动者订立书面劳动合同的,视为用人单位与劳动者已订立无固定期限劳动合同。

法条解读:无固定期限劳动合同的含义,是指用人单位与劳动者约定无确定终止时间的劳动合同。由于缺乏对无固定期限劳动合同制度的正确认识,不少人认为无固定期限劳动合同是“铁饭碗”、“终身制”,认为无固定期限劳动合同一经签订就不能解除。因此,很多劳动者把无固定期限劳动合同视为“护身符”,千方百计要与用人单位签订无固定期限劳动合同。另一方面,用人单位则将无固定期限劳动合同看成了“终身包袱”,想方设法逃避签订无固定期限劳动合同的法律义务。实际上,无确定终止时间就表明劳动合同的终止是不确定的,双方协商一致或是出现员工严重违反用人单位规章制度、严重失职、营私舞弊等情况,合同都有可能解除。

第十五条 以完成一定工作任务为期限的劳动合同,是指用人单位与劳动者约定以某项工作的完成为合同期限的劳动合同。

用人单位与劳动者协商一致,可以订立以完成一定工作任务为期限的劳动合同。

法条解读:以完成一定工作任务为期限的劳动合同,是指用人单位与劳动者约定以某项工作的完成为合同期限的劳动合同。用人单位与劳动者协商一致,可以订立以完成一定工作任务为期限的劳动合同。某一项工作或工程开始之日,即为合同开始之时,此项工作或工作完毕,合同即告终止。如以完成某项科研为目的,以及带有临时性、季节性的劳动合同。合同双方当事人在合同存续期间建立的是劳动关系,劳动者要加入用人单位集体,参加用人单位工会,遵守用人单位内部规章制度,享受工资福利、社会保险等待遇。这种劳动合同实际上属于固定期限的劳动合同,只不过表现形式不同。

第十九条 劳动合同期限三个月以上不满一年的,试用期不得超过一个月;劳动合同期限一年以上不满三年的,试用期不得超过二个月;三年以上固定期限和无固定期限的劳动合同,试用期不得超过六个月。

同一用人单位与同一劳动者只能约定一次试用期。

以完成一定工作任务为期限的劳动合同或者劳动合同期限不满三个月的,不得约定试用期。

试用期包含在劳动合同期限内。劳动合同仅约定试用期的,试用期不成立,该期限为劳动合同期限。

法条解读：本条是关于试用期的规定。试用期是指用人单位对新招收的职工的思想品德、劳动态度、实际工作能力、身体情况等进行进一步考察的时间期限。劳动法规定，劳动合同可以约定试用期，但最长不得超过六个月。在劳动合同中约定试用期，一方面可以维护用人单位的利益，为每个工作岗位找到合适的劳动者，试用期就是供用人单位考察劳动者是否适合其工作岗位的一项制度，给企业考察劳动者是否与录用要求相一致的时间，避免用人单位遭受不必要的损失；另一方面，可以维护新招收职工的利益，使被录用的职工有时间考察了解用人单位的工作内容、劳动条件、劳动报酬等是否符合劳动合同的规定。在劳动合同中规定试用期，既是订立劳动合同双方当事人的权利与义务，同时也为劳动合同其他条款的履行提供了保障。但在用工过程中，目前滥用试用期侵犯劳动者权益的现象比较普遍，包括什么样的劳动岗位需要约定试用期，约定多长的试用期，以什么作为参照设定试用期等，实践中比较混乱，劳动合同法针对滥用试用期、试用期过长问题作出了有针对性的规定。

第二十条 劳动者在试用期的工资不得低于本单位相同岗位最低档工资或者劳动合同约定工资的百分之八十，并不得低于用人单位所在地的最低工资标准。

法条解读：本条是关于试用期工资的规定。用人单位滥用试用期的另一个表现方面是试用期间付给劳动者的薪金待遇低。实践中，试用期劳动者薪金待遇低的现象非常普遍，很多用人单位视试用人员为廉价劳动力，任意压低基本薪水，甚至不给工资。还有一些单位，硬性规定在试用期间一切意外伤害不列入工作范围。对试用期内工资待遇较低的问题，社会反响非常强烈，对试用期间劳动者待遇过低或得不到保障的突出问题，劳动合同法做出了有针对性的规定。

第二十一条 在试用期中，除劳动者有本法第三十九条和第四十条第一项、第二项规定的情形外，用人单位不得解除劳动合同。用人单位在试用期解除劳动合同的，应当向劳动者说明理由。

法条解读：本条是关于试用期解除劳动合同限制的规定。试用期用人单位随意解除劳动合同的现象严重。有些单位利用试用期解除劳动合同相对容易的情况，任意解除，走马观花式地更换试用人员。有的餐饮业单位好像永远在招聘，永远在试用劳动者，招聘的人员竟有90%以上，甚至是100%都不合格，这是用人单位热衷于约定试用期的另一个重要原因。为遏制部分用人单位恶意使用试用期，劳动合同法作出了针对性规定，在试用期中，除有证据证明劳动者不符合录用条件外，用人单位不得解除劳动合同。

第二十二条 用人单位为劳动者提供专项培训费用，对其进行专业技术培训的，可以与该劳动者订立协议，约定服务期。

劳动者违反服务期约定的，应当按照约定向用人单位支付违约金。违约金的数额不得超过用人单位提供的培训费用。用人单位要求劳动者支付的违约金不得超过服务期尚未履行部分所应分摊的培训费用。

用人单位与劳动者约定服务期的，不影响按照正常的工资调整机制提高劳动者在服务期期间的劳动报酬。

法条解读：本条是关于服务期的规定。可以与该劳动者订立协议，约定服务期的培训是有严格的条件的。(1) 用人单位提供专项培训费用。(2) 对劳动者进行的是专业技术培训，包括专业知识和职业技能。(3) 至于培训的形式，可以是脱产的、半脱产的，也可以是不脱产的。法律之所以规定服务期,是因为用人单位对劳动者有投入并导致劳动者获得利益。用人单位为劳动者提供培训费用,并支付劳动报酬和其他待遇,使劳动者学到了本事。同时,用人单位使劳动者接受培训的目的,在于劳动者回来后为单位提供约定服务期期间的劳动,劳动者服务期未满离职,使用人单位期待落空。通过约定服务期,可以大体平衡双方利益。

第二十三条 用人单位与劳动者可以在劳动合同中约定保守用人单位的商业秘密和与知识产权相关的保密事项。

对负有保密义务的劳动者,用人单位可以在劳动合同或者保密协议中与劳动者约定竞业限制条款,并约定在解除或者终止劳动合同后,在竞业限制期限内按月给予劳动者经济补偿。劳动者违反竞业限制约定的,应当按照约定向用人单位支付违约金。

第二十四条 竞业限制的人员限于用人单位的高级管理人员、高级技术人员和其他负有保密义务的人员。竞业限制的范围、地域、期限由用人单位与劳动者约定,竞业限制的约定不得违反法律、法规的规定。

在解除或者终止劳动合同后,前款规定的人员到与本单位生产或者经营同类产品、从事同类业务的有竞争关系的其他用人单位,或者自己开业生产或者经营同类产品、从事同类业务的竞业限制期限,不得超过二年。

法条解读:本条是关于劳动者的保密义务、禁业限制和禁业限制范围的规定。劳动关系具有特定的人身属性,由劳动者对用人单位忠诚义务演化出劳动合同的保密义务(忠诚义务在英国法上被法院视为劳动合同的默示义务),并进而扩展为竞业限制或竞业禁止。竞业禁止条款蕴涵了用人单位的财产权益和劳动者的劳动权利两者的矛盾,本条规定竞业禁止的目的是要保护用人单位的商业秘密,劳动者违反竞业限制约定的,应当按照约定向用人单位支付违约金,给用人单位造成损失的,还要依法支付损害赔偿金。但是,在用人单位存在商业秘密,劳动者亦知悉的情况下,在劳动合同终结后,劳动者的保密义务仍旧延续,即便用人单位未与劳动者签订竞业禁止协议,劳动者也应当保守用人单位的商业秘密,否则,用人单位可因此追究劳动者的侵权责任。以法律的形式规定劳动者离职后负有竞业禁止义务,主要是考虑目前越来越多的保密协议、竞业限制条款,极大地限制了劳动者离职后的就业范围。劳动合同到期后的竞业禁止,由用人单位和劳动者双方约定。其中最重要的内容是经济补偿,竞业限制补偿金是用人单位对劳动者履行竞业限制义务的补偿,用人单位与劳动者有竞业限制约定的,应当同时与劳动者约定在劳动合同终止或者解除时向劳动者支付的竞业限制经济补偿,竞业限制经济补偿金不能包含在工资中,只能在劳动关系结束后,在竞业限制期限内按月给予劳动者经济补偿。补偿金的数额由双方约定。用人单位未按照约定在劳动合同终止或者解除时向劳动者支付竞业限制经济补偿的,竞业限制条款失效。这是竞业限制生效的条件和劳动者遵守竞业限制义务的前提。用人单位可以与知悉其商业秘密的劳动者在劳动合同中约定,在劳动合同终止或者解除后的一定期限内,劳动者不得到生产与本单位同类产品或者经营同类业务的有竞争关系的其他用人单位任职,也不得自己开业生产或者经营与用人单位有竞争关系的同类产品或者业务。竞业限制的实施客观上限制了劳动者的就业权,进而影响了劳动者的生存权,故其存在仅能以协议的方式确立。

第二十六条 下列劳动合同无效或者部分无效:

(一) 以欺诈、胁迫的手段或者乘人之危,使对方在违背真实意思的情况下订立或者变更劳动合同的;

(二) 用人单位免除自己的法定责任、排除劳动者权利的;

(三) 违反法律、行政法规强制性规定的。

对劳动合同的无效或者部分无效有争议的,由劳动争议仲裁机构或者人民法院确认。

法条解读:本条是关于劳动合同无效的规定,无效的劳动合同是指由当事人签订成立而国家不予承认其法律效力的劳动合同。一般合同一旦依法成立,就具有法律拘束力,但是无效合同即使成立,也不具有法律拘束力,不发生履行效力。

第二十七条 劳动合同部分无效,不影响其他部分效力的,其他部分仍然有效。

法条解读:本条是关于劳动合同部分无效的规定,无效的合同可分部分无效合同和全部无效的合同。部分无效合同是指有些合同条款虽然违反法律规定,但并不影响其他条款效力的合同。

第二十八条 劳动合同被确认无效,劳动者已付出劳动的,用人单位应当向劳动者支付劳动报酬。劳动报酬的数额,参照本单位相同或者相近岗位劳动者的劳动报酬确定。

法条解读:本条是劳动合同无效后劳动报酬如何支付的规定。劳动合同有其特殊性,是一种具有人身属性、重实际履行的合同,已经发生的人身从属关系,无法按照一般民事关系的处理方式,恢复到合同关系发生前的状态;已经履行的劳动给付义务,不应该恢复到合同关系发生前的状态。如果对劳动合同简单地照搬民事合同中的无效、撤销制度,已经发生的劳动给付无法处理,也会引发大量的纠纷。为了适应劳动合同的特殊性,劳动合同被确认无效,劳动者已付出劳动的,用人单位应当向劳动者支付劳动报酬。包括无营业执照经营的单位被依法处理,该单位的劳动者已经付出劳动的,由被处理的单位或者其出资人向劳动者支付劳动报酬。

第三十条 用人单位应当按照劳动合同约定和国家规定,向劳动者及时足额支付劳动报酬。

用人单位拖欠或者未足额支付劳动报酬的,劳动者可以依法向当地人民法院申请支付令,人民法院应当依法发出支付令。

法条解读:本条对用人单位支付劳动报酬问题的规定,是对劳动者劳动报酬权的保护。劳动报酬权是指劳动者依照劳动法律关系,履行劳动义务,由用人单位根据按劳分配的原则及劳动力价值支付报酬的权利。本条第二款规定了用人单位拖欠或者未足额发放劳动报酬的,劳动者可以依法向当地人民法院申请支付令,本款主要是针对用人单位拖欠劳动者工资,尤其是拖欠农民工工资问题所作的规定。基于劳动者尤其是农民工的弱者地位,为了保护劳动者特别是农民工的合法权益,本法将支付令制度引入了欠薪案件中,赋予劳动者快捷进入司法救济程序的途径。

第三十七条 劳动者提前三十日以书面形式通知用人单位,可以解除劳动合同。劳动者在试用期内提前三日通知用人单位,可以解除劳动合同。

法条解读:本条是关于劳动者单方解除劳动合同的程序的规定。在劳动关系中,劳动者相对于用人单位而言始终处于弱势地位,从保护劳动者权益出发,法律赋予了劳动者单方解除劳动合同的权利。

第三十八条 用人单位有下列情形之一的，劳动者可以解除劳动合同：

（一）未按照劳动合同约定提供劳动保护或者劳动条件的；

（二）未及时足额支付劳动报酬的；

（三）未依法为劳动者缴纳社会保险费的；

（四）用人单位的规章制度违反法律、法规的规定，损害劳动者权益的；

（五）因本法第二十六条第一款规定的情形致使劳动合同无效的；

（六）法律、行政法规规定劳动者可以解除劳动合同的其他情形。

用人单位以暴力、威胁或者非法限制人身自由的手段强迫劳动者劳动的，或者用人单位违章指挥、强令冒险作业危及劳动者人身安全的，劳动者可以立即解除劳动合同，不需事先告知用人单位。

法条解读：本条是关于因用人单位的过错劳动者可以解除劳动合同的规定。特别解除权是劳动者无条件单方解除劳动合同的权利，是指如果出现了法定的事由，劳动者无需向用人单位预告就可通知用人单位解除劳动合同。由于劳动者行使特别解除权往往会给用人单位的正常生产经营带来很大的影响，因此，立法在权衡保护劳动者与企业合法利益基础上对此类情形作了具体的规定，只限于在用人单位有过错行为的情况下允许劳动者行使特别解除权。

第三十九条 劳动者有下列情形之一的，用人单位可以解除劳动合同：

（一）在试用期间被证明不符合录用条件的；

（二）严重违反用人单位的规章制度的；

（三）严重失职，营私舞弊，给用人单位造成重大损害的；

（四）劳动者同时与其他用人单位建立劳动关系，对完成本单位的工作任务造成严重影响，或者经用人单位提出，拒不改正的；

（五）因本法第二十六条第一款第一项规定的情形致使劳动合同无效的；

（六）被依法追究刑事责任的。

法条解读：本条是关于因劳动者的过失而使用人单位单方解除劳动合同的规定。本法在赋予劳动者单方解除权的同时，也赋予用人单位对劳动合同的单方解除权，以保障用人单位的用工自主权，但为了防止用人单位滥用解除权，随意与劳动者解除劳动合同，立法上严格限定企业与劳动者解除劳动合同的条件，保护劳动者的劳动权。禁止用人单位随意或武断地与劳动者解除劳动合同。

第四十条 有下列情形之一的，用人单位提前三十日以书面形式通知劳动者本人或者额外支付劳动者一个月工资后，可以解除劳动合同：

（一）劳动者患病或者非因工负伤，在规定的医疗期满后不能从事原工作，也不能从事由用人单位另行安排的工作的；

（二）劳动者不能胜任工作，经过培训或者调整工作岗位，仍不能胜任工作的；

（三）劳动合同订立时所依据的客观情况发生重大变化，致使劳动合同无法履行，经用人单位与劳动者协商，未能就变更劳动合同内容达成协议的。

法条解读：本条是关于无过失性辞退的规定。用人单位根据劳动合同履行中客观情况的变化而解除劳动合同。这里的客观情况既包括用人单位的，也有劳动者自身的原因。前者可能是由于经营上的原因发生困难、亏损或业务紧缩,也可能因为市场条件、国际竞争、技术革新等造成工作条件的改变而导致使用劳动者数量下降;后者则是由于原本胜任的工作在用人单位采取自动化或新生产技术后不能胜任,或者是因为身体原因不能胜任。本条对因客观情况变化导致劳动合同解除规定了“提前通知”或“额外支付劳动者一个月工资”。目的在于对劳动者的保护,为劳动者寻找新的工作提供必要的时间保障。

第四十一条 有下列情形之一,需要裁减人员二十人以上或者裁减不足二十人但占企业职工总数百分之十以上的,用人单位提前三十日向工会或者全体职工说明情况,听取工会或者职工的意见后,裁减人员方案经向劳动行政部门报告,可以裁减人员:

(一)依照企业破产法规定进行重整的;

(二)生产经营发生严重困难的;

(三)企业转产、重大技术革新或者经营方式调整,经变更劳动合同后,仍需裁减人员的;

(四)其他因劳动合同订立时所依据的客观经济情况发生重大变化,致使劳动合同无法履行的。

裁减人员时,应当优先留用下列人员:

(一)与本单位订立较长期限的固定期限劳动合同的;

(二)与本单位订立无固定期限劳动合同的;

(三)家庭无其他就业人员,有需要扶养的老人或者未成年人的。

用人单位依照本条第一款规定裁减人员,在六个月内重新招用人员的,应当通知被裁减的人员,并在同等条件下优先招用被裁减的人员。

法条解读:本条是关于经济性裁员的规定,经济性裁员是用人单位行使解除劳动合同权的主要方式之一。凡是实行劳动合同制的国家,都或多或少允许用人单位在一定条件下解除劳动合同,其原因是法律赋予了企业经营自主权。我国劳动合同法允许一定条件下用人单位进行经济性裁员,其原因也是企业享有经营自主权。经济性裁员的内涵是:经济性裁员属于用人单位解除劳动合同的一种情形;进行经济性裁员的主要原因是经济性原因,而不是劳动者个人原因;经济性裁员只发生在企业中;构成经济性裁员必须要一次性解除法定数量的劳动合同。简单地讲,经济性裁员就是指企业由于经营不善等经济性原因,解雇多个劳动者的情形。

第四十二条 劳动者有下列情形之一的,用人单位不得依照本法第四十条、第四十一条的规定解除劳动合同:

(一)从事接触职业病危害作业的劳动者未进行离岗前职业健康检查,或者疑似职业病病人在诊断或者医学观察期间的;

(二)在本单位患职业病或者因工负伤并被确认丧失或者部分丧失劳动能力的;

(三)患病或者非因工负伤,在规定的医疗期内的;

(四)女职工在孕期、产期、哺乳期的;

(五)在本单位连续工作满十五年,且距法定退休年龄不足五年的;

(六)法律、行政法规规定的其他情形。

法条解读:本条是关于用人单位不得解除劳动合同的规定。为保护一些特定群体劳动者的合法权益,劳动合同法第四十二条同时又规定在六类法定情形下,禁止用人单位根据劳动合同法第四十条、第四十一条的规定单方解除劳动合同。对用人单位不得解除劳动合同规定的理解需注意以下两个方面:一是本条禁止的是用人单位单方解除劳动合同,并不禁止劳动者与用人单位协商一致解除劳动合同;二是本条的前提是用人单位不得根据劳动合同法第四十条、第四十一条解除劳动合同,即使劳动者具备了本条规定的六种情形之一,用人单位仍可以根据劳动合同法第三十九条的规定解除。

第四十四条 有下列情形之一的,劳动合同终止:

(一)劳动合同期满的;

(二)劳动者开始依法享受基本养老保险待遇的;

(三)劳动者死亡,或者被人民法院宣告死亡或者宣告失踪的;

(四)用人单位被依法宣告破产的;

(五)用人单位被吊销营业执照、责令关闭、撤销或者用人单位决定提前解散的;

(六)法律、行政法规规定的其他情形。

法条解读:本条是关于劳动合同终止的规定。所谓劳动合同终止是指劳动合同的法律效力依法被消灭,即劳动关系由于一定法律事实的出现而终结,劳动者与用人单位之间原有的权利义务不再存在。

第四十六条 有下列情形之一的,用人单位应当向劳动者支付经济补偿:

(一)劳动者依照本法第三十八条规定解除劳动合同的;

(二)用人单位依照本法第三十六条规定向劳动者提出解除劳动合同并与劳动者协商一致解除劳动合同的;

(三)用人单位依照本法第四十条规定解除劳动合同的;

(四)用人单位依照本法第四十一条第一款规定解除劳动合同的;

(五)除用人单位维持或者提高劳动合同约定条件续订劳动合同,劳动者不同意续订的情形外,依照本法第四十四条第一项规定终止固定期限劳动合同的;

(六)依照本法第四十四条第四项、第五项规定终止劳动合同的;

(七)法律、行政法规规定的其他情形。

法条解读:本条是关于支付经济补偿的规定。经济补偿是劳动合同制度中的一项重要内容,是一种引导用人单位的有效手段,是一类与劳动者密切相关的重大经济利益。经济补偿本质是对劳动者以往为用人单位作出贡献的补偿,是对劳动者过去劳动内容和成果的肯定。

第八十二条 用人单位自用工之日起超过一个月不满一年未与劳动者订立书面劳动合同的,应当向劳动者每月支付二倍的工资。

用人单位违反本法规定不与劳动者订立无固定期限劳动合同的,自应当订立无固定期限劳动合同之日起向劳动者每月支付二倍的工资。

法条解读:本条是关于用人单位自用工之日起超过一个月但不满一年不与劳动者订立书面劳动合同,以及用人单位违反本法规定不与劳动者订立无固定期限劳动合同的法律责任的规定,这里包括三层含义:一是用人单位自用工之日起一个月内必须与劳动者订立劳动合同;二是劳动合同必须以书面形式订立,如果在一个月的时间内订立的是口头的劳动合同,则也是违法的,要依法承担法律责任;三是如果用人单位自用工之日起超过一年不与劳动者订立书面劳动合同的,视为用人单位与劳动者已订立无固定期限劳动合同,直接适用无固定期限劳动合同的有关规定。本条规定实际上是一种惩罚性的民事赔偿责任在劳动合同法中的应用。

案例一

◆ **案情回放**

十一期间甲旅行社组织了一个去A地4日游的散客旅游团,合同约定住宿标准为"二星级饭店、双人标准间、独立卫生间"。到达目的地后,地陪导游人员李某介绍此行将要下榻的是评上二星级的一家老饭店,到达后李某安排客人入住,其中5位客人认为该饭店虽然是双人标准间、独立卫生间,但是没有热水、空调,不符合二星级标准,因而拒绝入住,李某耐心地解释,节日期间住房紧张,他已尽全力,希望客人谅解并愿意对饭店未达到服务标准的部分给予补偿。然而这5位客人拒绝接受李某的意见,在不通知李某和旅行社的情况下,擅自解除合同,自行返回,要求组团社退还全部费用并要求按团费90%支付违约金。经核实,该团队下榻的饭店确实是二星级饭店。

请回答以下问题:

(1) 根据《合同法》有关规定,导游人员李某与地陪社是否违约,合同是否属于实质性变更?

(2) 这5位客人擅自离开团队是否合理?他们的损失应由谁负责?

(3) 假定组团社违约,游客要求组团社退还全部费用并要求按团费90%支付违约金,是否合理,为什么?

◆ **案情分析**

(1) 李某与地陪社没有违约。合同属于非实质性变更。

(2) 5位客人擅自离开团队是不合理的。他们的损失应由自己负担。

(3) 不合理。按《合同法》第一百一十四条的规定,约定的违约金过分高于造成的损失的,当事人可以请求人民法院或仲裁机构予以适当减少。

案例二

◆ **案情回放**

马某参加了某旅行社组织的"重庆、宜昌、三峡、九寨沟、成都、乐山十日游",预交了全额旅游费用3 500元。按照行程计划,旅游团将返回成都的前一天晚饭时,导游人员向大家宣布了一起突发事件:由于山体滑坡,返回成都的道路被堵,旅游团只能滞留在乐山,等待交通恢复。旅游团滞留乐山一天后,交通恢复,启程返回成都。由于长江游船的船票和从宜昌返回旅游出发地点的火车票已经预定,为避免更大损失,旅行社的导游人员与马某等旅游者商议,决定取消九寨沟一地的旅游计划,按时赶回重庆,衔接下一段的行程。接下来的旅游活动按计划顺利完成。马某返回后向旅行社提出,九寨沟旅游活动取消,旅游费应该退还。旅行社认为,取消九寨沟旅游活动系不可抗力造成的,不予退费。旅行社反过来要求旅游者马某支付滞留乐山期间发生的费用。

请回答以下问题:

(1) 滞留乐山期间的费用应该由谁来承担,有何依据?

(2) 九寨沟一地的旅游费用是否应该退还旅游者,有何依据?

◆ **案情分析**

(1) 旅行社不承担滞留乐山、不能按时返回成都的责任,旅游者在乐山滞留期间发生的直接费用,应该由旅游者自行承担,如果旅行社先行承担,旅游者应当退还此笔款项。《合同法》第九十四条规定,因不可抗力不能履行合同的,根据不可抗力的影响,部分或者全部免除责任,但法律另有规定除外。

(2) 旅行者支付的团款中所含九寨沟一地旅游活动的费用,旅行社应当退还给旅游者,为减少损失,取消九寨沟的旅游活动,旅行社安排处理得当合理,但根据《合同法》,需要归还旅游者没有产生旅游活动的费用,《关于审理旅游纠纷案件适用法律若干问题的规定》第十三条第一款也规定:"因不可抗力等不可归责于旅游经营者、旅游辅助服务者的客观原因导致旅游合同无法履行,旅游经营者、旅游者请求解除旅游合同的,人民法院应予支持。旅游经营者、旅游者请求对方承担违约责任的,人民法院不予支持。旅游者请求旅游经营者退还尚未实际发生的费用的,人民法院应予支持。"

案例三

◆ **案情回放**

李先生参加某旅行社组织的黄山游,第二晚入住山上某山庄,客人晚餐后要走5分钟的路程才能回到房间。当时天黑,李先生不慎扭伤了脚。客人返程后到医院治疗,经拍片发现脚踝关节骨折。李先生向旅行社提出赔偿。出团前,旅行社已为客人投保了旅游人身意外险,但因没有当地医院医治报告,保险公司拒绝受理此案。李先生提出投诉,但已经超过投诉有效期了。最后,旅行社同意赔偿客人医药费及相关费用,其他费用不予赔偿,但客人不同意。

◆ **案情分析**

根据《旅游投诉处理办法》第九条的规定,该案例投诉时已超过受理期限(90天)。考虑到旅游者的具体困难,旅游管理部门为双方进行协调达成协议,旅行社补偿医药费、护理费,按照有关规定,旅游管理部门受理投诉的期限为90天,游客在旅游途中如遇服务质量问题应及时到旅游质监部门投诉,超过投诉期限的旅游投诉可不被受理。

案例四

◆ **案情回放**

某国内旅行社为了扩大业务范围,提高经济效益,在某市电视台制作了一期带有广告宣传性质的节目。在节目播放的过程中,字幕中打出了该旅行社的名称、许可证号码、地址和联系电话等,还对该旅行社承办的国际、国内旅游线路以及旅游目的地国家、地区的景观作了介绍,但对于旅游价格、服务收费等则模糊一带而过。同时该旅行社在节目中声称每月从当月参加旅游的游客中抽出两名幸运者,退还全部费用。节目播出后,反响强烈,参加该社组织的旅游人员大增,在3个月内,该旅行社就获利28万元,后被其他旅行社举报。经查实,该旅行社此间共组织了3批客人赴"新、马、泰"旅游,3个月内抽奖三次,只有一次抽出了一等奖,还是被该旅行社经理的亲戚获得。

◆ **案情分析**

本案旅行社不当之处在于:旅行社在宣传过程中,"对于旅游价格、服务收费等则模糊一带而过",侵犯旅游者的知情权,作了引人误解的虚假宣传;其次,该旅行社还违背了《反不正当竞争法》中关于有奖销售行为的规定:采用谎称有奖或者故意让内定人员中奖的欺骗方式进行有奖销售;抽奖式的有奖销售,最高的金额超过5 000元。

案例五

◆ **案情回放**

李某参加青年旅行社组织的青岛、大连五日游,在下榻青岛某宾馆住宿时,宾馆没有作任何提醒和警示,李某在客房洗澡时被热水烫伤。李某找到随团的导游请求旅行社赔偿,导游以宾馆违约,提供的客房条件与合同的不一致为由,叫李某找宾馆索赔,李某以宾馆过失损害自己身体为由,向宾馆索赔。宾馆以李某为旅行社游客为由叫李某找旅行社。问:以上问题该如何处理?

◆ **案情分析**

李某与旅行社签订的旅游合同应当就住宿宾馆标准有约定,如果旅行社提供的住宿宾馆与旅游合同相符,旅行社不构成合同违约。淋浴器是一种普通公共洗漱用具,不需要特殊提醒或警示,宾馆淋浴设备的冷热水混水器上标有冷热(或蓝红)调节标志,就应当是尽到了提示义务。如果宾馆淋浴设备正常,因洗浴者李某操作不当将自己烫伤,可以寻求是否符合旅游人身意外险或旅行社责任险相关保险条款,就洗浴者烫伤损害进行保险理赔。如果是因淋浴设备在使用中突然间损坏,造成洗浴冷水突然中断将洗浴者李某烫伤,李某可以要求旅行社或宾馆就洗浴者烫伤损害进行赔偿。《最高人民法院关于审理旅游纠纷案件适用法律若干问题的规定》第七条:旅游经营者、旅游辅助服务者未尽到安全保障义务,造成旅游者人身损害、财产损失,旅游者请求旅游经营者、旅游辅助服务者承担责任的,人民法院应予支持。

案例六

◆ **案情回放**

2007年大学毕业的王某考取导游证后,到A旅行社带团,双方未签订劳动合同,王某的收入主要是:商店的回扣、客人给的小费。旅行社未给王某上任何保险。不幸的是,王某在带团中遭遇车祸,下肢落下残疾,至此王某不但不能再从事导游工作,就是其他工作也受限制。

旅行社给王某付完医疗费后就不再付任何费用了。王某在生活无着落的情况下，将A旅行社告到劳动仲裁委员会，要求按工伤予以赔偿，在劳动局作出工伤认定后，劳动仲裁委员会裁决：因旅行社未缴纳工伤保险，令其按照工伤保险的数额一次性支付王某伤残补助金10万元，并按月支付伤残津贴。

旅行社对裁决结果感到很委屈，认为不应当承担此责任，其理由是旅行社与王某之间不存在劳动关系：(1) 旅行社与王某是平等的合作关系，旅行社为王某提供带团机会，王某在提供导游服务的过程中自己挣回扣和小费。(2) 王某是自由的，并不受旅行社的约束，旅行社只是交给他旅游团及行程。(3) 导游的收入不是旅行社给的，相反在合作的过程中，导游要给旅行社交人头费等。(4) 旅行社的业务受淡旺季、自然、社会等因素的影响很大，在淡季时导游可以不用上班。既然旅行社与导游之间是合作关系，就没有义务给游客缴纳社会保险和发放工资。且王某的事故不属于工伤，应是一次意外交通事故，按交通事故处理。

◆ **案情分析**

劳动争议仲裁委员会的裁决无疑是正确的，尽管导游与旅行社之间的用工形式较特殊，但应纳入劳动法的调整范围，其理由是：《中华人民共和国劳动法》中，对劳动关系作了明确的界定，劳动关系是指劳动者与所在单位之间在劳动过程中发生的权利义务关系。主要包括以下法律特征：

(1) 劳动机会是用人单位给予的，劳动者对外以用人单位人员的名义从事劳动。

(2) 双方存在劳动法所规定的权利义务关系，劳动者以劳动换取用人单位的报酬。

(3) 用人单位行使管理权，劳动者需按用人单位的要求或安排及单方制定的规章制度进行劳动。

《导游员管理条例》规定："导游员是接受旅行社的委派，以委派的旅行社名义为游客提供向导、讲解及相关旅游服务的人员。"具体到本案，第一，导游王某是为A旅行社工作，在游客及政府部门看来王某无疑是A旅行社的导游，他的行为是职务行为，对外代表旅行社；第二，王某的劳动报酬表面看不是旅行社给的，但实质上，是从游客身上获取的，没有得到旅行社的同意，导游的这种收入是不能实现的；第三，导游必须按旅行社单方制定的行程服务，在带团中导游无权更改；第四，导游工作形式、旅行社有淡旺季之分不能成为不建立劳动关系的理由，在《中华人民共和国劳动合同法》中劳动合同分为固定期限的劳动合同、无固定期限的劳动合同、完成一次性任务劳动合同、小时工合同等，劳动合同形式的多样性，完全能够满足用人单位的实际需求。

与导游签订劳动合同表面上会增加旅行社的经营成本，但实质上会帮助旅行社避免许多经营风险：第一，能够避免重大事故、突发事件造成的风险，这种风险一旦产生往往高于经营成本数倍甚至数十倍，上述案例足以说明这一点。第二，能够避免企业违法经营带来的损失，即使不发生上述事故，导游依法维权，要求旅行社履行用人单位的义务，如补发工资、补交社保等也是有法律依据的，司法机关是会支持的。劳动监察部门依法对旅行社进行违法用工行为的行政处罚，同样是企业的经营风险。第三，能够避免对导游的管理风险。没有签订劳动合同的导游缺乏归属感，很难提高服务质量。相反，签订劳动合同后，双方明确了权利义务，加上相应的奖罚措施，就能够调动导游的工作积极性，导游积极的工作其最大的受益者当然还是旅行社。

二

旅行社和饭店法律制度

旅行社条例

第二条 本条例适用于中华人民共和国境内旅行社的设立及经营活动。

本条例所称旅行社，是指从事招徕、组织、接待旅游者等活动，为旅游者提供相关旅游服务，开展国内旅游业务、入境旅游业务或者出境旅游业务的企业法人。

法条解读：旅行社法律特征是：从事旅游业务的企业法人；旅游业务是代办出入境和签证手续，招徕并接待旅游者；以营利为目的，并提供有偿服务。

第四条 旅行社在经营活动中应当遵循自愿、平等、公平、诚信的原则，提高服务质量，维护旅游者的合法权益。

法条解读：自愿、平等、公平和诚信是旅行社经营活动的四大原则。

第六条 申请设立旅行社，经营国内旅游业务和入境旅游业务的，应当具备下列条件：

（一）有固定的经营场所；

（二）有必要的营业设施；

（三）有不少于30万元的注册资本。

法条解读：所谓固定场所，是指拥有产权的营业用房或者租期不少于1年的营业用房；注册资本不少于30万元，新法较旧法降低了注册资本的门槛；营业设施指要有足够营业用房和传真机、固定电话、复印机、电子计算机等办公设备。

第七条 申请设立旅行社，经营国内旅游业务和入境旅游业务的，应当向所在地省、自治区、直辖市旅游行政管理部门或者其委托的设区的市级旅游行政管理部门提出申请，并提交符合本条例第六条规定的相关证明文件。受理申请的旅游行政管理部门应当自受理申请之日起20个工作日内作出许可或者不予许可的决定。予以许可的，向申请人颁发旅行社业务经营许可证，申请人持旅行社业务经营许可证向工商行政管理部门办理设立登记；不予许可的，书面通知申请人并说明理由。

法条解读：《实施细则》规定，国内旅游业务是指旅行社招徕、组织和接待中国内地居民在境内的旅游业务；入境旅游业务是指招徕、组织、接待外国旅游者来我国旅游，港、澳、台居民来大陆旅游，以及招徕、组织和接待在中国境内的外国人和在内地的港澳台居民在中国境内的旅游业务。注意申请国内旅游业务和入境旅游业务的旅行社的行政机关和许可期限，根据第六条和第七条规定，新《条例》统一了从事国内旅游业务和入境旅游业务的准入条件，规定取得旅行社业务经营许可后，就既可以经营国内旅游业务也可以经营入境旅游业务。同时，条例还将经营入境旅游业务所需的注册资本最低限额由人民币150万元降低为30万元，大大降低了入境旅游市场的准入门槛。

第八条 旅行社取得经营许可满两年，且未因侵害旅游者合法权益受到行政机关罚款以上处罚的，可以申请经营出境旅游业务。

第九条 申请经营出境旅游业务的，应当向国务院旅游行政主管部门或者其委托的省、自治区、直辖市旅游行政管理部门提出申请，受理申请的旅游行政管理部门应当自受理申请之日起20个工作日内作出许可或者不予许可的决定。予以许可的，向申请人换发旅行社业务经营许可证，旅行社应当持换发的旅行社业务经营许可证到工商行政管理部门办理变更登记；不予许可的，书面通知申请人并说明理由。

法条解读：出境旅游业务是指招徕、组织、接待中国内地居民出国旅游，赴香港、澳门和台湾地区旅游，以及招徕、组织、接待在中国内地的外国人以及港澳台居民出境旅游的业务。注意申请设立出境旅游业务的旅行社条件是：获得经营许可满两年；未因侵害旅游者合法权益受到罚款以上处罚的（包括罚款、没收违法所得、责令停产停业、暂扣或者吊销许可证，暂扣或者吊销营业执照和行政拘留）。注意申请经营出境旅游业务的旅行社的行政机关和许可期限，这是旧的条例没有规定的。

第十条 旅行社设立分社的，应当持旅行社业务经营许可证副本向分社所在地的工商行政管理部门办理设立登记，并自设立登记之日起3个工作日内向分社所在地的旅游行政管理部门备案。

旅行社分社的设立不受地域限制。分社的经营范围不得超出设立分社的旅行社的经营范围。

法条解读：设立旅行社应当向分社所在地工商行政部门办理设立登记并由分社所在地旅游行政部门备案，分社不受地域限制，但不能超越设立社的经营范围，这是因为分社的性质大致相当于设立社的内部职能部门，不具有独立法人资格。

第十一条 旅行社设立专门招徕旅游者、提供旅游咨询的服务网点（以下简称旅行社服务网点）应当依法向工商行政管理部门办理设立登记手续，并向所在地的旅游行政管理部门备案。

旅行社服务网点应当接受旅行社的统一管理，不得从事招徕、咨询以外的活动。

法条解读：旅行社可以设立不具有法人资格的旅行分社和服务网点。注意设立分社的条件，同时分社经营活动的责任和后果，由设立社承担；从第十条和第十一条的立法精神上看，新《条例》取消了设立旅行社分社和营业网点的条件限制，方便旅行社设立分社和营业网点，同时严禁旅行社内部部门对外承包，新《条例》对此做出明确的释义，坚决制止挂靠承包现象，这就解决了旅行社挂靠承包的问题。

第十三条 旅行社应当自取得旅行社业务经营许可证之日起3个工作日内，在国务院旅游行政主管部门指定的银行开设专门的质量保证金账户，存入质量保证金，或者向作出许可的旅游行政管理部门提交依法取得的担保额度不低于相应质量保证金数额的银行担保。

经营国内旅游业务和入境旅游业务的旅行社，应当存入质量保证金20万元；经营出境旅游业务的旅行社，应当增存质量保证金120万元。

质量保证金的利息属于旅行社所有。

第十四条　旅行社每设立一个经营国内旅游业务和入境旅游业务的分社,应当向其质量保证金账户增存5万元;每设立一个经营出境旅游业务的分社,应当向其质量保证金账户增存30万元。

法条解读:质量保证金缴纳方式可以是现金缴纳也可以是银行担保;经营出境旅游业务的旅行社是在原有的20万元质量保证金账户中增存120万元,即140万元;注意第十四条关于设立分社质量保证金增存金额。

第十五条　有下列情形之一的,旅游行政管理部门可以使用旅行社的质量保证金:

(一)旅行社违反旅游合同约定,侵害旅游者合法权益,经旅游行政管理部门查证属实的;

(二)旅行社因解散、破产或者其他原因造成旅游者预交旅游费用损失的。

法条解读:旅行社违反合同约定情形才可以使用质量保证金,旅行社解散和破产从根本上说也是一种违反合同约定;注意对旅游者的侵权损害是不可以使用质量保证金的。

第十六条　人民法院判决、裁定及其他生效法律文书认定旅行社损害旅游者合法权益,旅行社拒绝或者无力赔偿的,人民法院可以从旅行社的质量保证金账户上划拨赔偿款。

法条解读:生效判决、裁定认定损害旅游者合法权益,无论是合同责任还是侵权责任,旅行社存在拒绝履行或无力履行的,法院都可以强制执行质量保证金。

第十七条　旅行社自交纳或者补足质量保证金之日起三年内未因侵害旅游者合法权益受到行政机关罚款以上处罚的,旅游行政管理部门应当将旅行社质量保证金的交存数额降低50%,并向社会公告。旅行社可凭省、自治区、直辖市旅游行政管理部门出具的凭证减少其质量保证金。

法条解读:质量保证金减存条件是:自缴纳或补足之日三年未侵害旅游者合法权益,同时未受到行政罚款以上处罚。注意其减低的幅度是50%。

第十八条　旅行社在旅游行政管理部门使用质量保证金赔偿旅游者的损失,或者依法减少质量保证金后,因侵害旅游者合法权益受到行政机关罚款以上处罚的,应当在收到旅游行政管理部门补交质量保证金的通知之日起5个工作日内补足质量保证金。

第十九条　旅行社不再从事旅游业务的,凭旅游行政管理部门出具的凭证,向银行取回质量保证金。

第二十条　质量保证金存缴、使用的具体管理办法由国务院旅游行政主管部门和国务院财政部门会同有关部门另行制定。

法条解读:质监所全面负责处理旅游投诉和旅游质量的监督与管理,并负责保证金案件的审理,该条规定旅行社在旅游行政管理部门使用质量保证金赔偿旅游者的损失或者依法减少质量保证金后,因侵害旅游者合法权益受到行政机关罚款以上处罚的,应当补足质量保证金。

第二十四条　旅行社向旅游者提供的旅游服务信息必须真实可靠,不得作虚假宣传。

第二十七条　旅行社不得以低于旅游成本的报价招徕旅游者。未经旅游者同意,旅行社不得在旅游合同约定之外提供其他有偿服务。

法条解读:不得低于旅游成本的报价规定是防止旅行社"零负团费"营销模式,旅行社竞争是十分激烈的,为了争夺客源,旅行社常以低价吸引游客参团,然后以强迫其购物或者参加自费项目来保本,这导致旅游服务质量无法保证,该条的规定,将进一步保障旅游消费质量。注意,旅行社有提供真实可靠信息的义务。

第二十八条 旅行社为旅游者提供服务,应当与旅游者签订旅游合同并载明下列事项:

(一) 旅行社的名称及其经营范围、地址、联系电话和旅行社业务经营许可证编号;

(二) 旅行社经办人的姓名、联系电话;

(三) 签约地点和日期;

(四) 旅游行程的出发地、途经地和目的地;

(五) 旅游行程中交通、住宿、餐饮服务安排及其标准;

(六) 旅行社统一安排的游览项目的具体内容及时间;

(七) 旅游者自由活动的时间和次数;

(八) 旅游者应当交纳的旅游费用及交纳方式;

(九) 旅行社安排的购物次数、停留时间及购物场所的名称;

(十) 需要旅游者另行付费的游览项目及价格;

(十一) 解除或者变更合同的条件和提前通知的期限;

(十二) 违反合同的纠纷解决机制及应当承担的责任;

(十三) 旅游服务监督、投诉电话;

(十四) 双方协商一致的其他内容。

法条解读:这是关于旅游合同必备条款的规定。旅行社之间不正当竞争比较严重。一些旅行社以低于成本的报价吸引旅游者参团;不和旅游者签订书面合同,或者合同用词含糊甚至暗藏免除自身责任或者排除旅游者权利等不利于旅游者的条款;通过压缩游览时间,改变行程,诱骗、强迫旅游者购物和新增有偿服务来赚取非法利益。针对这些问题,《条例》首先严格禁止旅行社低于成本报价(第二十七条);其次,第二十八条规定旅行社必须与旅游者订立书面合同。《条例》规定旅游合同中必须明确约定旅行社统一安排的游览项目的具体内容及时间,旅游者自由活动的时间和次数,旅游者应当交纳的旅游费用及交纳方式,旅行社安排的购物次数、停留时间及购物场所的名称,以及需要旅游者另行付费的游览项目及价格等事项。

第二十九条 旅行社在与旅游者签订旅游合同时,应当对旅游合同的具体内容作出真实、准确、完整的说明。

旅行社和旅游者签订的旅游合同约定不明确或者对格式条款的理解发生争议的,应当按照通常理解予以解释;对格式条款有两种以上解释的,应当作出有利于旅游者的解释;格式条款和非格式条款不一致的,应当采用非格式条款。

法条解读:旅游"霸王条款",是旅游合同一方当事人单方制定的,未经合同双方协商、讨论的,且为免除或减轻己方责任、加大对方责任的,而合同另一方不得不接受的格式条款。注意旅游格式合同的解释说明义务,以及对旅游格式条款发生争议时的解决原则:按通常理解予以解释原则,有利于旅游者的解释原则和采用非格式条款解释原则。

第三十条 旅行社组织中国内地居民出境旅游的,应当为旅游团队安排领队全程陪同。

第三十一条 旅行社为接待旅游者委派的导游人员或者为组织旅游者出境旅游委派的

领队人员，应当持有国家规定的导游证、领队证。

第三十二条　旅行社聘用导游人员、领队人员应当依法签订劳动合同，并向其支付不低于当地最低工资标准的报酬。

法条解读：领队是指依照规定取得领队资格，受组团社委派，从事领队业务的工作人员。领队业务：全权代表组团社带领旅游团出境旅游，督促境外接待旅行社和导游人员等方面执行旅游计划，并为旅游者提供出入境等相关服务的活动。领队和导游的主要区别在于：(1) 业务范围不同。领队工作重点在带领团队、督促境外社和办理出入境；导游的工作重点则是旅游接待和景区讲解。(2) 工作场所不同。领队是在境外工作；导游一般在国内。(3) 素质要求不同。领队应具备一定的英语或目的地国家/地区语言的能力，有的省还要求领队上岗前应具备一年以上、带团5个以上的导游工作经验，能履行领队职责、严格遵守外事纪律，并具有较强的应急处理能力；导游则要求具备较好的语言表达能力和沟通能力，掌握当地人文、历史、地理知识，有较强的承上启下、连接内外、左右协调的组织能力。值得一提的是，《条例》第三十二条直接确定旅行社与导游、领队人员的劳动合同关系而非劳务合作关系，保护其作为劳动者的福利与工资保障权，这为将来的导游制度的改革奠定了基础。

第三十三条　旅行社及其委派的导游人员和领队人员不得有下列行为：

（一）拒绝履行旅游合同约定的义务；

（二）非因不可抗力改变旅游合同安排的行程；

（三）欺骗、胁迫旅游者购物或者参加需要另行付费的游览项目。

第三十四条　旅行社不得要求导游人员和领队人员接待不支付接待和服务费用或者支付的费用低于接待和服务成本的旅游团队，不得要求导游人员和领队人员承担接待旅游团队的相关费用。

第三十五条　旅行社违反旅游合同约定，造成旅游者合法权益受到损害的，应当采取必要的补救措施，并及时报告旅游行政管理部门。

第三十六条　旅行社需要对旅游业务作出委托的，应当委托给具有相应资质的旅行社，征得旅游者的同意，并与接受委托的旅行社就接待旅游者的事宜签订委托合同，确定接待旅游者的各项服务安排及其标准，约定双方的权利、义务。

法条解读：旅行社作出委托的条件是：受委托的旅行社必须具备相应的资质；必须征得旅游者的同意；必须与接受委托的旅行社签订委托合同。

第三十七条　旅行社将旅游业务委托给其他旅行社的，应当向接受委托的旅行社支付不低于接待和服务成本的费用；接受委托的旅行社不得接待不支付或者不足额支付接待和服务费用的旅游团队。

接受委托的旅行社违约，造成旅游者合法权益受到损害的，作出委托的旅行社应当承担相应的赔偿责任。作出委托的旅行社赔偿后，可以向接受委托的旅行社追偿。

接受委托的旅行社故意或者重大过失造成旅游者合法权益损害的，应当承担连带责任。

法条解读：旅游者在旅游行程中遭受的损害，有相当部分是由于地接社的过失或者地接社和组团社的共同过失而导致的，对于应由哪一方承担赔偿责任存在较多争议。根据《合同法》的基本原理，组团社和旅游者是旅游合同的双方当事人，组团社不履行旅游合同约定义务的，应当对旅游者承担违约责任；组团社和地接社是接待服务委托合同的双方当事人，地接社不按照约定履行委托合同的,应当对组团社承担违约责任。为了减少争议、明确责任,保护旅游者合法权益,《条例》规定受托社违约的,要先由委托的旅行社先行赔偿,此后向违约的受托社要求追偿;但是若接受委托的旅行社因过错造成旅游者合法权益损失的,则委托社与受托社要一起承担连带责任,其法理在于委托社出现了选择受托社上的过失责任。

第三十九条 旅行社对可能危及旅游者人身、财产安全的事项,应当向旅游者作出真实的说明和明确的警示,并采取防止危害发生的必要措施。

发生危及旅游者人身安全的情形的,旅行社及其委派的导游人员、领队人员应当采取必要的处置措施并及时报告旅游行政管理部门;在境外发生的,还应当及时报告中华人民共和国驻该国使领馆、相关驻外机构、当地警方。

法条解读:境外发生危及旅游者人身安全情形的,导游与领队要报告的机关包括:旅游行政管理部门、驻该国使馆、驻该国领事馆、驻外机构和当地警方。

第四十条 旅游者在境外滞留不归的,旅行社委派的领队人员应当及时向旅行社和中华人民共和国驻该国使领馆、相关驻外机构报告。旅行社接到报告后应当及时向旅游行政管理部门和公安机关报告,并协助提供非法滞留者的信息。

旅行社接待入境旅游发生旅游者非法滞留我国境内的,应当及时向旅游行政管理部门、公安机关和外事部门报告,并协助提供非法滞留者的信息。

法条解读:注意在境外非法滞留与在境内非法滞留所报告的机关是不同的。

第四十一条 旅游、工商、价格、商务、外汇等有关部门应当依法加强对旅行社的监督管理,发现违法行为,应当及时予以处理。

第四十二条 旅游、工商、价格等行政管理部门应当及时向社会公告监督检查的情况。公告的内容包括旅行社业务经营许可证的颁发、变更、吊销、注销情况,旅行社的违法经营行为以及旅行社的诚信记录、旅游者投诉信息等。

法条解读:此条是旅行社公告制度的规定,内容包括:旅行社经营许可证的颁发、变更、吊销和注销情况,旅行社违法经营行为以及旅行社的诚信记录,旅游者的投诉信息、质量保证金存缴数额降低等。

第四十三条 旅行社损害旅游者合法权益的,旅游者可以向旅游行政管理部门、工商行政管理部门、价格主管部门、商务主管部门或者外汇管理部门投诉,接到投诉的部门应当按照其职责权限及时调查处理,并将调查处理的有关情况告知旅游者。

第四十四条 旅行社及其分社应当接受旅游行政管理部门对其旅游合同、服务质量、旅游安全、财务账簿等情况的监督检查,并按照国家有关规定向旅游行政管理部门报送经营和财务信息等统计资料。

法条解读:此条是关于旅行社监督检查制度的规定。旅游行政管理部门对旅行社的检查包括:日常检查、专项检查、个案检查和业务年检。旧《条例》对旅行社监督的规定是在年检时进行检查督导,新《条例》加大了旅游行政管理部门对旅行社的检查督导力度,监管职权在原有基础上又有了很大的扩展,目的是建立比较规范的旅游市场秩序,在公平公正的基础上进行良性竞争。

第五十九条 违反本条例的规定,有下列情形之一的,对旅行社,由旅游行政管理部门或者工商行政管理部门责令改正,处10万元以上50万元以下的罚款;对导游人员、领队人员，由旅游行政管理部门责令改正，处1万元以上5万元以下的罚款；情节严重的，吊销旅行社业务经营许可证、导游证或者领队证：

（一）拒不履行旅游合同约定的义务的；

（二）非因不可抗力改变旅游合同安排的行程的；

（三）欺骗、胁迫旅游者购物或者参加需要另行付费的游览项目的。

法条解读：新《条例》实施之后，旅行社必须经游客书面同意才可以调整行程，对三种可能擅自改变旅游行程的情形，相关的行政主管部门可以对旅行社或者导游、领队等人员予以处罚。结合《条例》的第二十七条和本条的规定，立法目的在于严格禁止隐性收费项目，有助于规范旅行社市场秩序，对正规旅行社的发展具有积极促进作用，但对行为不规范的旅行社而言，可能意味着失去部分收入来源，导致线路报价提高。

旅行社条例实施细则

第二条 《条例》第二条所称招徕、组织、接待旅游者提供的相关旅游服务，主要包括：

（一）安排交通服务；

（二）安排住宿服务；

（三）安排餐饮服务；

（四）安排观光游览、休闲度假等服务；

（五）导游、领队服务；

（六）旅游咨询、旅游活动设计服务。

旅行社还可以接受委托，提供下列旅游服务：

（一）接受旅游者的委托，代订交通客票、代订住宿和代办出境、入境、签证手续等；

（二）接受机关、事业单位和社会团体的委托，为其差旅、考察、会议、展览等公务活动，代办交通、住宿、餐饮、会务等事务；

（三）接受企业委托，为其各类商务活动、奖励旅游等，代办交通、住宿、餐饮、会务、观光游览、休闲度假等事务；

（四）其他旅游服务。

前款所列出境、签证手续等服务，应当由具备出境旅游业务经营权的旅行社代办。

法条解读：此条是关于旅行社旅游业务内容的规定，其主要包括国内旅游业务、入境旅游业务和出境旅游业务。《细则》深化了对旅行社功能的认识，拓展了旅行社业务的范围。

第三条 《条例》第二条所称国内旅游业务，是指旅行社招徕、组织和接待中国内地居民在境内旅游的业务。

《条例》第二条所称入境旅游业务，是指旅行社招徕、组织、接待外国旅游者来我国旅游，香港特别行政区、澳门特别行政区旅游者来内地旅游，台湾地区居民来大陆旅游，以及招徕、组织、接待在中国内地的外国人，在内地的香港特别行政区、澳门特别行政区居民和在大陆的台湾地区居民在境内旅游的业务。

《条例》第二条所称出境旅游业务，是指旅行社招徕、组织、接待中国内地居民出国旅游，赴香港特别行政区、澳门特别行政区和台湾地区旅游,以及招徕、组织、接待在中国内地的外国人,在内地的香港特别行政区、澳门特别行政区居民和在大陆的台湾地区居民出境旅游的业务。

法条解读:注意区分国内旅游业务、入境旅游业务和出境旅游业务的不同。

第四条 对旅行社及其分支机构的监督管理,县级以上旅游行政管理部门应当按照《条例》、本细则的规定和职责,实行分级管理和属地管理。

第五条 鼓励旅行社实行服务质量等级制度;鼓励旅行社向专业化、网络化、品牌化发展。

法条解读:注意对旅行社和分社监督管理的两种模式和鼓励旅行社"三化"发展方向。

第六条 《条例》第六条第(一)项规定的经营场所应当符合下列要求:

(一) 申请者拥有产权的营业用房,或者申请者租用的、租期不少于1年的营业用房;

(二) 营业用房应当满足申请者业务经营的需要。

第七条 《条例》第六条第(二)项规定营业设施应当至少包括下列设施、设备:

(一) 2部以上的直线固定电话;

(二) 传真机、复印机;

(三) 具备与旅游行政管理部门及其他旅游经营者联网条件的计算机。

第八条 申请设立旅行社,应当向省、自治区、直辖市旅游行政管理部门(简称省级旅游行政管理部门,下同)提交下列文件:

(一) 设立申请书。内容包括申请设立的旅行社的中英文名称及英文缩写,设立地址,企业形式、出资人、出资额和出资方式,申请人、受理申请部门的全称、申请书名称和申请的时间;

(二) 法定代表人履历表及身份证明;

(三) 企业章程;

(四) 依法设立的验资机构出具的验资证明;

(五) 经营场所的证明;

(六) 营业设施、设备的证明或者说明;

(七) 工商行政管理部门出具的《企业名称预先核准通知书》。

省级旅游行政管理部门可以委托设区的市(含州、盟,下同)级旅游行政管理部门,受理当事人的申请并作出许可或者不予许可的决定。

法条解读:这两条是对设立旅行社条件的细化和设立旅行社要提交的材料的规定,根据细则规定,设立旅行社提交的文件取消了原先设立旅行社需提交的可行性研究报告、具有相应资质的财务人员、总经理、部门经理资质和人数限制,这就简化了办理手续。

第十四条 旅行社在银行存入质量保证金的,应当设立独立账户,存期由旅行社确定,但不得少于1年。账户存期届满,旅行社应当及时办理续存手续。

法条解读:注意关于旅行社质量保证金存期确定办法以及存期的下限。

第十八条 旅行社分社(简称分社,下同)及旅行社服务网点(简称服务网点,下同),不具有法人资格,以设立分社、服务网点的旅行社(简称设立社,下同)的名义从事《条例》规定的经营活动,其经营活动的责任和后果,由设立社承担。

第二十一条 服务网点是指旅行社设立的，为旅行社招徕旅游者，并以旅行社的名义与旅游者签订旅游合同的门市部等机构。

设立社设立服务网点的区域范围，应当在设立社所在地的设区的市的行政区划内。

设立社不得在前款规定的区域范围外，设立服务网点。

第二十二条 服务网点应当设在方便旅游者认识和出入的公众场所。

服务网点的名称、标牌应当包括设立社名称、服务网点所在地地名等，不得含有使消费者误解为是旅行社或者分社的内容，也不得作易使消费者误解的简称。

服务网点应当在设立社的经营范围内，招徕旅游者、提供旅游咨询服务。

法条解读：旅行社分社和服务网点都不具有独立的法人资格，其经营活动和责任的后果，都由设立社承担；根据《细则》第二十一条的规定，服务网点的区域范围，应当在设立社所在地的行政区划内，第二十二条规定，服务网点应当在设立社的经营范围内，招徕旅游者、提供旅游咨询服务，至于设立旅行社分社，则不受地域的限制。

第二十七条 旅行社业务经营许可证不得转让、出租或者出借。

旅行社的下列行为属于转让、出租或者出借旅行社业务经营许可证的行为：

（一）除招徕旅游者和符合本实施细则第三十四条第一款规定的接待旅游者的情形外，准许或者默许其他企业、团体或者个人，以自己的名义从事旅行社业务经营活动的；

（二）准许其他企业、团体或者个人，以部门或者个人承包、挂靠的形式经营旅行社业务的。

法条解读：《条例》禁止许可证出租、出借和转让行为，还禁止对外承包或者挂靠的情形，《细则》第二十七条把委托他人招徕旅游者（收客）排除在转让、出租或者出借旅行社经营许可证的违规行为之外，这就可能为将来代理收客行为（零售商的发展）提供了法律空间。

第二十八条 旅行社设立的办事处、代表处或者联络处等办事机构，不得从事旅行社业务经营活动。

法条解读：旅行社办事机构可以从事咨询、市场宣传与开拓的业务，但是不可以从事旅行社招徕、接待业务。

第三十条 《条例》第二十六条规定的旅行社不得安排的活动，主要包括：

（一）含有损害国家利益和民族尊严内容的；

（二）含有民族、种族、宗教歧视内容的；

（三）含有淫秽、赌博、涉毒内容的；

（四）其他含有违反法律、法规规定内容的。

法条解读：这是对旅行社不得安排的活动的进一步解释。

第三十一条 《条例》第三十四条所规定的旅行社不得要求导游人员和领队人员承担接待旅游团队的相关费用，主要包括：

（一）垫付旅游接待费用；

（二）为接待旅游团队向旅行社支付费用；

（三）其他不合理费用。

法条解读：依据新《条例》精神，旅行社将旅游业务委托给其他旅行社的，应当向接受委托的旅行社支付不低于接待和服务成本的费用；接受委托的旅行社不得接待不支付或者不足额支付接待和服务费用的旅游团队，这主要出于遏制零负团费违法行为立法需要，这些不合理费用主要包括三种。

第三十三条 在签订旅游合同时，旅行社不得要求旅游者必须参加旅行社安排的购物活动或者需要旅游者另行付费的旅游项目。

同一旅游团队中，旅行社不得由于下列因素，提出与其他旅游者不同的合同事项：

（一）旅游者拒绝参加旅行社安排的购物活动或者需要旅游者另行付费的旅游项目的；

（二）旅游者存在的年龄或者职业上的差异。但旅行社提供了与其他旅游者相比更多的服务，或者旅游者主动要求的除外。

法条解读：该条隐含对旅游者行使拒绝权的保护以及对旅行社因年龄或职业等差异的因素而差异收费的禁止。

第三十四条 旅行社需要将在旅游目的地接待旅游者的业务作出委托的，应当按照《条例》第三十六条的规定，委托给旅游目的地的旅行社并签订委托接待合同。

旅行社对接待旅游者的业务作出委托的，应当按照《条例》第三十六条的规定，将旅游目的地接受委托的旅行社的名称、地址、联系人和联系电话，告知旅游者。

第三十五条 旅游行程开始前，当发生约定的解除旅游合同的情形时，经征得旅游者的同意，旅行社可以将旅游者推荐给其他旅行社组织、接待，并由旅游者与被推荐的旅行社签订旅游合同。

未经旅游者同意的，旅行社不得将旅游者转交给其他旅行社组织、接待。

法条解读：旅行社转委托的条件是要征得旅游者同意，这是旅游者知情权的重要表现，旅行社同业合作拼团，一般来说招徕收客的旅行社（收客社）应当以组织出团的旅行社（出团社）名义并使用出团社的行程资料招徕旅游者。收客社也可以以自己名义招徕旅游者，但须使用出团社的行程资料并在旅游合同中明确载明出团社。未在旅游合同载明出团社的，则属违规。旅游行程开始前，确需将招徕的旅游者转至其他旅行社共同出团的，转出的旅行社应当取得旅游者的书面同意，并在原旅游合同中载明组织出团的旅行社。出团社接收该旅游者时，应提请旅游者在本社的旅游行程上签字确认，并要求转出旅行社提供旅游者同意转团的签字和本社名称的原旅游合同副本。

第三十六条 旅行社及其委派的导游人员和领队人员的下列行为，属于擅自改变旅游合同安排行程：

（一）减少游览项目或者缩短游览时间的；

（二）增加或者变更旅游项目的；

（三）增加购物次数或者延长购物时间的；

（四）其他擅自改变旅游合同安排的行为。

法条解读：这是对擅自改变旅游合同安排行程的进一步解释。

第三十八条 在旅游行程中，旅游者有权拒绝参加旅行社在旅游合同之外安排的购物活动或者需要旅游者另行付费的旅游项目。

旅行社及其委派的导游人员和领队人员不得因旅游者拒绝参加旅行社安排的购物活动或者需要旅游者另行付费的旅游项目等情形，以任何借口、理由，拒绝继续履行合同、提供服务，或者以拒绝继续履行合同、提供服务相威胁。

法条解读：对于旅行社安排的合同之外的购物活动或另行支付的旅游项目，旅游者有权行使拒绝权。

第四十一条 发生出境旅游者非法滞留境外或者入境旅游者非法滞留境内的，旅行社应当立即向所在地县级以上旅游行政管理部门、公安机关和外事部门报告。

第四十二条 在旅游行程中，旅行社及其委派的导游人员、领队人员应当提示旅游者遵守文明旅游公约和礼仪。

第四十三条 旅行社及其委派的导游人员、领队人员在经营、服务中享有下列权利：

（一）要求旅游者如实提供旅游所必需的个人信息，按时提交相关证明文件；

（二）要求旅游者遵守旅游合同约定的旅游行程安排，妥善保管随身物品；

（三）出现突发公共事件或者其他危急情形，以及旅行社因违反旅游合同约定采取补救措施时，要求旅游者配合处理防止扩大损失，以将损失降低到最低程度；

（四）拒绝旅游者提出的超出旅游合同约定的不合理要求；

（五）制止旅游者违背旅游目的地的法律、风俗习惯的言行。

法条解读：这是导游人员、领队在经营、服务过程享有的权利的规定，注意其有三个要求权，一个拒绝权和一个制止权，关于第二个要求，对于导游或者领队尽到对旅游者妥善保管随身物品提醒义务的，可以避免因旅游者随身物品丢失，以旅行社未履行提醒义务而主张赔偿责任。

第四十四条 旅行社应当妥善保存《条例》规定的招徕、组织、接待旅游者的各类合同及相关文件、资料，以备县级以上旅游行政管理部门核查。

前款所称的合同及文件、资料的保存期，应当不少于两年。

旅行社不得向其他经营者或者个人，泄露旅游者因签订旅游合同提供的个人信息；超过保存期限的旅游者个人信息资料，应当妥善销毁。

法条解读：旅行社应当重视对旅游者信息的保护，对于合同、资料等保存，不得少于两年，对于旅行社泄露旅游者信息的行为，最高会受到3万元的处罚。

第四十八条 《条例》第十七条、第四十二条规定的各项公告，县级以上旅游行政管理部门应当通过本部门或者上级旅游行政管理部门的政府网站向社会发布。

质量保证金存缴数额降低、旅行社业务经营许可证的颁发、变更和注销的，国务院旅游行政主管部门或者省级旅游行政管理部门应当在作出许可决定或者备案后20个工作日内向社会公告。

旅行社违法经营或者被吊销旅行社业务经营许可证的，由作出行政处罚决定的旅游行政管理部门，在处罚生效后10个工作日内向社会公告。

旅游者对旅行社的投诉信息，由处理投诉的旅游行政管理部门每季度向社会公告。

法条解读：这是关于旅行社公告制度的规定，对于旅行社发生重大事件，相关行政主管部门应当依照法定期限向社会予以公告，注意不同事件公告期限不同。

旅行社质量保证金存取管理办法

第二条 旅行社质量保证金（以下简称“保证金”）是指根据《旅行社条例》的规定，由旅行社在指定银行缴存或由银行担保提供的用于保障旅行者合法权益的专项资金。

法条解读：这是关于旅行社质量保证金定义的规定，注意质量保证金缴纳的两种方式：指定银行缴存、银行担保。

第四条 旅行社须在国家旅游局指定的范围内，选择一家银行（含其银行分支机构）存储保证金。保证金实行专户管理，专款专用。银行为旅行社开设保证金专用账户。当专用账户资金额度不足时，旅行社可对不足部分申请银行担保，但担保条件须符合银行要求。

法条解读：保证金实行专户管理，专款专用，当专用账户资金额度不足的，旅行社可以直接缴纳补足，还可以申请银行担保补足。

第七条 旅行社需要存缴保证金时，须持《营业执照》副本、《旅行社业务经营许可证》副本到银行办理存款手续。存缴保证金的旅行社须与银行签订《旅行社质量保证金存款协议书》，并将复印件送许可的旅游行政管理部门备案。

第八条 为最大程度提高资金效益、简化续存手续，银行按照不少于一年定期、到期自动结息转存方式管理保证金，中途提取部分改按活期结算利息。利息收入全部归旅行社所有。

第九条 为防止保证金存单质押，银行应在存单上注明"专用存款不得质押"字样。

法条解读：旅行社存缴保证金，要持两个证件到银行办理存款手续，注意保证金的利息所有权归旅行社所有，另外，保证金存单能够作为质押。

第十一条 旅行社因解散或破产清算、业务变更或撤减分社减交、三年内未因侵害旅游者合法权益受到行政机关罚款以上处罚而降低保证金数额50%等原因，需要支取保证金时，须向许可的旅游行政管理部门提出，许可的旅游行政管理部门审核出具《旅行社质量保证金取款通知书》。银行根据《旅行社质量保证金取款通知书》，将相应数额的保证金退还给旅行社。

法条解读：这是关于银行退还保证金给旅行社的规定，前提是：具备法定的事实与理由；需经过许可的旅游行政管理部门审核同意。

旅馆业治安管理办法

第二条 凡经营接待旅客住宿的旅馆、饭店、宾馆、招待所、客货栈、车马店、浴池等（以下统称旅馆），不论是国营、集体经营，还是合伙经营、个体经营、中外合资、中外合作经营，不论是专营还是兼营，不论是常年经营，还是季节性经营，都必须遵守本办法。

法条解读：注意本办法的适用范围，除了饭店之外，还包括招待所、车马店以及度假区等。

第五条 经营旅馆，必须遵守国家的法律，建立各项安全管理制度，设置治安保卫组织或者指定安全保卫人员。

法条解读：注意这是关于旅馆安全管理制度的规定，依据本办法从事接待服务的旅馆业都必须配备治安保卫组织或者指定安全保卫人员。

第六条 旅馆接待旅客住宿必须登记。登记时，应当查验旅客的身份证件，按规定的项目如实登记。

接待境外旅客住宿，还应当在二十四小时内向当地公安机关报送住宿登记表。

法条解读：这是关于旅馆查验旅客身份证并登记义务的规定，对于接待境外的旅客，旅馆还有报送住宿登记表的义务，这实际上是公安机关对境外旅客的身份审查备案制度。

第七条　旅馆应当设置旅客财物保管箱、柜或者保管室、保险柜，指定专人负责保管工作。对旅客寄存的财物，要建立登记、领取和交接制度。

法条解读：这是关于旅馆对旅客财物保管制度的规定，依据本办法，旅馆要有专门旅客财物保管地方，并且要专人负责。

第八条　旅馆对旅客遗留的物品，应当妥为保管，设法归还原主或揭示招领；经招领三个月后无人认领的，要登记造册，送当地公安机关按拾遗物品处理。对违禁物品和可疑物品，应当及时报告公安机关处理。

法条解读：这是对旅客遗留物品管理的规定，注意遗留物品经过三个月后无人认领，应当送公安机关处理。

第九条　旅馆工作人员发现违法犯罪分子，形迹可疑的人员和被公安机关缉的罪犯，应当立即向当地公安机关报告，不得知情不报或隐瞒包庇。

法条解读：旅馆对形迹可疑人员或者被通缉的犯罪分子，有负责报告义务，并且不得包庇或者隐瞒。

第十一条　严禁旅客将易燃、易爆、剧毒、腐蚀性和放射性等危险物品带入旅馆。

第十二条　旅馆内，严禁卖淫、嫖宿、赌博、吸毒、传播淫秽物品等违法犯罪活动。

第十三条　旅馆内，不得酗酒滋事、大声喧哗，影响他人休息，旅客不得私自留客住宿或者转让床位。

法条解读：这是关于旅馆经营中旅客的禁止性义务规定。

第十四条　公安机关对旅馆治安管理的职责是，指导、监督旅馆建立各项安全管理制度和落实安全防范措施，协助旅馆对工作人员进行安全业务知识的培训，依法惩办侵犯旅馆和旅客合法权益的违法犯罪分子。

公安人员到旅馆执行公务时，应当出示证件，严格依法办事，要文明礼貌待人，维护旅馆的正常经营和旅客的合法权益。旅馆工作人员和旅客应当予以协助。

法条解读：公安机关与旅馆的关系主要是：指导并监督，旅馆对公安执行公务有协助义务。

旅行社服务质量赔偿标准

第三条　由于不可抗力等不可归责于旅行社的客观原因或旅游者个人原因，造成旅游者经济损失的，旅行社不承担赔偿责任。

法条解读：新修改的《标准》首次明确了旅行社不承担赔偿责任的免责条款，由于恶劣天气、自然灾害、战争、罢工、骚乱、恐怖事件、政府行为、公共卫生事件等客观原因，造成旅游行程安排的交通服务延误、景区临时关闭、宾馆饭店临时被征用、出境管制、边境关闭、目的地入境政策临时变更、我国政府机构发布橙色及以上旅游预警信息等，均会导致旅游目的无法实现，以及旅游者个人原因，造成旅游者经济损失的，均不可归责于旅行社，旅行社不承担赔偿责任。

第四条 旅行社与旅游者订立合同或收取旅游者预付旅游费用后，因旅行社原因不能成行的，旅行社应在合理期限内通知旅游者，否则按下列标准承担赔偿责任：

（一）国内旅游应提前7日（不含7日）通知旅游者，否则应向旅游者全额退还预付旅游费用，并按下述标准向旅游者支付违约金：出发前7日（含7日）至4日，支付旅游费用总额10%的违约金；出发前3日至1日，支付旅游费用总额15%的违约金；出发当日，支付旅游费用总额20%的违约金。

（二）出境旅游（含赴台游）应提前30日（不含30日）通知旅游者，否则应向旅游者全额退还预付旅游费用，并按下述标准向旅游者支付违约金：出发前30日至15日，支付旅游费用总额2%的违约金；出发前14日至7日，支付旅游费用总额5%的违约金；出发前6日至4日，支付旅游费用总额10%的违约金；出发前3日至1日，支付旅游费用总额15%的违约金；出发当日，支付旅游费用总额20%的违约金。

法条解读：《试行标准》规定，因旅行社原因不能成行的，国内游应提前3天、出境游应提前7天通知游客，否则应承担违约责任并赔偿旅游者已交预付款10%的违约金；新《标准》将因旅行社原因不能成行通知游客的期限提前较长时间，同时提高了赔付标准，明显加强了对旅行社的约束。

第五条 旅行社未经旅游者同意，擅自将旅游者转团、拼团的，旅行社应向旅游者支付旅游费用总额25%的违约金。解除合同的，还应向未随团出行的旅游者全额退还预付旅游费用，向已随团出行的旅游者退还未实际发生的旅游费用。

法条解读：实践中有些旅行社业者为了降低交通、住宿成本，把散客与其他游客拼团，致使散客拼团的现象很突出，也因此导致投诉率升高，本条规定擅自转团、拼团的，赔偿旅游费用总额25%的违约金。但是，本条并不是要禁止旅行社拼团、转团，旅行社如有转团、拼团的，应事先告知旅游者，征得旅游者同意后，在《旅游合同》示范文本中约定明确。

第六条 在同一旅游行程中，旅行社提供相同服务，因旅游者的年龄、职业等差异增收费用的，旅行社应返还增收的费用。

法条解读：新《标准》明确禁止因旅游者的年龄、职业等差异增收费用的，比如现实中出现部分旅行社加收老人费或儿童费的现象，要求旅行社在同一行程中提供相同服务。

第七条 因旅行社原因造成旅游者未能乘坐预定的公共交通工具的，旅行社应赔偿旅游者的直接经济损失，并支付直接经济损失20%的违约金。

法条解读：新《标准》规定因旅行社原因造成旅游者耽误预定的公共交通工具，承担的违约金提高至20%，并将延误的范围界定为公共交通工具（指飞机、火车、班轮、城际客运班车等）。

第八条 旅行社安排的旅游活动及服务档次与合同不符，造成旅游者经济损失的，旅行社应退还旅游者合同金额与实际花费的差额，并支付同额违约金。

法条解读：《试行标准》规定，旅行社安排的餐厅，因餐厅原因质价不符，旅行社赔偿餐费的20%；旅行社安排的饭店、交通工具，因饭店、交通工具原因低于合同约定等级档次，退差额并赔偿差额20%的违约金;旅行社安排的旅游活动及服务档次与协议合同不符,造成旅游者经济损失,应退还旅游者合同金额与实际花费的差额,并赔偿同额违约金。按新《标准》的精神,无论是否餐厅、饭店、交通部门原因,只要旅行社安排的旅游活动及服务档次与合同不符,旅行社应退还旅游者差额,并将支付的违约金统一定为同额违约金。

第九条　导游或领队未按照国家或旅游行业对旅游者服务标准提供导游或者领队服务,影响旅游服务质量的,旅行社应向旅游者支付旅游费用总额1%至5%的违约金,本赔偿标准另有规定的除外。

第十条　旅行社及导游或领队违反旅行社与旅游者的合同约定,损害旅游者合法权益的,旅行社按下述标准承担赔偿责任:

(一)擅自缩短游览时间、遗漏旅游景点、减少旅游服务项目的,旅行社应赔偿未完成约定旅游服务项目等合理费用,并支付同额违约金。遗漏无门票景点的,每遗漏一处旅行社向旅游者支付旅游费用总额5%的违约金。

(二)未经旅游者签字确认,擅自安排合同约定以外的用餐、娱乐、医疗保健、参观等另行付费项目的,旅行社应承担另行付费项目的费用。

(三)未经旅游者签字确认,擅自违反合同约定增加购物次数、延长停留时间的,每次向旅游者支付旅游费用总额10%的违约金。

(四)强迫或者变相强迫旅游者购物的,每次向旅游者支付旅游费用总额20%的违约金。

(五)旅游者在合同约定的购物场所所购物品系假冒伪劣商品的,旅行社应负责挽回或赔偿旅游者的直接经济损失。

(六)私自兜售商品,旅行社应全额退还旅游者购物价款。

法条解读:按(一)的规定,从维护旅游者利益的角度,旅行社不仅要按原价100%赔偿旅游者旅游门票、交通费等损失,旅游者未完成约定旅游服务项目等合理费用均应得到赔偿,并按标准向旅游者支付违约金,值得一提的是,本款规定了遗漏了无门票的景点也可以获得赔偿,填补立法上的空白,对旅行社擅自减少旅游项目起到遏制作用;依据(二)的精神,旅行社如安排合同约定以外的用餐、娱乐、医疗保健、参观等另行付费项目的,应安排在自行安排活动期间,并不得影响旅游整体行程,还必须与旅游者签订书面协议,该协议必须记明经旅游者自愿协商一致同意以及费用的承担和旅行社必要的安全提示等内容,并由旅游者亲笔签名确认;根据(三)(四)的精神,《标准》特别重视旅游服务中的购物环节,对旅游购物的规范更严、更明确,旅行社如在合同约定外增加购物次数、延长停留时间的,应安排在自行安排活动期间,不得影响旅游整体行程,还必须与旅游者签订书面协议,该协议必须记明经旅游者自愿协商一致同意等内容,并由旅游者亲笔签名确认,本款规定首次提出按违约次数赔偿的概念;至于(五)(六)分别对私自兜售商品等现象进行约束。

第十一条　旅行社违反合同约定,中止对旅游者提供住宿、用餐、交通等旅游服务的,应当负担旅游者在被中止旅游服务期间所订的同等级别的住宿、用餐、交通等必要费用,并向旅游者支付旅游费用总额30%的违约金。

法条解读:本条规定旅行社违约中止对旅游者服务的,负担旅游者在此期间所订的同等级别住宿、用餐、交通等必要费用,并支付旅游费用总额30%的违约金,其在明确旅行社违约赔偿标准的同时,也规范了旅游者必须理性维权,旅行社违约后,旅游者没有采取适当措施致使损失扩大的,不得就超出同等级别的住宿、用餐、交通等费用的损失要求赔偿。

香港和澳门服务提供者在广东省设立旅行社申请审批办法

第一条 为了进一步加强内地与香港特别行政区(简称香港,下同)、澳门特别行政区(简称澳门,下同)旅游交流与合作,根据《行政许可法》、《旅行社管理条例》、国务院批准的《〈内地与香港关于建立更紧密经贸关系的安排〉补充协议五》及《〈内地与澳门关于建立更紧密经贸关系的安排〉补充协议五》的规定,制定本办法。

第三条 本办法所称香港、澳门服务提供者,应当分别符合《内地与香港关于建立更紧密经贸关系的安排》及《内地与澳门关于建立更紧密经贸关系的安排》中,对服务提供者的定义及相关规定的要求。

第五条 香港、澳门服务提供者申请在广东省设立旅行社的,应当分别符合国务院批准的《内地与香港关于建立更紧密经贸关系的安排》及其各个补充协议,《内地与澳门关于建立更紧密经贸关系的安排》及其各个补充协议,以及《旅行社管理条例》规定的条件。

第六条 香港、澳门服务提供者申请在广东省设立旅行社的,由投资者向广东省旅游局提出申请,并提交本办法第五条规定条件的相关证明文件。

广东省旅游局应当自受理申请之日起60日内对申请审查完毕,作出批准或者不批准的决定。予以批准的,颁发《港澳投资旅行社业务经营许可审定意见书》;不予批准的,应当书面通知申请人并说明理由。

申请人持《港澳投资旅行社业务经营许可审定意见书》以及投资各方签订的合同、章程向广东省对外贸易经济合作厅提出设立台港澳侨投资企业的申请。广东省对外贸易经济合作厅应当自受理申请之日起在有关法律、行政法规规定的时间内,对拟设立台港澳侨投资旅行社的合同、章程审查完毕,作出批准或者不批准的决定。予以批准的,颁发《台港澳侨投资企业批准证书》,并通知申请人向广东省旅游局领取《旅行社业务经营许可证》;不予批准的,应当书面通知申请人并说明理由。

申请人凭《旅行社业务经营许可证》和《台港澳侨投资企业批准证书》向工商行政管理机关办理注册登记手续。

中外合资经营旅行社试点经营出境旅游业务监管暂行办法

第二条 国家在试点的基础上,逐步对外商投资旅行社开放经营中国内地居民出境旅游业务。

第三条 中外合资经营旅行社试点经营出境旅游业务应当遵守本办法。

第四条　本办法所称的中外合资经营旅行社试点经营出境旅游业务，是指取得试点资格的中外合资经营旅行社，从事招徕、组织、接待中国内地居民出国旅游和赴香港、澳门特别行政区旅游的经营活动；大陆居民赴台湾地区旅游的除外。

第五条　国家严格控制试点经营出境旅游业务的中外合资经营旅行社的数量。具体数量由国务院旅游行政主管部门决定。

法条解读：我国本着先行先试、逐步推进的原则，逐步对外商投资旅行社开放中国内地居民出境旅游业务，试点地区将由港澳旅游扩大到出国旅游和赴港澳旅游（台湾地区除外），试点旅行社将由先前3家的基础上扩充，但现阶段仍然仅限于中外合资旅行社。国家希望通过试点，借鉴国际上旅行社集团的管理经验，提升中国旅行社业的发展水平，因此将严格控制试点经营出境旅游业务的中外合资经营旅行社的数量，而不是让其无限制地发展，对试点的外资旅行社将设定一定条件，如具备相应的经济实力或者全球一流的管理水平和经营水平等。

第六条　中外合资经营旅行社申请试点经营出境旅游业务的，应当符合《旅行社条例》第八条规定的条件，并向国务院旅游行政主管部门提出申请，并提交符合《旅行社条例》第八条规定条件的相关证明文件。

法条解读：即使出境游业务门槛开放，想要进入试点的中外合资旅行社也要面临着苛刻的条件，本条规定的试点经营申请主体，必须是"符合《旅行社条例》第八条规定的中外合资经营旅行社"，而且此次试点工作将在已经批准设立的中外合资经营旅行社中，只选择一部分业绩突出、管理规范的旅行社进行，对其经营实力提出了要求。这意味着，出境游"对外"放开并非一步到位，而是设置了一定的准入门槛。

第七条　试点经营出境旅游业务的中外合资经营旅行社，由国务院旅游行政主管部门在申请人中选择确定，并向申请人颁发《外商投资旅行社业务经营许可审定意见书》。

法条解读：根据本条规定，试点经营出境旅游业务只能是中外合资经营旅行社，外商独资旅行社也暂不在试点范围之列，虽然2009年中国已经兑现了加入WTO时有关旅行社领域的全部承诺，但对外资旅行社开放出境游业务并不在承诺范围内。

第八条　申请人持《外商投资旅行社业务经营许可审定意见书》以及投资各方签订的合同、章程向商务主管部门提出变更经营范围的申请。商务主管部门应当依照有关法律、法规的规定，作出批准或者不予批准的决定。予以批准的，换发《外商投资企业批准证书》，并通知申请人向国务院旅游行政主管部门换领《旅行社业务经营许可证》；不予批准的，应当书面通知申请人并说明理由。

申请人持换领的《旅行社业务经营许可证》和《外商投资企业批准证书》，向工商行政管理机关办理企业经营范围变更登记。

第九条　取得试点经营出境旅游业务资格的中外合资经营旅行社（以下简称试点旅行社），应当自换领《旅行社业务经营许可证》之日起3个工作日内，增存质量保证金120万元人民币，并向国务院旅游行政主管部门提交相关证明文件。

第十条　试点旅行社在经营出境旅游业务后三年内，应当每半年向国务院旅游行政主管部门提交下列经营情况和资料：

（一）组织、接待出境旅游者的组团数量和人次；

（二）出境旅游业务经营额；

（三）取得的经验和效果。

法条解读：这是关于申请经营出境旅游业务试点旅行社的程序规定，注意试点旅行社增存质量保证金的期限与数额，以及在定期内要向国家旅游行政主管部门提交的资料。

第十二条　试点旅行社经营出境旅游业务，其经营活动应当遵守《旅行社条例》、《中国公民出国旅游管理办法》等法律、法规和规章。

法条解读：试点旅行社虽具有特殊性，仍要遵守国内旅游相关的法律法规和规章。

案例一

◆ 案情回放

刘先生一家参加了A旅行社组织的泰国游，双方签订了旅游合同，全额交纳了三个人的旅游团费，确定了游览行程。旅游团出发当日，刘先生一家按约定的时间赶到机场集合。办完出境手续后，在等候飞机时，经与其他旅游者交谈，刘先生发现全团16个旅游者分别来自3家旅行社。起初大家并没觉得什么，可在旅游过程中，问题就出来了。因为整个团队是由3家旅行社招徕的旅游者组成的，游客手中的旅游行程各不相同。刘先生一家的旅游行程上有送古典泰式按摩和骑大象，但泰国地接导游却说这是自费项目，要求刘先生一家必须交费。刘先生只好重新交费。泰国导游要求游客必须参加旅游行程之外的"自费项目"。并公开对游客讲："你们如果不参加自费项目，我就要赔钱，泰国治安不是很好，什么事情都可能发生。"刘先生顿时感到泰国导游在威胁他们一家。中方领队劝说刘先生，身在异域，人生地不熟，花钱免灾吧。刘先生只好违心地按照泰国导游的要求购买了一套"自费项目"。而实际上，刘先生一家根本没有去看自费项目中的一些表演。

旅游团回国后，刘先生找到A旅行社，要求A旅行社给个说法。A旅行社的负责人称，组团人数不足，将若干家旅行社的旅游者拼成一个团，是旅行社的通常做法。刘先生一家的泰国游已交由B旅行社操作，有问题去找B旅行社。刘先生找到B旅行社，B旅行社说是按A旅行社要求操作的，出了问题，找A旅行社。刘先生只好向旅游质量监督管理部门投诉，要求维护自己的权益。

◆ 案情分析

签约旅行社不得擅自将旅游者转让给其他旅行社。旅游者购买旅行社推出的旅游产品，除了考虑产品的价格、服务档次、旅游行程等因素外，旅行社的品牌也是吸引旅游者的重要因素。它是无形资产，它体现了旅行社的资信状况、履约能力。《旅行社条例实施细则》第三十三条规定：旅行社需要将在旅游目的地接待旅游者的业务作出委托的，应当按照《条例》第三十六条的规定，委托给旅游目的地的旅行社并签订委托接待合同。本案中，A旅行社没有经过旅游者同意，擅自将旅游者转让给B旅行社，按照规定在旅游过程中发生的问题仍然由A旅行社承担一切法律责任。

A旅行社应退还向刘先生一家重复收取的费用。刘先生一家与A旅行社之间达成了旅游合同，双方就旅游服务的内容、服务档次等进行了约定。经查，刘先生与A旅行社双方合同约定的服务内容中包括泰国的古式按摩和骑大象活动，而泰国地接社仍然要求刘先生一家交纳古式按摩和骑大象活动的费用,属重复收费。A旅行社应当将重复收取的费用退还旅游者刘先生一家。

旅行社不得强迫旅游者参加"自费项目"。在完成合同约定的参观游览内容后,如果有时间,旅行社向旅游者推荐一些旅游行程、费用之外的旅游项目,以使旅游者的旅游活动更充实,更具有个性。但是,旅行社必须尊重旅游者的意愿。《中华人民共和国消费者权益保护法》第九条第二款规定:消费者有权"自主选择商品品种或者服务方式,自主决定购买或者不购买任何一种商品,接受或者不接受任何一项服务"。因此,旅行社不得强迫旅游者参加"自费项目",依据国家旅游局《旅行社服务质量赔偿标准》第五条规定:"旅行社未经旅游者同意,擅自将旅游者转团、拼团的,旅行社应向旅游者支付旅游费用总额25%的违约金。解除合同的,还应向未随团出行的旅游者全额退还预付旅游费用,向已随团出行的旅游者退还未实际发生的旅游费用。"A旅行社应当退赔刘先生一家被迫交纳的"自费项目"费用。

案例二

◆ 案情回放

2006年6月8日,同以往一样,邵先生再次选择住到了自己非常熟悉的某市A饭店,当时,邵先生入住的是3层的329房间,为了节省不多的出差经费,邵先生没有包房,只花了20元租了一个床位。但入住前与服务员商定:饭店尽量不要安排其他人入住。7月3日,在外工作了一天的邵先生回到饭店。当打开房间的门锁,发现房间里多了一个陌生人,当即去问服务员,为什么其房间安排了人。服务员说是住不开了,先临时安排在邵先生所住的房间。在与同屋的这个人闲聊中得知:他叫"王京发",来此是做皮货生意的。邵先生和"王京发"说起来也算是半个老乡,出于对老乡的心理,对他放松了警惕。晚6点10分,邵先生动身去设在该市的办事处吃晚饭,就把笔记本电脑放到了自己的床上,并委托"王京发"帮忙照看一下,得到老乡爽快地答应后,邵先生离开了房间。吃完晚饭后,邵先生急匆匆赶回了房间,发现电脑还安安静静地躺在床上,老乡一直在那里没走,一颗悬着的心总算落了地,同时他对自己怀疑别人的想法感到不好意思。晚8点10分,邵先生到公共浴池去冲凉,为了方便起见,他把手机也放到自己的床上。10分钟后,一身轻松的邵先生回到房间,当打开房门的时候,他发现床上的手机和笔记本电脑不见了,他的包也没了,老乡也不见了,只有烟头和啤酒瓶还在,邵先生的第一反应就是要找"王京发",但是他早已不知道去向,无奈之下迅速报警,警务人员赶到现场,对A饭店的住宿记录进行检查后意外发现,登记材料中并没有这个叫"王京发"的人的身份证记录,据总台服务员介绍,该人称身份证忘带了,但有信用卡可以登记。并且,办理登记时已经较晚,就给他办理住店手续,由于没有身份证,给公安部门的破案带来很大困难,办案人员到了B市调查,查无此人,这时,邵先生开始把追回损失的对象由最初的"王京发"转向了A饭店。

◆ 案情分析

根据《旅馆业治安管理办法》的第七条规定,旅馆有对旅客财物的保管制度,邵先生明知房间内已住进一个陌生人,却将贵重物品放在房间内而不交于旅馆保管,对自身携带的物品未尽到妥善保管义务,故其应该对物品的丢失负有相应的民事责任。但是,本法第六条规定，旅馆接待旅客住宿必须登记。登记时，应当查验旅客的身份证件，按规定的项目如实登记，由于旅馆未履行自己的法定义务，也就是未尽到妥善管理、安全防范、保护等义务，在住宿登记时没有查验身份证，故其也要承担相应的民事赔偿责任。

案例三

◆ 案情回放

2011年6月，A市某旅行社委派导游人员小张接待来自上海的旅游团一行共30人。前两天行程顺利，接待和游览均按计划进行。第三天结束游览返回酒店途中，小张以本地旅游局规定地接必须向外地游客介绍家乡土特产为由，提出要带大家参观当地的一家玉石专卖店。有游客当时就提出，他们在与上海的旅行社签订旅游合同时，注明了自己参加的是“高品质纯玩团”，全程不进店。小张对此置之不理，一个劲儿说这个店是上海人开的，请游客们绝对放心。在店里，小张和商店老板一直强调该店对上海游客最优惠，老板还展示了不少他与上海游客的合影照片。见此情景，不少游客购买了翡翠、玛瑙和其他珠宝石。最后一天送团途中，小张在车上回顾了行程后，又以捐助贫困山区希望工程为由，请游客认购他带来的由当地孩童制作的手工艺品。这么一说，游客纷纷购买，小张共收入现金近千元。回到上海后，有游客将买来的玉石珠宝等送至相关权威部门检测，结果全部为假冒伪劣商品。该团游客随即联名向有关旅游行政管理部门投诉，一是投诉旅行社违背合同，二是投诉导游人员小张有欺诈行为，要求赔偿。问：该团游客投诉上海的旅行社违背合同是否成立，为什么？如果成立，按照《旅行社条例》和《旅行社服务质量赔偿标准》的规定，旅行社应对游客怎样进行赔偿？

◆ 案情分析

该团游客投诉旅行社违反合同成立。因为游客事先与旅行社签订的合同中已经明确全程不进店购物，但是导游人员违反了这一约定。按照《旅行社服务质量赔偿标准》第十条第（三）、（五）、（六）项和《旅行社条例》的相关规定，导游人员违反了旅行社与旅游者的合同约定，损害了旅游者的合法权益，旅行社应对旅游者进行赔偿：违反合同计划，擅自增加购物次数，每次应支付旅游者旅游费用总额10%的违约金；擅自安排旅游者到非旅游部门指定商店购物，所购商品为假冒伪劣商品，应负责挽回或赔偿旅游者的直接经济损失；私自兜售商品，应全额退还旅游者购物价款。

案例四

◆ 案情回放

2009年劳动节即将到来时，宋小姐与几位朋友相约利用公休假去泰国旅游。他们曾经与多家旅行社联系，均因时间安排问题没有谈成。就在他们准备放弃计划之时，一位自称某国际旅行社服务网点的业务经理孙先生满有把握地承诺，能在最短时间内将他们出境旅游的事情办好，且向宋小姐等人出示该社在某报刊登的办理出境旅游业务广告，还说该社目前准备组织四个团队，将在五一前后出行。为此，宋小姐等人选择第一批出境，便立即与孙先生签订"出境旅游团队协议书"和"中国公民赴境外考察协议书",总共支付签证费、机票等各种费用4万多元人民币。

随后很久,他们没有接到孙先生的发团通知。其间,他们多次电话询问,每次都被以各种借口向后拖延。最后,假期结束,出境旅游已无可能。于是,他们便向孙先生提出退还全部团款的合理要求,结果发现受到欺诈。无奈之下,只好向有关部门进行投诉。经查,孙先生所说的旅行社只能经营入境旅游业务,没有资格办理出境旅游业务,至于所说的"服务网点",是该旅行社违规设立的,并没有在工商部门注册登记。

◆ **案情分析**

根据《旅行社条例》第十一条规定:旅行社设立专门招徕旅游者、提供旅游咨询的服务网点(以下简称旅行社服务网点)应当依法向工商行政管理部门办理设立登记手续,并向所在地的旅游行政管理部门备案。旅行社服务网点应当接受旅行社的统一管理,不得从事招徕、咨询以外的活动。本案中,孙先生所经营的服务网点未在工商部门注册,无权从事旅游业务。

根据《消费者权益保护法》第四十九条规定:经营者提供商品或者服务有欺诈行为的,应当按照消费者的要求增加赔偿其受到的损失,增加赔偿的金额为消费者购买商品的价款或者接受服务的费用的一倍。在本案中,孙先生所经营的服务网点属于经营入境旅游业务的旅行社,没有资格办理出境旅游业务,所以孙先生与宋小姐等人签订出境旅游协议纯属欺诈行为,应当全部退还签证费、机票费、旅游费等4万余元,并应赔偿一倍的损失费。同时,因为该旅行社违规设立孙先生所经营的服务网点,所以应当承担连带责任,共同赔偿有关损失。

三

旅游消费法律制度

中华人民共和国消费者权益保护法

第二条 消费者为生活消费需要购买、使用商品或者接受服务，其权益受本法保护；本法未作规定的，受其他有关法律、法规保护。

法条解读：消费者的法律特征是：消费特征属于生活消费；消费的客体是商品与服务；消费的方式包括购买、使用商品和接受服务；主体包括公民个人和单位。

第三条 经营者为消费者提供其生产、销售的商品或者提供服务，应当遵守本法；本法未作出规定的，应当遵守其他有关法律、法规。

法条解读：经营者的法律特征是：经营活动的成立必须经过依法注册登记；提供的方式包括直接和间接方式，并且可以是生产方式，也可以是销售方式；经营的范围可以是商品，也可以是服务；提供商品或者服务以营利为目的，即提供有偿服务。

第四条 经营者与消费者进行交易，应当遵循自愿、平等、公平、诚实信用的原则。

第六条 保护消费者的合法权益是全社会的共同责任。国家鼓励、支持一切组织和个人对损害消费者合法权益的行为进行社会监督。大众传播媒介应当做好维护消费者合法权益的宣传，对损害消费者合法权益的行为进行舆论监督。

第七条 消费者在购买、使用商品和接受服务时享有人身、财产安全不受损害的权利。消费者有权要求经营者提供的商品和服务，符合保障人身、财产安全的要求。

法条解读：消费者安全保障权的含义包括：提供的商品或服务应当符合保障人体健康和人身、财产安全的国家标准或者行业标准；对于暂时没有标准的，应保证符合人体健康、财产安全的要求；对可能危及人体健康和安全的商品或服务，要事先向消费者做出真实和明确的警示，并标明或说明正确使用商品或接受服务的方法；发现提供的商品或者服务有严重缺陷，即使消费者采用正确使用方法仍可能导致危害的，经营者应及时告知消费者，并采取切实可行的防止危害发生的措施。

第八条 消费者享有知悉其购买、使用的商品或者接受的服务的真实情况的权利。消费者有权根据商品或者服务的不同情况，要求经营者提供商品的价格、产地、生产者、用途、性能、规格、等级、主要成分、生产日期、有效期限、检验合格证明、使用方法说明书、售后服务，或者服务的内容、规格、费用等有关情况。

法条解读：这是关于知情权和知情权内容的规定，注意知情权除了包括知悉商品或者服务真实情况的权利外,还包括索要服务单据的权利。

第九条 消费者享有自主选择商品或者服务的权利。消费者有权自主选择提供商品或者服务的经营者,自主选择商品品种或者服务方式,自主决定购买或者不购买任何一种商品、接受或者不接受任何一项服务。消费者在自主选择商品或者服务时,有权进行比较、鉴别和挑选。

法条解读:消费者自主选择权的特征包括:消费者选择商品或者接受服务的行为必须是自愿的;自主选择权是一种相对权。

第十条 消费者享有公平交易的权利。消费者在购买商品或者接受服务时,有权获得质量保障、价格合理、计量正确等公平交易条件,有权拒绝经营者的强制交易行为。

法条解读:这是消费者公平交易权的规定,其有两个方面表现:有权获得质量保障、价格合理、计量正确等公平交易的条件;有权拒绝经营者的强制交易行为。

第十一条 消费者因购买、使用商品或者接受服务受到人身、财产损害的,享有依法获得赔偿的权利。

法条解读:这是关于消费者求偿权的规定。

第十二条 消费者享有依法成立维护自身合法权益的社会团体的权利。

法条解读:这是关于消费者结社权的规定,消费者社会团体的作用是:组织消费者形成对商品和服务的监督;促使一些侵害消费者权益的行为得到及时惩罚;充当政府和消费者之间的桥梁;指导消费者的消费行为,提高消费者自我保护意识。

第十三条 消费者享有获得有关消费和消费者权益保护方面的知识的权利。消费者应当努力掌握所需商品或者服务的知识和使用技能,正确使用商品,提高自我保护意识。

法条解读:这是关于消费者获得有关知识权的权利规定,其包括获得有关消费方面的知识的权利和获得有关消费者权益保护方面的知识的权利。

第十四条 消费者在购买、使用商品和接受服务时,享有其人格尊严、民族风俗习惯得到尊重的权利。

法条解读:这是关于消费者受尊重权的规定。所谓的人格尊严,就是指人的自尊心、自爱心。人格尊严的权利表现为姓名权、荣誉权、肖像权等。

第十五条 消费者享有对商品和服务以及保护消费者权益工作进行监督的权利。消费者有权检举、控告侵害消费者权益的行为和国家机关及其工作人员在保护消费者权益工作中的违法失职行为,有权对保护消费者权益工作提出批评、建议。

法条解读:这是关于消费者监督权的规定。消费者的监督权包括:有权对商品和服务的价格、质量、服务态度等进行监督;有权对保护消费者权益工作进行监督和提出批评建议;有权行使检举、控告等权利。

第十六条 经营者向消费者提供商品或者服务,应当依照《中华人民共和国产品质量法》和其他有关法律、法规的规定履行义务。经营者和消费者有约定的,应当按照约定履行义务,但双方的约定不得违背法律、法规的规定。

法条解读:这是关于经营者履行有关法律、法规规定的义务和与消费者约定的义务的规定。

第十七条 经营者应当听取消费者对其提供的商品或者服务的意见,接受消费者的监督。

法条解读：这是关于经营者接受消费者监督的义务的规定。其内容包括：通过有效的途径或者方式接受消费者的批评和建议；把向消费者提供商品或服务的活动置于消费者有效的监督之下。

第十八条 经营者应当保证其提供的商品或者服务符合保障人身、财产安全的要求。对可能危及人身、财产安全的商品和服务，应当向消费者作出真实的说明和明确的警示，并说明和标明正确使用商品或者接受服务的方法以及防止危害发生的方法。

经营者发现其提供的商品或者服务存在严重缺陷，即使正确使用商品或者接受服务仍然可能对人身、财产安全造成危害的，应当立即向有关行政部门报告和告知消费者，并采取防止危害发生的措施。

法条解读：这是经营者保证商品和服务安全的义务。注意该义务的具体内容。

第十九条 经营者应当向消费者提供有关商品或者服务的真实信息，不得作引人误解的虚假宣传。经营者对消费者就其提供的商品或者服务的质量和使用方法等问题提出的询问，应当作为真实、明确的答复。商店提供商品应当明码标价。

第二十条 经营者应当标明其真实名称和标记。租赁他人柜台或者场地的经营者，应当标明其真实名称和标记。

法条解读：这是经营者提供商品和服务真实信息与标明经营者真实名称和标记的义务规定。

第二十一条 经营者提供商品或者服务，应当按照国家有关规定或者商业惯例向消费者出具购货凭证或者服务单据；消费者索要购货凭证或者服务单据的，经营者必须出具。

法条解读：这是经营者关于出具购物凭证或服务单据的义务的规定。

第二十二条 经营者应当保证在正常使用商品或者接受服务的情况下其提供的商品或者服务应当具有的质量、性能、用途和有效期限；但消费者在购买该商品或者接受该服务前已经知道其存在瑕疵的除外。经营者以广告、产品说明、实物样品或者其他方式表明商品或者服务的质量状况的，应当保证其提供的商品或者服务的实际质量与表明的质量状况相符。

法条解读：这是经营者保证商品或服务质量的义务规定。注意该义务的具体内容。

第二十三条 经营者提供商品或者服务，按照国家规定或者与消费者的约定，承担包修、包换、包退或者其他责任的，应当按照国家规定或者约定履行，不得故意拖延或者无理拒绝。

法条解读：这是关于经营者承担"三包"和其他责任的义务规定。其内容包括：按照规定或者约定对商品承担包修、包换、包退的责任或其他责任；根据不同服务行业的特点，按照有关国家规定或约定对其提供的服务承担责任；不得故意拖延或者无理拒绝履行有关义务。

第二十四条 经营者不得以格式合同、通知、声明、店堂告示等方式作出对消费者不公平、不合理的规定，或者减轻、免除其损害消费者合法权益应当承担的民事责任格式合同、通知、声明、店堂告示等含有前款所列内容的，其内容无效。

法条解读：这是关于经营者不得以格式合同等方式限制消费者权利的义务的规定。所谓的格式合同，又称为标准化合同，在消费者领域，是指经营者与消费者订立合同而单方面拟订的合同条款，其特征为：制定格式合同的主体是经营者；相对方只有接受合同与否的自由，而无参与决定合同内容的机会；合同指向的对象为不特定的多数消费者，在适用对象上具有普遍性；一经制定，可以在相当长的期限内使用，具有固定性和连续性。

第二十五条　经营者不得对消费者进行侮辱、诽谤，不得搜查消费者的身体及其携带的物品，不得侵犯消费者的人身自由。

法条解读：这是关于经营者尊重消费者人身权利的义务的规定。其内容包括：不得对消费者进行侮辱、诽谤；不得搜查消费者的身体及其携带的物品；不得侵犯消费者的人身自由。

第三十一条　消费者协会和其他消费者组织是依法成立的对商品和服务进行社会监督的保护消费者合法权益的社会团体。

第三十二条　消费者协会履行下列职能：

（一）向消费者提供消费信息和咨询服务；

（二）参与有关行政部门对商品和服务的监督、检查；

（三）就有关消费者合法权益的问题，向有关行政部门反映、查询，提出建议；

（四）受理消费者的投诉，并对投诉事项进行调查、调解；

（五）投诉事项涉及商品和服务质量问题的，可以提请鉴定部门鉴定，鉴定部门应当告知鉴定结论；

（六）就损害消费者合法权益的行为，支持受损害的消费者提起诉讼；

（七）对损害消费者合法权益的行为，通过大众传播媒介予以揭露、批评。

各级人民政府对消费者协会履行职能应当予以支持。

第三十三条　消费者组织不得从事商品经营和营利性服务，不得以牟利为目的向社会推荐商品和服务。

法条解读：消费者组织，目前主要是指中国消费者协会和地方各级消费者协会，它们是依法成立的对商品和服务进行社会监督的保护消费者合法权益的社会团体。注意消费者协会的职责。同时，第三十三条是对消费者组织的权利作出限制，规定其不得从事商品经营活动和营利性服务，不得以牟利为目的向社会推荐商品和服务。

第三十四条　消费者和经营者发生消费者权益争议的，可以通过下列途径解决：

(1) 与经营者协商和解；

(2) 请求消费者协会调解；

(3) 向有关行政部门申诉；

(4) 根据与经营者达成的仲裁协议提请仲裁机构仲裁；

(5) 向人民法院提起诉讼。

法条解读：这是关于消费者与经营者发生争议时解决办法的规定。

第三十五条　消费者在购买、使用商品时，其合法权益受到损害的，可以向销售者要求赔偿。销售者赔偿后，属于生产者的责任或者属于向销售者提供商品的其他销售者的责任的，销售者有权向生产者或者其他销售者追偿。

消费者或者其他受害人因商品缺陷造成人身、财产损害的，可以向销售者要求赔偿，也可以向生产者要求赔偿。属于生产者责任的，销售者赔偿后，有权向生产者追偿。属于销售者责任的，生产者赔偿后，有权向销售者追偿。

消费者在接受服务时，其合法权益受到损害的，可以向服务者要求赔偿。

第三十六条 消费者在购买、使用商品或者接受服务时,其合法权益受到损害,因原企业分立、合并的,可以向变更后承受其权利义务的企业要求赔偿。

第三十七条 使用他人营业执照的违法经营者提供商品或者服务,损害消费者合法权益的,消费者可以向其要求赔偿,也可以向营业执照的持有人要求赔偿。

第三十八条 消费者在展销会、租赁柜台购买商品或者接受服务,其合法权益受到损害的,可以向销售者或者服务者要求赔偿。展销会结束或者柜台租赁期满后,也可以向展销会的举办者、柜台的出租者要求赔偿。展销会的举办者、柜台的出租者赔偿后,有权向销售者或者服务者追偿。

第三十九条 消费者因经营者利用虚假广告提供商品或者服务,其合法权益受到损害的,可以向经营者要求赔偿。广告的经营者发布虚假广告的,消费者可以请求行政主管部门予以惩处。广告的经营者不得提供经营者的真实名称、地址的,应当承担赔偿责任。

法条解读:从第三十五条到第三十九条,法律根据不同情况规定了赔偿主体及程序,主要包括:消费者的合法权益受到损害及因产品缺陷造成人身、财产损害的;原企业合并或分立时;使用他人营业执照的违法经营者提供商品或服务的;在展销会、租赁柜台购买商品或者服务的;利用虚假广告提供商品或者服务的。

第四十一条 经营者提供商品或者服务,造成消费者或者其他受害人人身伤害的,应当支付医疗费、治疗期间的护理费、因误工减少的收入等费用,造成残疾的,还应当支付残疾者生活自助费、生活补助费、残疾赔偿金以及由其扶养的人所必需的生活费等费用;构成犯罪的,依法追究刑事责任。

第四十二条 经营者提供商品或者服务,造成消费者或者其他受害人死亡的,应当支付丧葬费、死亡赔偿金以及由死者生前扶养的人所必需的生活费等费用;构成犯罪的,依法追究刑事责任。

法条解读:这是关于经营者提供商品或者服务,造成消费者或者其他受害人人身伤害或者造成消费者或者其他受害人死亡的,应当要支付的相关费用的规定。

第四十三条 经营者违反本法第二十五条规定,侵害消费者的人格尊严或者侵犯消费者人身自由的,应当停止侵害、恢复名誉、消除影响、赔礼道歉,并赔偿损失。

法条解读:经营者在提供商品或者服务过程中,有侵犯消费者人格或者人身自由的权利的,必须尽到停止侵害、恢复名誉、消除影响、赔礼道歉,并赔偿损失的义务。

第四十九条 经营者提供商品或者服务有欺诈行为的,应当按照消费者的要求增加赔偿其受到的损失,增加赔偿的金额为消费者购买商品的价款或者接受服务的费用的一倍。

法条解读:这是关于消费欺诈的规定,所谓消费欺诈是指在消费的过程中,存在一方当事人故意告知对方虚假情况,或者故意隐瞒真实情况,诱使对方当事人作出错误意思表示的行为。消费欺诈的认定需要构成以下几个要件:首先,欺诈方主观上具有欺诈的故意,亦即其明知自己告诉对方的情况是虚假的并且会使对方陷入错误认识而希望或者放任这种结果发生的主观故意;其次,欺诈方实施了欺诈行为,通常表现为故意告知对方虚假情况,或者故意隐瞒真实情况诱使对方当事人做出错误表示,这种行为是违反了向消费者如实陈述商品真实信息的法定义务;最后,受欺诈方因为欺诈而陷入了错误,并且因此而做出了意思表示。存在消费欺诈的情形,经营者应当两倍赔偿消费者的损失。

旅游安全管理暂行办法

第二条 旅游安全管理工作应当贯彻“安全第一,预防为主”的方针。

法条解读:所谓“安全第一”,是指在旅游活动中,无论是旅游行政管理部门,还是旅游经营者,或是旅游从业人员,都必须把安全工作放在首位;所谓“预防为主”,对旅游活动中可能发生的安全事故,一定要把预防工作做在先,不可等到安全事故发生后再去做。

第三条 本办法适用于从事经营旅游业务的企、事业单位。

第五条 旅游安全管理工作应遵循统一领导、分级管理、以基层为主的原则。

法条解读:这是关于旅游安全管理工作的原则的规定,就是指在国家旅游局的统一领导下,各级旅游管理部门分级管理的机制。注意旅游安全管理要“以基层为主”,即旅游安全工作的成效如何关键是在基层,也就是旅游企业,其包括旅行社、旅游饭店、旅游车船公司、旅游景区景点、旅游购物商店、旅游娱乐场所等。

第六条 各级旅游行政管理部门,必须建立和完善旅游安全管理机构。

第八条 旅游安全管理机构的职责:

(一)指导、督促、检查本地区旅游企事业单位贯彻执行本办法及国家制定的涉及旅游安全的各项法规的情况;

(二)组织、实施旅游安全教育和宣传;

(三)会同有关部门对旅游企、事业单位进行开业前的安全设施检查验收工作;

(四)督促、检查旅游企、事业单位落实有关旅游者人身、财物安全的保险制度;

(五)受理旅游者有关安全问题的投诉,并会同有关部门妥善处理。

(六)建立和健全安全检查工作制度,定期召开安全工作会议;

(七)参与涉及旅游者人身、财物安全的事故处理。

法条解读:这是旅游安全机构设立和职责的规定。

第九条 事故发生单位在事故发生后,应按下列程序处理:

(一)陪同人员应当立即上报主管部门,主管部门应当及时报告归口管理部门;

(二)会同事故发生地的有关单位严格保护现场;

(三)协同有关部门进行抢救、侦查;

(四)有关单位负责人应及时赶赴现场处理;

(五)对特别重大事故,应当严格按照国务院《特别重大事故调查程序暂行规定》进行处理。

法条解读:这是关于旅游安全事故处理的一般程序规定,比如导游人员在带团游览过程中,如果发生旅游安全事故,导游人员应当立即向所属旅行社和当地旅游行政管理部门报告,当地旅游行政部门在接到一般、重大、特大旅游安全事故报告后,要尽快向当地人民政府报告;对重大、特大的旅游安全事故,要向国家旅游行政管理部门报告。

第十条 处理外国旅游者重大伤亡事故时,应当注意下列事项:

(一)立即通过外事管理部门通知有关国家驻华使领馆和组团单位;

(二) 为前来了解、处理事故的外国使领馆人员和组团单位及伤亡者家属提供方便;

(三) 与有关部门协调,为国际急救组织前来参与对在国外投保的旅游者(团)伤亡处理提供方便;

(四) 对在华死亡的外国旅游者严格按照外交部《外国人在华死亡后的处理程序》进行处理。

第十一条 对于外国旅游者的赔偿。按照国家有关保险规定妥善处理。

第十二条 事故处理后,立即写出事故调查报告,其内容包括:

(一) 事故经过及处理;

(二) 事故原因及责任;

(三) 事故教训;

(四) 今后防范措施。

第十四条 对违反有关安全法规而造成旅游者伤亡事故和不履行本办法的,由旅游行政管理部门会同有关部门分别给予直接责任人和责任单位以下处罚:

(一) 警告;

(二) 罚款;

(三) 限期整改;

(四) 停业整顿;

(五) 吊销营业执照;触犯刑律者。由司法机关依法追究刑事责任。

法条解读:对于在旅游安全事故过程当中的不作为所作的行政处罚包括五种,但是不包括一般行政处罚中的"行政拘留"。

旅游安全管理暂行办法实施细则

第二条 旅游安全管理工作实行在国家旅游管理部门的统一领导下,各级旅游行政管理部门分级管理的体制。

第四条 国家旅游行政管理部门安全管理工作的职责是:

(一) 制定国家旅游安全管理规章,并组织实施;

(二) 会同国家有关部门对旅游安全实行综合治理,协调处理旅游安全事故和其他安全问题;

(三) 指导、检查和监督各级旅游行政管理部门和旅游企事业单位的旅游安全管理工作;

(四) 负责全国旅游安全管理的宣传、教育工作,组织旅游安全管理人员的培训工作;

(五) 协调重大旅游安全事故的处理工作;

(六) 负责全国旅游安全管理方面的其他有关事项。

第五条 县级以上(含县级)地方旅游行政管理部门的职责是:

(一) 贯彻执行国家旅游安全法规;

(二) 制定本地区旅游安全管理的规章制度,并组织实施;

（三）协同工商、公安、卫生等有关部门，对新开业的旅游企事业单位的安全管理机构、规定制度及其消防、卫生防疫等安全设施、设备进行检查，参加开业前的验收工作；

（四）协同公安、卫生、园林等有关部门，开展对旅游安全环境的综合治理工作，防止向旅游者敲诈、勒索、围堵等不法行为的发生；

（五）组织和实施对旅游安全管理人员的宣传、教育和培训工作；

（六）参与旅游安全事故的处理工作；

（七）受理本地区涉及旅游安全问题的投诉；

（八）负责本地区旅游安全管理的其他事项。

法条解读：注意各级旅游行政管理部门的具体职责。

第六条 旅行社、旅游饭店、旅游汽车和游船公司、旅游购物商店、旅游娱乐场所和其他经营旅游业务的企事业单位是旅游安全管理工作的基层单位，其安全管理工作的职责是：

（一）设立安全管理机构，配备安全管理人员；

（二）建立安全规章制度，并组织实施；

（三）建立安全管理责任制，将安全管理的责任落实到每个部门、每个岗位、每个职工；

（四）接受当地旅游行政管理部门对旅游安全管理工作的行业管理和检查、监督；

（五）把安全教育、职工培训制度化、经常化，培养职工的安全意识，普及安全常识，提高安全技能，对新招聘的职工，必须经过安全培训，合格后才能上岗；

（六）新开业的旅游企事业单位，在开业前必须向当地旅游行政管理部门申请对安全设施设备、安全管理机构、安全规章制度的检查验收，检查验收不合格者，不得开业；

（七）坚持日常的安全检查工作，重点检查安全规章制度的落实情况和安全管理漏洞，及时消除安全隐患；

（八）对用于接待旅游者的汽车、游船和其他设施，要定期进行维修和保养，使其始终处于良好的安全技术状况，在运营前进行全面的检查，严禁带故障运行；

（九）对旅游者的行李要有完备的交接手续，明确责任，防止损坏或丢失；

（十）在安排旅游团队的游览活动时，要认真考虑可能影响安全的诸项因素，制定周密的行程计划，并注意避免司机处于过分疲劳状态；

（十一）负责为旅游者投保；

（十二）直接参与处理涉及单位的旅游安全事故，包括事故处理、善后处理及赔偿事项等；

（十三）开展登山、汽车、狩猎、探险等特殊旅游项目时，要事先制定周密的安全保护预案和急救措施，重要团队需按规定报有关部门审批。

第七条 凡涉及旅游者人身、财物安全的事故均为旅游安全事故。

第八条 旅游安全事故分为轻微、一般、重大和特大事故四个等级：

（一）轻微事故是指一次事故造成旅游者轻伤，或经济损失在1万元以下者；

（二）一般事故是指一次事故造成旅游者重伤，或经济损失在1万至10万（含1万）元者；

（三）重大事故是指一次事故造成旅游者死亡或旅游者重伤致残，或经济损失在10万至100万（含10万）元者；

（四）特大事故是指一次事故造成旅游者死亡多名，或经济损失在100万元以上，或性质特别严重，产生重大影响者。

第九条 事故发生后，现场有关人员应立即向本单位和当地旅游行政管理部门报告。

第十条 地方旅游行政管理部门在接到一般、重大、特大安全事故报告后，要尽快向当地人民政府报告，对重大、特大安全事故，要同时向国家旅游行政管理部门报告。

法条解读：旅游安全事故是指在旅游活动的过程中，涉及旅游者人身、财物安全的事故。根据这个概念，可以分析出旅游安全事故的构成要件：（1）时间要件。旅游安全事故必须是发生在旅游活动过程中的事故；（2）对象要件。旅游安全事故必须是旅游者为受害人的事故；（3）原因要件。旅游安全事故必须是由于过失或者是意外原因引起的事故；（4）结果要件。旅游安全事故必须是造成了旅游者的人身或财物遭受损害的事故。区分旅游安全事故的标准是造成旅游者伤亡程度或者事故发生造成经济损失程度，两者只要求符合其中一个标准即可，根据法条规定，旅游安全事故划分为四类：轻微事故、一般事故、重大事故和特大事故，注意向当地人民政府报告必须要达到一般事故以上级别，对重大和特大安全事故，必须同时向当地人民政府和国家旅游行政部门报告。

重大旅游安全事故报告制度试行办法

第二条 本办法所称重大旅游安全事故是指：

（1）造成海外旅游者人身重伤、死亡的事故；

（2）涉外旅游住宿、交通、游览、餐饮、娱乐、购物场所的重大火灾及其他恶性事故；

（3）造成其他经济损失严重的事故。

法条解读：注意重大旅游安全事故是指涉外的旅游者人身重伤、死亡的事故和涉外的重大火灾等恶性事故。

第三条 各省、自治区、直辖市、计划单列市旅游行政管理部门和参加“中国旅游紧急救援协调机构”联络网的单位（以下简称“报告单位”），都有责任将重大旅游安全事故上报“中国旅游紧急救援协调机构”。

法条解读：重大旅游安全事故的处理机关是“中国旅游紧急救援协调机构”。

第四条 报告单位在接到旅游景区、饭店、交通途中或其他场合发生的重大旅游安全事故的报告后，除向当地有关部门报告外，应同时以电传、电话或其他有效方式直接向“中国旅游紧急救援协调机构”报告事故发生的情况。

法条解读：注意发生重大旅游安全事故后的报告义务。

第五条 重大旅游安全事故的报告内容主要包括：

1. 事故发生后的首次报告内容：

（1）事故发生的时间、地点；

（2）事故发生的初步情况；

（3）事故接待单位及与事故有关的其他单位；

（4）报告人的姓名、单位和联系电话。

2. 事故处理过程中的报告内容：

(1) 伤亡情况及伤亡人员姓名、性别、年龄、国籍、团名、护照号码；

(2) 事故处理的进展情况；

(3) 对事故原因的分析；

(4) 有关方面的反映和要求；

(5) 其他需要请示或报告的事项。

3. 事故处理结束后，报告单位需认真总结事故发生和处理的情况，并做出书面报告，内容包括：

(1) 事故经过及处理；

(2) 事故原因及责任；

(3) 事故教训及今后防范措施；

(4) 善后处理过程及赔偿情况；

(5) 有关方面及事故家属的反映；

(6) 事故遗留问题及其他。

中国旅游紧急救援协调机构在接到报告单位的报告应及时向有关方面通报情况，并对所请示的问题做出答复。

法条解读：这是对报告单位在事故过程中以及事故发生之后所作的书面报告内容的基本要求的规定，注意中国旅游紧急救援机构接到报告之后的反馈制度的规定。

中华人民共和国食品安全法

第一条 为保证食品安全，保障公众身体健康和生命安全，制定本法。

法条解读：根据 WHO 的定义，食品安全是指食物中有毒、有害物质对人体健康影响的公共卫生问题，在食品安全概念理解上，国际社会已经达成共识，即食品的种植、养殖、加工、包装、运输、消费等活动符合国家强制标准和要求，不存在可能损害或威胁人体健康的有毒、有害物质致消费者病亡或者危及消费者及其后代的隐患。

第二条 在中华人民共和国境内从事下列活动，应当遵守本法：

(一) 食品生产和加工(以下称食品生产)，食品流通和餐饮服务(以下称食品经营)；

(二) 食品添加剂的生产经营；

(三) 用于食品的包装材料、容器、洗涤剂、消毒剂和用于食品生产经营的工具、设备(以下称食品相关产品)的生产经营；

(四) 食品生产经营者使用食品添加剂、食品相关产品；

(五) 对食品、食品添加剂和食品相关产品的安全管理。

供食用的源于农业的初级产品(以下称食用农产品)的质量安全管理，遵守《中华人民共和国农产品质量安全法》的规定。但是，制定有关食用农产品的质量安全标准、公布食用农产品安全有关信息，应当遵守本法的有关规定。

法条解读：与《食品卫生法》相比，本法的适用范围明显扩大，主要包括：食品添加剂的生产与经营应当适用本法；食品相关产品的生产与经营适用本法；增加了与《农产品质量安全法》相衔接的规定。

第四条 国务院设立食品安全委员会，其工作职责由国务院规定。

国务院卫生行政部门承担食品安全综合协调职责，负责食品安全风险评估、食品安全标准制定、食品安全信息公布、食品检验机构的资质认定条件和检验规范的制定，组织查处食品安全重大事故。

国务院质量监督、工商行政管理和国家食品药品监督管理部门依照本法和国务院规定的职责，分别对食品生产、食品流通、餐饮服务活动实施监督管理。

第九条 国家鼓励和支持开展与食品安全有关的基础研究和应用研究，鼓励和支持食品生产经营者为提高食品安全水平采用先进技术和先进管理规范。

法条解读：这是关于国家鼓励和支持开展食品安全研究的规定。

第十一条 国家建立食品安全风险监测制度，对食源性疾病、食品污染以及食品中的有害因素进行监测。

国务院卫生行政部门会同国务院有关部门制定、实施国家食品安全风险监测计划。省、自治区、直辖市人民政府卫生行政部门根据国家食品安全风险监测计划，结合本行政区域的具体情况，组织制定、实施本行政区域的食品安全风险监测方案。

法条解读：食品安全风险监测是指为了掌握和了解食品安全状况，对食品安全水平进行检测、分析、评价和公告的活动。

第十三条 国家建立食品安全风险评估制度，对食品、食品添加剂中生物性、化学性和物理性危害进行风险评估。

国务院卫生行政部门负责组织食品安全风险评估工作，成立由医学、农业、食品、营养等方面的专家组成的食品安全风险评估专家委员会进行食品安全风险评估。

对农药、肥料、生长调节剂、兽药、饲料和饲料添加剂等的安全性评估，应当有食品安全风险评估专家委员会的专家参加。

食品安全风险评估应当运用科学方法，根据食品安全风险监测信息、科学数据以及其他有关信息进行。

法条解读：建立食品安全风险评估制度的意义在于：可以为国务院卫生行政部门和国务院有关食品安全监管部门提供科学的决策依据；对于在WTO框架协议下开展国际食品贸易具有重大意义；是进行食品安全管理的重要技术基础，有利于提升公众的食品安全信心。

第十八条 制定食品安全标准，应当以保障公众身体健康为宗旨，做到科学合理、安全可靠。

法条解读：食品安全标准是指为了保证食品安全，对食品生产经营过程中影响食品安全的各种要素以及各关键环节所规定的统一技术要求，该条是关于制定食品安全标准的原则规定。

第十九条 食品安全标准是强制执行的标准。除食品安全标准外，不得制定其他的食品强制性标准。

法条解读：食品安全标准的性质是强制性标准，根据相关法律规定，标准可分为强制性标准和推荐性标准，保障人体健康，人身、财产安全的标准和法律、行政法规规定强制执行的标准是强制性标准,其他标准是推荐性标准。

第二十条 食品安全标准应当包括下列内容:

(一) 食品、食品相关产品中的致病性微生物、农药残留、兽药残留、重金属、污染物质以及其他危害人体健康物质的限量规定;

(二) 食品添加剂的品种、使用范围、用量;

(三) 专供婴幼儿和其他特定人群的主辅食品的营养成分要求;

(四) 对与食品安全、营养有关的标签、标识、说明书的要求;

(五) 食品生产经营过程的卫生要求;

(六) 与食品安全有关的质量要求;

(七) 食品检验方法与规程;

(八) 其他需要制定为食品安全标准的内容。

第二十四条 没有食品安全国家标准的,可以制定食品安全地方标准。

省、自治区、直辖市人民政府卫生行政部门组织制定食品安全地方标准,应当参照执行本法有关食品安全国家标准制定的规定,并报国务院卫生行政部门备案。

法条解读:可以制定食品安全地方标准的情形包括:没有食品安全国家标准的;对一些地方特色食品,由于其生产、流通、食用限制在一定区域范围内,尚不需要制定国家标准的。

第二十五条 企业生产的食品没有食品安全国家标准或者地方标准的,应当制定企业标准,作为组织生产的依据。国家鼓励食品生产企业制定严于食品安全国家标准或者地方标准的企业标准。企业标准应当报省级卫生行政部门备案,在本企业内部适用。

法条解读:食品安全企业标准是指生产食品的企业自己制定的,作为企业组织生产的依据,在企业内部适用的食品安全标准,属于企业标准的范畴。企业可以制定食品安全企业标准的情形包括:企业生产的食品没有食品安全的国家标准或者地方标准的;已有食品国家标准或者地方标准的,企业可以制定严于食品安全国家标准或者地方标准的。

第二十六条 食品安全标准应当供公众免费查阅。

第二十七条 食品生产经营应当符合食品安全标准,并符合下列要求:

(一) 具有与生产经营的食品品种、数量相适应的食品原料处理和食品加工、包装、贮存等场所,保持该场所环境整洁,并与有毒、有害场所以及其他污染源保持规定的距离;

(二) 具有与生产经营的食品品种、数量相适应的生产经营设备或者设施,有相应的消毒、更衣、盥洗、采光、照明、通风、防腐、防尘、防蝇、防鼠、防虫、洗涤以及处理废水、存放垃圾和废弃物的设备或者设施;

(三) 有食品安全专业技术人员、管理人员和保证食品安全的规章制度;

(四) 具有合理的设备布局和工艺流程,防止待加工食品与直接入口食品、原料与成品交叉污染,避免食品接触有毒物、不洁物;

(五) 餐具、饮具和盛放直接入口食品的容器,使用前应当洗净、消毒,炊具、用具用后应当洗净,保持清洁;

(六) 贮存、运输和装卸食品的容器、工具和设备应当安全、无害,保持清洁,防止食品污染,并符合保证食品安全所需的温度等特殊要求,不得将食品与有毒、有害物品一同运输;

(七) 直接入口的食品应当有小包装或者使用无毒、清洁的包装材料、餐具;

（八）食品生产经营人员应当保持个人卫生，生产经营食品时，应当将手洗净，穿戴清洁的工作衣、帽；销售无包装的直接入口食品时，应当使用无毒、清洁的售货工具；

（九）用水应当符合国家规定的生活饮用水卫生标准；

（十）使用的洗涤剂、消毒剂应当对人体安全、无害；

（十一）法律、法规规定的其他要求。

法条解读：这是关于食品生产经营要求的规定，包括：食品生产经营的环境卫生要求；食品生产经营应当具备的卫生设施；食品生产经营应当有食品安全专业技术人员；设备布局和工艺流程的卫生要求；餐具等消毒要求；食品贮存、运输和装卸中的卫生要求；食品包装卫生要求等。

第二十八条 禁止生产经营下列食品：

（一）用非食品原料生产的食品或者添加食品添加剂以外的化学物质和其他可能危害人体健康物质的食品，或者用回收食品作为原料生产的食品；

（二）致病性微生物、农药残留、兽药残留、重金属、污染物质以及其他危害人体健康的物质含量超过食品安全标准限量的食品；

（三）营养成分不符合食品安全标准的专供婴幼儿和其他特定人群的主辅食品；

（四）腐败变质、油脂酸败、霉变生虫、污秽不洁、混有异物、掺假掺杂或者感官性状异常的食品；

（五）病死、毒死或者死因不明的禽、畜、兽、水产动物肉类及其制品；

（六）未经动物卫生监督机构检疫或者检疫不合格的肉类，或者未经检验或者检验不合格的肉类制品；

（七）被包装材料、容器、运输工具等污染的食品；

（八）超过保质期的食品；

（九）无标签的预包装食品；

（十）国家为防病等特殊需要明令禁止生产经营的食品；

（十一）其他不符合食品安全标准或者要求的食品。

第二十九条 国家对食品生产经营实行许可制度。从事食品生产、食品流通、餐饮服务，应当依法取得食品生产许可、食品流通许可、餐饮服务许可。

取得食品生产许可的食品生产者在其生产场所销售其生产的食品，不需要取得食品流通的许可；取得餐饮服务许可的餐饮服务提供者在其餐饮服务场所出售其制作加工的食品，不需要取得食品生产和流通的许可；农民个人销售其自产的食用农产品，不需要取得食品流通的许可。

食品生产加工小作坊和食品摊贩从事食品生产经营活动，应当符合本法规定的与其生产经营规模、条件相适应的食品安全要求，保证所生产经营的食品卫生、无毒、无害，有关部门应当对其加强监督管理，具体管理办法由省、自治区、直辖市人民代表大会常务委员会依照本法制定。

法条解读：这是关于食品生产经营许可制度的规定，实行审批发放许可制度，把可能产生的食品安全方面的问题，控制在生产经营开始之前，这样可以禁止那些不具有生产经营条件的企业或者个人生产经营食品，确保食品生产经营健康发展。

第三十二条 食品生产经营企业应当建立健全本单位的食品安全管理制度，加强对职工食品安全知识的培训，配备专职或者兼职食品安全管理人员，做好对所生产经营食品的检验工作，依法从事食品生产经营活动。

第三十四条 食品生产经营者应当建立并执行从业人员健康管理制度。患有痢疾、伤寒、病毒性肝炎等消化道传染病的人员，以及患有活动性肺结核、化脓性或者渗出性皮肤病等有碍食品安全的疾病的人员，不得从事接触直接入口食品的工作。

食品生产经营人员每年应当进行健康检查，取得健康证明后方可参加工作。

法条解读：这是关于食品生产经营人员的健康管理规定，不得从事接触直接入口食品工作的人员包括：患有痢疾、伤寒、病毒性肝炎等消化道传染病的人员；患有活动性肺结核、化脓性或者渗出性皮肤病等有碍食品安全的疾病的人员。注意，食品生产经营人员每年必须进行体检是法律规定的义务，不接受检查，无健康证上岗从业，是一种不履行法定义务的违法行为，而生产经营人员患有食品卫生工作禁忌疾病，带病工作，也是一种违法行为。

第三十六条 食品生产者采购食品原料、食品添加剂、食品相关产品，应当查验供货者的许可证和产品合格证明文件；对无法提供合格证明文件的食品原料，应当依照食品安全标准进行检验；不得采购或者使用不符合食品安全标准的食品原料、食品添加剂、食品相关产品。

食品生产企业应当建立食品原料、食品添加剂、食品相关产品进货查验记录制度，如实记录食品原料、食品添加剂、食品相关产品的名称、规格、数量、供货者名称及联系方式、进货日期等内容。

食品原料、食品添加剂、食品相关产品进货查验记录应当真实，保存期限不得少于二年。

第三十七条 食品生产企业应当建立食品出厂检验记录制度，查验出厂食品的检验合格证和安全状况，并如实记录食品的名称、规格、数量、生产日期、生产批号、检验合格证号、购货者名称及联系方式、销售日期等内容。

食品出厂检验记录应当真实，保存期限不得少于二年。

第三十八条 食品、食品添加剂和食品相关产品的生产者，应当依照食品安全标准对所生产的食品、食品添加剂和食品相关产品进行检验，检验合格后方可出厂或者销售。

第三十九条 食品经营者采购食品，应当查验供货者的许可证和食品合格的证明文件。

食品经营企业应当建立食品进货查验记录制度，如实记录食品的名称、规格、数量、生产批号、保质期、供货者名称及联系方式、进货日期等内容。

食品进货查验记录应当真实，保存期限不得少于二年。

实行统一配送经营方式的食品经营企业，可以由企业总部统一查验供货者的许可证和食品合格的证明文件，进行食品进货查验记录。

法条解读：这是关于食品生产和采购的进货查验记录制度和出厂检验记录制度的规定，注意进货查验记录的保存期限和出厂检验记录的保存期限。

第四十条 食品经营者应当按照保证食品安全的要求贮存食品，定期检查库存食品，及时清理变质或者超过保质期的食品。

第四十一条 食品经营者贮存散装食品，应当在贮存位置标明食品的名称、生产日期、保质期、生产者名称及联系方式等内容。

食品经营者销售散装食品，应当在散装食品的容器、外包装上标明食品的名称、生产日期、保质期、生产经营者名称及联系方式等内容。

第四十二条 预包装食品的包装上应当有标签。标签应当标明下列事项：

（一）名称、规格、净含量、生产日期；

（二）成分或者配料表；

（三）生产者的名称、地址、联系方式；

（四）保质期；

（五）产品标准代号；

（六）贮存条件；

（七）所使用的食品添加剂在国家标准中的通用名称；

（八）生产许可证编号；

（九）法律、法规或者食品安全标准规定必须标明的其他事项。

专供婴幼儿和其他特定人群的主辅食品，其标签还应当标明主要营养成分及其含量。

法条解读：这是关于食品标识管理的规定，其中包括散装食品销售与预包装食品的包装标识的要求以及对特殊人群的食品标识的要求。

第四十三条 国家对食品添加剂的生产实行许可制度。申请食品添加剂生产许可的条件、程序，按照国家有关工业产品生产许可证管理的规定执行。

法条解读：食品添加剂的定义规定在本法的第九十九条。由于食品添加剂多属于化学合成物质，具有一定的毒性，如果使用不当或者过量使用，将会对人体健康带来危害，因此加强对食品添加剂的管理至关重要，国家对食品添加剂的生产实行许可制度。

第四十四条 申请利用新的食品原料从事食品生产或者从事食品添加剂新品种、食品相关产品新品种生产活动的单位或者个人，应当向国务院卫生行政部门提交相关产品的安全性评估材料。国务院卫生行政部门应当自收到申请之日起六十日内组织对相关产品的安全性评估材料进行审查；对符合食品安全要求的，依法决定准予许可并予以公布；对不符合食品安全要求的，决定不予许可并书面说明理由。

第四十七条 食品添加剂应当有标签、说明书和包装。标签、说明书应当载明本法第四十二条第一款第一项至第六项、第八项、第九项规定的事项，以及食品添加剂的使用范围、用量、使用方法，并在标签上载明“食品添加剂”字样。

第四十八条 食品和食品添加剂的标签、说明书，不得含有虚假、夸大的内容，不得涉及疾病预防、治疗功能。生产者对标签、说明书上所载明的内容负责。

食品和食品添加剂的标签、说明书应当清楚、明显，容易辨识。

食品和食品添加剂与其标签、说明书所载明的内容不符的，不得上市销售。

法条解读：这是关于食品和食品添加剂的标签、说明书的要求的规定，主要包括：不得含有虚假、夸大的内容；不得涉及疾病预防、治疗功能；生产者对食品、食品添加剂的标签、说明书上所载明的内容负责，应当清楚、明显，容易辨识等。

第五十条 生产经营的食品中不得添加药品，但是可以添加按照传统既是食品又是中药材的物质。按照传统既是食品又是中药材的物质的目录由国务院卫生行政部门制定、公布。

第五十一条　国家对声称具有特定保健功能的食品实行严格监管。有关监督管理部门应当依法履职,承担责任。具体管理办法由国务院规定。

声称具有特定保健功能的食品不得对人体产生急性、亚急性或者慢性危害,其标签、说明书不得涉及疾病预防、治疗功能,内容必须真实,应当载明适宜人群、不适宜人群、功效成分或者标志性成分及其含量等;产品的功能和成分必须与标签、说明书相一致。

法条解读:保健食品,是指适宜于特定人群食用,具有调节机体功能,不以治疗为目的,并且对人体不产生任何急性、亚急性或者慢性危害的食品,保健食品仍属于食品,但是与一般食品有所不同。

第五十二条　集中交易市场的开办者、柜台出租者和展销会举办者,应当审查入场食品经营者的许可证,明确入场食品经营者的食品安全管理责任,定期对入场食品经营者的经营环境和条件进行检查,发现食品经营者有违反本法规定的行为的,应当及时制止并立即报告所在地县级工商行政管理部门或者食品药品监督管理部门。

集中交易市场的开办者、柜台出租者和展销会举办者未履行前款规定义务,本市场发生食品安全事故的,应当承担连带责任。

法条解读:本条是关于集中交易市场开办者、柜台租赁者和展销会举办者在食品安全方面的责任规定,主要包括:审查入场食品经营者的许可证,明确入场食品经营者的食品安全管理责任;定期进行检查,发现食品经营者有违法行为的,应当及时制止并立即报告监督管理部门;未履行规定的义务,本市场发生食品安全事故的,应当承担连带责任。

第五十三条　国家建立食品召回制度。食品生产者发现其生产的食品不符合食品安全标准,应当立即停止生产,召回已经上市销售的食品,通知相关生产经营者和消费者,并记录召回和通知情况。

食品经营者发现其经营的食品不符合食品安全标准,应当立即停止经营,通知相关生产经营者和消费者,并记录停止经营和通知情况。食品生产者认为应当召回的,应当立即召回。

食品生产者应当对召回的食品采取补救、无害化处理、销毁等措施,并将食品召回和处理情况向县级以上质量监督部门报告。

食品生产经营者未依照本条规定召回或者停止经营不符合食品安全标准的食品的,县级以上质量监督、工商行政管理、食品药品监督管理部门可以责令其召回或者停止经营。

法条解读:这是关于食品召回制度的规定,所谓食品召回,是指食品生产者按照规定程序,对由其生产原因造成的某一批次或类别的不安全食品,通过换货、退货、补充或修正消费说明等方式,及时消除或减少食品安全危害的活动。

第五十四条　食品广告的内容应当真实合法,不得含有虚假、夸大的内容,不得涉及疾病预防、治疗功能。

食品安全监督管理部门或者承担食品检验职责的机构、食品行业协会、消费者协会不得以广告或者其他形式向消费者推荐食品。

法条解读:这是关于食品广告的要求,主要包括:内容应当真实合法,不得含有虚假、夸大的内容;内容不得涉及疾病预防、治疗功能。

第五十五条　社会团体或者其他组织、个人在虚假广告中向消费者推荐食品,使消费者的合法权益受到损害的,与食品生产经营者承担连带责任。

法条解读:这是关于推荐不符合食品安全标准的食品的责任的规定。

第五十九条　食品检验实行食品检验机构与检验人负责制。食品检验报告应当加盖食品检验机构公章,并有检验人的签名或者盖章。食品检验机构和检验人对出具的食品检验报告负责。

第六十条　食品安全监督管理部门对食品不得实施免检。

县级以上质量监督、工商行政管理、食品药品监督管理部门应当对食品进行定期或者不定期的抽样检验。进行抽样检验,应当购买抽取的样品,不收取检验费和其他任何费用。

县级以上质量监督、工商行政管理、食品药品监督管理部门在执法工作中需要对食品进行检验的,应当委托符合本法规定的食品检验机构进行,并支付相关费用。对检验结论有异议的,可以依法进行复检。

第六十六条　进口的预包装食品应当有中文标签、中文说明书。标签、说明书应当符合本法以及我国其他有关法律、行政法规的规定和食品安全国家标准的要求,载明食品的原产地以及境内代理商的名称、地址、联系方式。预包装食品没有中文标签、中文说明书或者标签、说明书不符合本条规定的,不得进口。

法条解读:进口预包装食品的要求是:应当有中文标签、中文说明书;标签、说明书应当符合本法以及我国其他有关法律、行政法规的规定和食品国家标准的要求,标明食品的原产地以及境内代理商的名称、地址、联系方式。

第七十一条　发生食品安全事故的单位应当立即予以处置,防止事故扩大。事故发生单位和接收病人进行治疗的单位应当及时向事故发生地县级卫生行政部门报告。

农业行政、质量监督、工商行政管理、食品药品监督管理部门在日常监督管理中发现食品安全事故,或者接到有关食品安全事故的举报,应当立即向卫生行政部门通报。

发生重大食品安全事故的,接到报告的县级卫生行政部门应当按照规定向本级人民政府和上级人民政府卫生行政部门报告。县级人民政府和上级人民政府卫生行政部门应当按照规定上报。

任何单位或者个人不得对食品安全事故隐瞒、谎报、缓报,不得毁灭有关证据。

第七十二条　县级以上卫生行政部门接到食品安全事故的报告后,应当立即会同有关农业行政、质量监督、工商行政管理、食品药品监督管理部门进行调查处理,并采取下列措施,防止或者减轻社会危害:

(一) 开展应急救援工作,对因食品安全事故导致人身伤害的人员,卫生行政部门应当立即组织救治;

(二) 封存可能导致食品安全事故的食品及其原料,并立即进行检验;对确认属于被污染的食品及其原料,责令食品生产经营者依照本法第五十三条的规定予以召回、停止经营并销毁;

(三) 封存被污染的食品用工具及用具,并责令进行清洗消毒;

(四) 做好信息发布工作,依法对食品安全事故及其处理情况进行发布,并对可能产生的危害加以解释、说明。

发生重大食品安全事故的,县级以上人民政府应当立即成立食品安全事故处置指挥机构,启动应急预案,依照前款规定进行处置。

第七十三条 发生重大食品安全事故,设区的市级以上人民政府卫生行政部门应当立即会同有关部门进行事故责任调查,督促有关部门履行职责,向本级人民政府提出事故责任调查处理报告。

重大食品安全事故涉及两个以上省、自治区、直辖市的,由国务院卫生行政部门依照前款规定组织事故责任调查。

法条解读:这是关于食品安全事故发生的处理程序规定。

第七十七条 县级以上质量监督、工商行政管理、食品药品监督管理部门履行各自食品安全监督管理职责,有权采取下列措施:

(一)进入生产经营场所实施现场检查;

(二)对生产经营的食品进行抽样检验;

(三)查阅、复制有关合同、票据、账簿以及其他有关资料;

(四)查封、扣押有证据证明不符合食品安全标准的食品,违法使用的食品原料、食品添加剂、食品相关产品,以及用于违法生产经营或者被污染的工具、设备;

(五)查封违法从事食品生产经营活动的场所。

县级以上农业行政部门应当依照《中华人民共和国农产品质量安全法》规定的职责,对食用农产品进行监督管理。

第八十二条 国家建立食品安全信息统一公布制度。下列信息由国务院卫生行政部门统一公布:

(一)国家食品安全总体情况;

(二)食品安全风险评估信息和食品安全风险警示信息;

(三)重大食品安全事故及其处理信息;

(四)其他重要的食品安全信息和国务院确定的需要统一公布的信息。

前款第二项、第三项规定的信息,其影响限于特定区域的,也可以由有关省、自治区、直辖市人民政府卫生行政部门公布。县级以上农业行政、质量监督、工商行政管理、食品药品监督管理部门依据各自职责公布食品安全日常监督管理信息。

食品安全监督管理部门公布信息,应当做到准确、及时、客观。

法条解读:这是关于食品安全信息统一公布制度的规定。食品安全信息主要包括食品安全总体情况、标准、监测、监督检查、风险评估、风险警示、事故及其处理信息和其他食品安全相关信息。

第九十六条 违反本法规定,造成人身、财产或者其他损害的,依法承担赔偿责任。

生产不符合食品安全标准的食品或者销售明知是不符合食品安全标准的食品,消费者除要求赔偿损失外,还可以向生产者或者销售者要求支付价款十倍的赔偿金。

第九十七条 违反本法规定,应当承担民事赔偿责任和缴纳罚款、罚金,其财产不足以同时支付时,先承担民事赔偿责任。

法条解读:这是关于食品经营者承担的惩罚性赔偿责任的规定:生产不符合食品安全标准的食品或者销售明知是不符合食品安全标准的食品,消费者除要求赔偿损失外,还可以向生产者或者销售者要求支付价款十倍的赔偿金。惩罚性赔偿,是指对受害方的实际损失予以补偿性赔偿之外的赔偿,通常是因为侵权方的一些特殊的不当行为所致。

餐饮服务许可管理办法

第二条 本办法适用于从事餐饮服务的单位和个人(以下简称餐饮服务提供者),不适用于食品摊贩和为餐饮服务提供者提供食品半成品的单位和个人。

餐饮服务实行许可制度。餐饮服务提供者应当取得《餐饮服务许可证》,并依法承担餐饮服务的食品安全责任。

集体用餐配送单位纳入餐饮服务许可管理的范围。

法条解读:餐饮服务实行许可制度,但是本办法不适用食品摊贩和为餐饮服务提供者提供食品半成品的单位和个人,原因在于:《食品安全法》已明确规定,食品摊贩的具体管理办法由省级人大常委会制定地方性法规规定;为餐饮服务提供者提供食品半成品属于食品生产和流通行为,在分段监管体制下,该行为不属于餐饮服务环节监管范畴;至于集体用餐配送单位的配送行为,虽不具有餐饮服务的基本特征,但考虑到集体用餐配送行为与生产加工、餐饮服务两段密切相连,故列入管理范畴。

第九条 申请人向食品药品监督管理部门提出餐饮服务许可申请应当具备以下基本条件:

(一)具有与制作供应的食品品种、数量相适应的食品原料处理和食品加工、贮存等场所,保持该场所环境整洁,并与有毒、有害场所以及其他污染源保持规定的距离;

(二)具有与制作供应的食品品种、数量相适应的经营设备或者设施,有相应的消毒、更衣、洗手、采光、照明、通风、冷冻冷藏、防尘、防蝇、防鼠、防虫、洗涤以及处理废水、存放垃圾和废弃物的设备或者设施;

(三)具有经食品安全培训、符合相关条件的食品安全管理人员,以及与本单位实际相适应的保证食品安全的规章制度;

(四)具有合理的布局和加工流程,防止待加工食品与直接入口食品、原料与成品交叉污染,避免食品接触有毒物、不洁物;

(五)国家食品药品监督管理局或者省、自治区、直辖市食品药品监督管理部门规定的其他条件。

餐饮服务食品安全管理人员的条件和食品安全培训的有关要求由国家食品药品监督管理局制定。

第十条 申请《餐饮服务许可证》应当提交以下材料:

(一)《餐饮服务许可证》申请书;

(二)名称预先核准证明(已从事其他经营的可提供营业执照复印件);

(三)餐饮服务经营场所和设备布局、加工流程、卫生设施等示意图;

(四)法定代表人(负责人或者业主)的身份证明(复印件),以及不属于本办法第三十六条、第三十七条情形的说明材料;

(五)食品安全管理人员符合本办法第九条有关条件的材料;

(六)保证食品安全的规章制度;

（七）国家食品药品监督管理局或者省、自治区、直辖市食品药品监督管理部门规定的其他材料。

第十一条 申请人提交的材料应当真实、完整，并对材料的真实性负责。

第十二条 食品药品监督管理部门依据《行政许可法》，对申请人提出的餐饮服务许可申请分别做出以下处理：

（一）申请事项依法不需要取得餐饮服务许可，或者依法不属于食品药品监督管理部门职权范围的，应当即时告知申请人不接收申请的原因；

（二）申请材料存在可以当场更正的错误的，应当允许申请人当场更正，申请人应当对更正内容签章确认；

（三）申请材料不齐全或者不符合法定形式的，应当当场或者在5个工作日内一次性告知申请人需要补正的全部内容，逾期不告知的，自收到申请材料之日起即为受理；

（四）申请事项属于食品药品监督管理部门职权范围，申请材料齐全且符合法定形式的，应当做出受理决定。

法条解读：《许可办法》规定的餐饮服务许可制度主要包括：一是许可机关。《餐饮服务许可证》受理和审批的许可机关由各省、自治区、直辖市食品药品监督管理部门规定。二是许可条件。《许可办法》第九条规定了申请人向食品药品监督管理部门提出餐饮服务许可申请应当具备的基本条件。这些基本条件也就是食品药品监管部门准予许可的基本条件。三是许可资料。《许可办法》第十条规定了申请《餐饮服务许可证》应当提交的材料。《许可办法》第十一条特别强调，申请人提交的材料应当真实、完整，并对材料的真实性负责。四是许可程序。具体包括申请人申请，食品药品监管部门受理、审核申请资料，进行现场核查，做出准予许可或者不予许可的决定，颁发《餐饮服务许可证》。五是许可效力。餐饮服务提供者应当按照许可证规定的内容从事餐饮服务活动。此外，《许可办法》第四章还对《餐饮服务许可证》的变更、延续、补发和注销等作出了具体规定。

第十五条 食品药品监督管理部门应当自受理申请之日起20个工作日内做出行政许可决定。因特殊原因需要延长许可期限的，经本机关负责人批准，可以延长10个工作日，并应当将延长期限的理由告知申请人。

第十六条 食品药品监督管理部门做出准予行政许可决定的，应当自做出决定之日起10个工作日内向申请人颁发《餐饮服务许可证》。

法条解读：一般情况下，餐饮服务许可的期限自申请之日起为30(20+10)天，特殊情况下为40(20+10+10)天，此时许可监管须将延长期限的理由告知申请人。

第二十七条 《餐饮服务许可证》应当载明单位名称、地址、法定代表人（负责人或者业主）、类别、备注、许可证号、发证机关（加盖公章）、发证日期、有效期限等内容。

第二十八条 《餐饮服务许可证》样式由国家食品药品监督管理局统一规定。

许可证号格式为：省、自治区、直辖市简称+餐证字+4位年份数+6位行政区域代码+6位行政区域发证顺序编号。

第二十九条 《餐饮服务许可证》有效期为3年。临时从事餐饮服务活动的，《餐饮服务许可证》有效期不超过6个月。

第三十条 同一餐饮服务提供者在不同地点或者场所从事餐饮服务活动的，应当分别办理《餐饮服务许可证》。

餐饮服务经营地点或者场所改变的，应当重新申请办理《餐饮服务许可证》。

第三十一条　餐饮服务提供者取得的《餐饮服务许可证》，不得转让、涂改、出借、倒卖、出租。

餐饮服务提供者应当按照许可范围依法经营，并在就餐场所醒目位置悬挂或者摆放《餐饮服务许可证》。

法条解读：第二十七条至第三十一条是国家对餐饮服务许可证管理的具体要求的规定。《餐饮服务许可证》是餐饮服务提供者从事餐饮服务活动的依据。国家对餐饮服务许可证管理的具体要求：一是载明事项。《餐饮服务许可证》载明单位名称、地址、法定代表人（负责人或者业主）、类别、备注、许可证号、发证机关（加盖公章）、发证日期、有效期限等内容。二是有效期限。《餐饮服务许可证》有效期为3年，临时从事餐饮服务活动的，《餐饮服务许可证》有效期不超过6个月。三是分别许可。同一餐饮服务提供者在不同地点或者场所从事餐饮服务活动的，应当分别办理《餐饮服务许可证》。四是悬挂摆放。餐饮服务提供者应当在消费者明显可见处悬挂或者摆放《餐饮服务许可证》。餐饮服务经营地点或者场所改变的，应当重新申请办理《餐饮服务许可证》。五是违禁行为。餐饮服务提供者取得《餐饮服务许可证》后，不得转让、涂改、出借、倒卖、出租。

第三十六条　申请人隐瞒有关情况或者提供虚假材料的，食品药品监督管理部门发现后不予受理或者不予许可，并给予警告；该申请人在1年内不得再次申请餐饮服务许可。

申请人以欺骗、贿赂等不正当手段取得《餐饮服务许可证》的，食品药品监督管理部门应当予以撤销；该申请人在3年内不得再次申请餐饮服务许可。

第三十七条　申请人被吊销《餐饮服务许可证》的，其直接负责的主管人员自处罚决定作出之日起5年内不得从事餐饮服务管理工作。

餐饮服务提供者违反《食品安全法》规定，聘用不得从事餐饮服务管理工作的人员从事管理工作的，由原发证部门吊销许可证。

法条解读：申请人提交的材料应当真实、完整，并对材料的真实性负责，对于申请人骗取餐饮许可证的行为，如隐瞒有关情况或者提供虚假材料的，以欺骗、贿赂等不正当手段取得《餐饮服务许可证》的，申请人要承担相应法律责任；值得一提的是，申请人许可证被吊销的，直接负责的主管人员则5年内不得从事餐饮服务。

中华人民共和国保险法（总则部分）

第二条　本法所称保险，是指投保人根据合同约定，向保险人支付保险费，保险人对于合同约定的可能发生的事故因其发生所造成的财产损失承担赔偿保险金责任，或者当被保险人死亡、伤残、疾病或者达到合同约定的年龄、期限等条件时承担给付保险金责任的商业保险行为。

法条解读：这是关于保险概念的规定，保险的原理是将少数人的不幸的意外损失分散于社会大众，使之消化于无形；保险是多数人的互助协作行为，且只限于具备一定条件的人才能利用;保险对意外事故造成的经济损失采取的是补救对策,无须建立个别的均等关系;保险是针对意外事故所导致的损失,可以应付个别单位或个人难以预测的意外事故,用较少的支出取得经济上的较大的保险利益;在保险关系中保险人和投保人是合同当事人,相互间有义务。

第五条　保险活动当事人行使权利、履行义务应当遵循诚实信用原则。

第七条　在中华人民共和国境内的法人和其他组织需要办理境内保险的,应当向中华人民共和国境内的保险公司投保。

法条解读:这是关于强制境内投保制度的规定,是指向中华人民共和国境内的保险公司投保,而非向中华人民共和国的保险公司投保。

第十条　保险合同是投保人与保险人约定保险权利义务关系的协议。

投保人是指与保险人订立保险合同,并按照合同约定负有支付保险费义务的人。

保险人是指与投保人订立保险合同,并按照合同约定承担赔偿或者给付保险金责任的保险公司。

第十一条　订立保险合同,应当协商一致,遵循公平原则确定各方的权利和义务。

除法律、行政法规规定必须保险的外,保险合同自愿订立。

第十二条　人身保险的投保人在保险合同订立时,对被保险人应当具有保险利益。

财产保险的被保险人在保险事故发生时,对保险标的应当具有保险利益。

人身保险是以人的寿命和身体为保险标的的保险。

财产保险是以财产及其有关利益为保险标的的保险。

被保险人是指其财产或者人身受保险合同保障,享有保险金请求权的人。投保人可以为被保险人。

保险利益是指投保人或者被保险人对保险标的具有的法律上承认的利益。

第十三条　投保人提出保险要求,经保险人同意承保,保险合同成立。保险人应当及时向投保人签发保险单或者其他保险凭证。

保险单或者其他保险凭证应当载明当事人双方约定的合同内容。当事人也可以约定采用其他书面形式载明合同内容。

依法成立的保险合同,自成立时生效。投保人和保险人可以对合同的效力约定附条件或者附期限。

第十四条　保险合同成立后,投保人按照约定交付保险费,保险人按照约定的时间开始承担保险责任。

法条解读:保险法律关系涉及的民事主体很多,其中保险的当事人是保险人和投保人,保险关系人是被保险人和受益人;保险利益是指投保人对保险标的具有的法律上承认的利益,投保人对保险标的应当具有保险利益,投保人对保险标的不具有保险利益的,保险合同无效;在保险合同中,保险人的主要义务是承担给付保险金责任,同时在财产保险中,保险人还应当承担保险人、被保险人为查明和确定保险事故的性质、原因和保险标的的损失程度所支付的必要的、合理的费用;保险合同是诺成合同、非要式合同、附期限的合同、双务有偿合同和射幸合同。

第十五条　除本法另有规定或者保险合同另有约定外,保险合同成立后,投保人可以解除合同,保险人不得解除合同。

法条解读:保险合同成立后,投保人享有法定的任意单方解除权,而保险人无此权利。

第十六条　订立保险合同,保险人就保险标的或者被保险人的有关情况提出询问的,投保人应当如实告知。

投保人故意或者因重大过失未履行前款规定的如实告知义务,足以影响保险人决定是否同意承保或者提高保险费率的,保险人有权解除合同。

前款规定的合同解除权,自保险人知道有解除事由之日起,超过三十日不行使而消灭。自合同成立之日起超过二年的,保险人不得解除合同;发生保险事故的,保险人应当承担赔偿或者给付保险金的责任。

投保人故意不履行如实告知义务的,保险人对于合同解除前发生的保险事故,不承担赔偿或者给付保险金的责任,并不退还保险费。

投保人因重大过失未履行如实告知义务,对保险事故的发生有严重影响的,保险人对于合同解除前发生的保险事故,不承担赔偿或者给付保险金的责任,但应当退还保险费。

保险人在合同订立时已经知道投保人未如实告知的情况的,保险人不得解除合同;发生保险事故的,保险人应当承担赔偿或者给付保险金的责任。

保险事故是指保险合同约定的保险责任范围内的事故。

第十七条　订立保险合同,采用保险人提供的格式条款的,保险人向投保人提供的投保单应当附格式条款,保险人应当向投保人说明合同的内容。

对保险合同中免除保险人责任的条款,保险人在订立合同时应当在投保单、保险单或者其他保险凭证上作出足以引起投保人注意的提示,并对该条款的内容以书面或者口头形式向投保人作出明确说明;未作提示或者明确说明的,该条款不产生效力。

法条解读:保险合同是最大诚实信用合同,又是格式合同,所以强调当事人双方的说明、告知义务;保险人应履行说明条款的义务,否则,免除责任条款不生效力;投保人应当履行如实告知重要事实义务,否则,保险人有权解除合同;若保险人未解除合同的,则应该予以区分:若投保人故意违反如实告知义务的,保险人免除赔付责任,但不退费;投保人过失违反如实告知义务且后果严重的,保险人免除赔付责任,但是可以退费。

第十八条　保险合同应当包括下列事项:

(一) 保险人的名称和住所;

(二) 投保人、被保险人的姓名或者名称、住所,以及人身保险的受益人的姓名或者名称、住所;

(三) 保险标的;

(四) 保险责任和责任免除;

(五) 保险期间和保险责任开始时间;

(六) 保险金额;

(七) 保险费以及支付办法;

(八) 保险金赔偿或者给付办法;

(九) 违约责任和争议处理;

(十) 订立合同的年、月、日。

投保人和保险人可以约定与保险有关的其他事项。

受益人是指人身保险合同中由被保险人或者投保人指定的享有保险金请求权的人。投保人、被保险人可以为受益人。

保险金额是指保险人承担赔偿或者给付保险金责任的最高限额。

法条解读：注意保险金额的概念，保险金额可能低于、等于保险价值，但是不能高于保险价值。

第十九条 采用保险人提供的格式条款订立的保险合同中的下列条款无效：

（一）免除保险人依法应承担的义务或者加重投保人、被保险人责任的；

（二）排除投保人、被保险人或者受益人依法享有的权利的。

法条解读：保险合同是格式合同，所以保险法将免除保险人的义务、加重投保人或被保险人责任和排除对方权利的情形一律确认无效。

第二十一条 投保人、被保险人或者受益人知道保险事故发生后，应当及时通知保险人。故意或者因重大过失未及时通知，致使保险事故的性质、原因、损失程度等难以确定的，保险人对无法确定的部分，不承担赔偿或者给付保险金的责任，但保险人通过其他途径已经及时知道或者应当及时知道保险事故发生的除外。

第二十二条 保险事故发生后，按照保险合同请求保险人赔偿或者给付保险金时，投保人、被保险人或者受益人应当向保险人提供其所能提供的与确认保险事故的性质、原因、损失程度等有关的证明和资料。

保险人按照合同的约定，认为有关的证明和资料不完整的，应当及时一次性通知投保人、被保险人或者受益人补充提供。

第二十三条 保险人收到被保险人或者受益人的赔偿或者给付保险金的请求后，应当及时作出核定；情形复杂的，应当在三十日内作出核定，但合同另有约定的除外。保险人应当将核定结果通知被保险人或者受益人；对属于保险责任的，在与被保险人或者受益人达成赔偿或者给付保险金的协议后十日内，履行赔偿或者给付保险金义务。保险合同对赔偿或者给付保险金的期限有约定的，保险人应当按照约定履行赔偿或者给付保险金义务。

保险人未及时履行前款规定义务的，除支付保险金外，应当赔偿被保险人或者受益人因此受到的损失。

任何单位和个人不得非法干预保险人履行赔偿或者给付保险金的义务，也不得限制被保险人或者受益人取得保险金的权利。

第二十四条 保险人依照本法第二十三条的规定作出核定后，对不属于保险责任的，应当自作出核定之日起三日内向被保险人或者受益人发出拒绝赔偿或者拒绝给付保险金通知书，并说明理由。

第二十五条 保险人自收到赔偿或者给付保险金的请求和有关证明、资料之日起六十日内，对其赔偿或者给付保险金的数额不能确定的，应当根据已有证明和资料可以确定的数额先予支付；保险人最终确定赔偿或者给付保险金的数额后，应当支付相应的差额。

法条解读：这是关于保险人赔付责任的基本规定。应保险人、受益人的请求，保险人有义务核实责任，应赔偿的，10日内履行赔付义务，否则，承担赔偿责任；不应赔偿的，发出拒绝通知书。

第二十六条 人寿保险以外的其他保险的被保险人或者受益人，向保险人请求赔偿或者给付保险金的诉讼时效期间为二年，自其知道或者应当知道保险事故发生之日起计算。

人寿保险的被保险人或者受益人向保险人请求给付保险金的诉讼时效期间为五年，自其知道或者应当知道保险事故发生之日起计算。

第二十七条 未发生保险事故，被保险人或者受益人谎称发生了保险事故，向保险人提出赔偿或者给付保险金请求的，保险人有权解除合同，并不退还保险费。

投保人、被保险人故意制造保险事故的，保险人有权解除合同，不承担赔偿或者给付保险金的责任；除本法第四十三条规定外，不退还保险费。

保险事故发生后，投保人、被保险人或者受益人以伪造、变造的有关证明、资料或者其他证据，编造虚假的事故原因或者夸大损失程度的，保险人对其虚报的部分不承担赔偿或者给付保险金的责任。

投保人、被保险人或者受益人有前三款规定行为之一，致使保险人支付保险金或者支出费用的，应当退回或者赔偿。

法条解读：谎报保险事故的，保险人有权解除合同并不退费；故意制造保险事故的，保险人有权解除合同并免赔付责任，但不退费问题上有例外；对保险事故编造假原因或夸大损失的，保险人对虚报部分不承担赔付责任。

第二十八条 保险人将其承担的保险业务，以分保形式部分转移给其他保险人的，为再保险。

应再保险接受人的要求，再保险分出人应当将其自负责任及原保险的有关情况书面告知再保险接受人。

第二十九条 再保险接受人不得向原保险的投保人要求支付保险费。

原保险的被保险人或者受益人不得向再保险接受人提出赔偿或者给付保险金的请求。

再保险分出人不得以再保险接受人未履行再保险责任为由，拒绝履行或者迟延履行其原保险责任。

法条解读：再保险法律关系存在于保险人与再保险人之间，而与原保险的投保人、被保险人及受益人并无干涉，这是合同相对性规则的表现，故以上三个主体与再保险人之间并无保险合同的权利义务关系。

第三十条 采用保险人提供的格式条款订立的保险合同，保险人与投保人、被保险人或者受益人对合同条款有争议的，应当按照通常理解予以解释。对合同条款有两种以上解释的，人民法院或者仲裁机构应当作出有利于被保险人和受益人的解释。

法条解读：注意对保险格式合同争议时的解决机制：按照通常理解予以解释；有利于被保险人和受益人的解释。

旅行社责任保险管理办法

第二条 在中华人民共和国境内依法设立的旅行社，应当依照《旅行社条例》和本办法的规定，投保旅行社责任保险。本办法所称旅行社责任保险，是指以旅行社因其组织的旅游活动对旅游者和受其委派并为旅游者提供服务的导游或者领队人员依法应当承担的赔偿责任为保险标的的保险。

法条解读：对比旧法，新办法扩展了旅行社责任保险范围，规定“旅行社责任保险的保险责任应包括旅行社在组织旅游活动中依法对旅游者的人身损害、财产损失承担的赔偿责任，还包括受旅行社委派、为旅游者提供服务的人员的人身损害承担的赔偿责任”。

第四条 旅行社责任保险的保险责任，应当包括旅行社在组织旅游活动中依法对旅游者的人身伤亡、财产损失承担的赔偿责任和依法对受旅行社委派并为旅游者提供服务的导游或者领队人员的人身伤亡承担的赔偿责任。

具体包括下列情形：

（一）因旅行社疏忽或过失应当承担赔偿责任的；

（二）因发生意外事故旅行社应当承担赔偿责任的；

（三）国家旅游局会同中国保险监督管理委员会（以下简称中国保监会）规定的其他情形。

法条解读：将导游或者领队的人身伤亡纳入保险责任、赔偿责任之中，这在旧法中是没有的；根据新办法第四条规定，旅行社责任保险的保险责任，具体包括三种情形，2001 年出台的《旅行社投保旅行社责任保险规定》中的投保范围规定七种情形，过于具体，实际操作起来过于死板，灵活性不强，相对旧法而言，新办法的投保范围更广泛，灵活机动，便于操作。

第五条 中国保监会及其派出机构依法对旅行社责任保险的保险条款和保险费率进行管理。

第六条 旅行社责任保险的保险费率应当遵循市场化原则，并与旅行社经营风险相匹配。

法条解读：新办法除了规定旅行社投保范围更为广泛外，还规定了保险费率要与旅行社经营风险也相匹配，对旅行社的投保费用也不做统一要求，比较人性化，大的旅行社风险高保费相对高，小的旅行社保费相对低一些。同时，中国保监会及其派出机构将依法对旅行社责任保险的保险条款和保险费率进行管理，旅行社责任保险的保险费率应当遵循市场化原则，并与旅行社经营风险相匹配，旅行社在与保险公司依法订立书面旅行社责任保险合同时，保险公司不得强制旅行社投保其他商业保险。

第七条 旅行社投保旅行社责任保险的，应当与保险公司依法订立书面旅行社责任保险合同（以下简称保险合同）。

第八条 旅行社与保险公司订立保险合同时，双方应当依照《中华人民共和国保险法》的有关规定履行告知和说明义务。

第九条 订立保险合同时，保险公司不得强制旅行社投保其他商业保险。

第十条 保险合同成立后，旅行社按照约定交付保险费。保险公司应当及时向旅行社签发保险单或者其他保险凭证，并在保险单或者其他保险凭证中载明当事人双方约定的合同内容，同时按照约定的时间开始承担保险责任。

第十一条 保险合同成立后，除符合《中华人民共和国保险法》规定的情形外，保险公司不得解除保险合同。

第十二条 保险合同成立后，旅行社要解除保险合同的，应当同时订立新的保险合同，并书面通知所在地县级以上旅游行政管理部门,但因旅行社业务经营许可证被依法吊销或注销而解除合同的除外。

第十三条 保险合同解除的,保险公司应当收回保险单,并书面通知旅行社所在地县级以上旅游行政管理部门。

法条解读:新《办法》规范了旅行社责任保险投保过程中旅行社和保险公司双方的行为;规定签订保险合同时,旅行社的告知义务,保险公司的说明义务;旅行社缴纳保费的义务,保险公司履行合同的义务;解除保险合同时,旅行社需要书面报备旅游管理部门;特别规定了保险公司赔偿时限要求。注意根据第七条的规定,旅行社责任保险合同必须签订书面合同,这意味着,旅行社责任保险合同是要式的合同。

第十四条 旅行社的名称、法定代表人或者业务经营范围等重要事项变更时,应当及时通知保险公司。必要时应当依法办理保险合同变更手续。

第十五条 旅行社责任保险的保险期间为1年。

第十六条 旅行社应当在保险合同期满前及时续保。

第十七条 旅行社投保旅行社责任保险,可以依法自主投保,也可以有组织统一投保。

法条解读:旅行社责任保险的保险期为1年,旅行社应当在保险合同期满前及时续保,旅行社投保旅行社责任保险,可以依法自主投保,也可以有组织统一投保。

第十八条 旅行社在组织旅游活动中发生本办法第四条所列情形的,保险公司依法根据保险合同约定,在旅行社责任保险责任限额内予以赔偿。

责任限额可以根据旅行社业务经营范围、经营规模、风险管控能力、当地经济社会发展水平和旅行社自身需要,由旅行社与保险公司协商确定,但每人人身伤亡责任限额不得低于20万元人民币。

法条解读:按照新《办法》规定,旅行社责任保险责任限额可以根据旅行社业务经营范围、经营规模、风险管控能力、当地经济社会发展水平和旅行社自身需要,由旅行社与保险公司协商确定,但每人人身伤亡责任限额不得低于20万元人民币。按照此前的管理办法,国内旅游每人责任赔偿限额不得低于8万元,出入境旅游不得低于16万元,每人人身伤亡责任限额进行大幅提高,外出旅游个人人身权益保障有了较大提高。

第十九条 旅行社组织的旅游活动中发生保险事故,旅行社或者受害的旅游者、导游、领队人员通知保险公司的,保险公司应当及时告知具体的赔偿程序等有关事项。

第二十条 保险事故发生后,旅行社按照保险合同请求保险公司赔偿保险金时,应当向保险公司提供其所能提供的与确认保险事故的性质、原因、损失程度等有关的证明和资料。

保险公司按照保险合同的约定,认为有关的证明和资料不完整的,应当及时一次性通知旅行社补充提供。

旅行社对旅游者、导游或者领队人员应负的赔偿责任确定的,根据旅行社的请求,保险公司应当直接向受害的旅游者、导游或者领队人员赔偿保险金。旅行社怠于请求的,受害的旅游者、导游或者领队人员有权就其应获赔偿部分直接向保险公司请求赔偿保险金。

第二十一条 保险公司收到赔偿保险金的请求和相关证明、资料后,应当及时做出核定;情形复杂的,应当在30日内作出核定,但合同另有约定的除外。保险公司应当将核定结果通知旅行社以及受害的旅游者、导游、领队人员;对属于保险责任的,在与旅行社达成赔偿保险金的协议后10日内,履行赔偿保险金义务。

第二十二条　因抢救受伤人员需要保险公司先行赔偿保险金用于支付抢救费用的,保险公司在接到旅行社或者受害的旅游者、导游、领队人员通知后,经核对属于保险责任的,可以在责任限额内先向医疗机构支付必要的费用。

第二十三条　因第三者损害而造成保险事故的,保险公司自直接赔偿保险金或者先行支付抢救费用之日起,在赔偿、支付金额范围内代位行使对第三者请求赔偿的权利。旅行社以及受害的旅游者、导游或者领队人员应当向保险公司提供必要的文件和所知道的有关情况。

法条解读:第十九条至第二十三条依法规范了保险公司理赔服务及工作程序,对保险公司的理赔服务做出了新的约定;其中第二十二条是保险公司先予赔偿的程序规定,先予赔偿的条件是:旅游活动中存在抢救受伤人员需要的法定事由;接到通知后核定属于保险责任的;必须在责任的限额内。保险公司先予赔偿的人性化服务,体现了对旅游者、导游、领队生命价值的尊重,理赔服务也将更加优质、到位,意义重大。

第二十八条　违反本办法第十二条、第十六条、第十九条的规定,旅行社解除保险合同但未同时订立新的保险合同,保险合同期满前未及时续保,或者人身伤亡责任限额低于20万元人民币的,由县级以上旅游行政管理部门依照《旅行社条例》第四十九条的规定处罚。

法条解读:依据《旅行社条例》第四十九条规定,当旅行社存在"解除保险合同但未同时订立新的保险合同","保险合同期满前未及时续保",或者"人身伤亡责任限额低于20万元"的,不再实施简单的经济处罚,而是由县级以上旅游行政管理部门责令改正,拒不改正的将被吊销旅行社业务经营许可证。

中华人民共和国民用航空法

第九十一条　公共航空运输企业,是指以营利为目的,使用民用航空器运送旅客、行李、邮件或者货物的企业法人。

法条解读:这是关于公共运输企业的内涵与特征的规定:以营利为目的;运送的对象是旅客、行李、邮件或者货物;是企业法人,即是公司制的组织形式。

第九十三条　设立公共航空运输企业,应当具备下列条件:

(一)有符合国家规定的适应保证飞行安全要求的民用航空器;

(二)有必需的依法取得执照的航空人员;

(三)有不少于国务院规定的最低限额的注册资本;

(四)法律、行政法规规定的其他条件。

第九十四条　公共航空运输企业的组织形式、组织机构适用公司法的规定。

本法施行前设立的公共航空运输企业,其组织形式、组织机构不完全符合公司法规定的,可以继续沿用原有的规定,适用前款规定的日期由国务院规定。

法条解读:由于公共航空运输企业是企业法人,组织形式是公司制度,因此其设立及运营规则要受公司法律的约束。

第九十五条 公共航空运输企业应当以保证飞行安全和航班正常,提供良好服务为准则,采取有效措施,提高运输服务质量。

公共航空运输企业应当教育和要求本企业职工严格履行职责,以文明礼貌、热情周到的服务态度,认真做好旅客和货物运输的各项服务工作。

旅客运输航班延误的,应当在机场内及时通告有关情况。

法条解读:这是关于公共运输企业经营准则的规定,上述的规定旨在改善经营管理,在保证飞行安全和正常飞行的基础上,进一步提高运输服务质量。公共运输的服务质量,直接体现着中国在国际上的形象和声誉,必须上升到法律的高度来要求服务质量。

第九十六条 公共航空运输企业申请经营定期航班运输(以下简称航班运输)的航线,暂停、终止经营航线,应当报经国务院民用航空主管部门批准。

公共航空运输企业经营航班运输,应当公布班期时刻。

法条解读:这是关于公共航空运输企业申请定期航班运输的航线,暂停、终止经营航线的审批制度规定和公布班期时刻的义务规定。

第一百条 公共航空运输企业不得运输法律、行政法规规定的禁运物品。

公共航空运输企业未经国务院民用航空主管部门批准,不得运输作战军火、作战物资。

禁止旅客随身携带法律、行政法规规定的禁运物品乘坐民用航空器。

第一百零一条 公共航空运输企业运输危险品,应当遵守国家有关规定。

禁止以非危险品品名托运危险品。

禁止旅客随身携带危险品乘坐民用航空器。除因执行公务并按照国家规定经过批准外,禁止旅客携带枪支、管制刀具乘坐民用航空器。禁止违反国务院民用航空主管部门的规定将危险品作为行李托运。

危险品品名由国务院民用航空主管部门规定并公布。

法条解读:这是关于公共运输企业禁运的规定,上述的规定,主要是与其他法律、法规相衔接,便于运输行为符合安全要求与公共利益。禁运的物品主要包括:毒品、黄色淫秽音像制品或图片、伪钞等,还包括易燃、易爆、剧毒、易腐蚀、易污染和放射性物品等危险物品。

第一百零四条 公共航空运输企业应当依照有关法律、行政法规的规定优先运输邮件。

法条解读:这是关于公共运输企业优先运输邮件的强制规定。

第一百零七条 本法所称国内航空运输,是指根据当事人订立的航空运输合同,运输的出发地点、约定的经停地点和目的地点均在中华人民共和国境内的运输。

本法所称国际航空运输,是指根据当事人订立的航空运输合同,无论运输有无间断或者有无转运,运输的出发地点、目的地点或者约定的经停地点之一不在中华人民共和国境内的运输。

法条解读:国内运输与国际运输的划分依据是:运输的出发点、目的地或者约定的经停地之一是否在中华人民共和国境外。

第一百零八条 航空运输合同各方认为几个连续的航空运输承运人办理的运输是一项单一业务活动的,无论其形式是以一个合同订立或者数个合同订立,应当视为一项不可分割的运输。

法条解读:不论是旅客运输、货物运输还是行李运输,也不论是单一业务还是几个连续的航空运输,其与公共航空公司均属一种合同关系,受合同法约束。

第一百零九条　承运人运送旅客,应当出具客票。旅客乘坐民用航空器,应当交验有效客票。

第一百一十条　客票应当包括的内容由国务院民用航空主管部门规定,至少应当包括以下内容:

(一)出发地点和目的地点;

(二)出发地点和目的地点均在中华人民共和国境内,而在境外有一个或者数个约定的经停地点的,至少注明一个经停地点;

(三)旅客航程的最终目的地点、出发地点或者约定的经停地点之一不在中华人民共和国境内,依照所适用的国际航空运输公约的规定,应当在客票上声明此项运输适用该公约的,客票上应当载有该项声明。

法条解读:客票是旅客与航空公司订立航空运输合同和运输合同条件的凭证,其并非航空运输合同。依照法律规定,出具客票是承运人的法定义务,登机前交验有效客票是旅客的法定义务。

第一百一十一条　客票是航空旅客运输合同订立和运输合同条件的初步证据。

旅客未能出示客票、客票不符合规定或者客票遗失,不影响运输合同的存在或者有效。

在国内航空运输中,承运人同意旅客不经其出票而乘坐民用航空器的,承运人无权援用本法第一百二十八条有关赔偿责任限制的规定。

在国际航空运输中,承运人同意旅客不经其出票而乘坐民用航空器的,或者客票上未依照本法第一百一十条第(三)项的规定声明的,承运人无权援用本法第一百二十九条有关赔偿责任限制的规定。

法条解读:客票的性质是航空运输合同订立和运输合同条件的初步证据,当出现以下情形时,运输合同的存在或者效力不受影响:旅客未能出示客票;客票不符合规定;客票遗失。

第一百一十二条　承运人载运托运行李时,行李票可以包含在客票之内或者与客票相结合。除本法第一百一十条的规定外,行李票还应当包括下列内容:

(一)托运行李的件数和重量;

(二)需要声明托运行李在目的地点交付时的利益的,注明声明金额。

行李票是行李托运和运输合同条件的初步证据。

旅客未能出示行李票、行李票不符合规定或者行李票遗失,不影响运输合同的存在或者有效。

在国内航空运输中,承运人载运托运行李而不出具行李票的,承运人无权援用本法第一百二十八条有关赔偿责任限制的规定。

在国际航空运输中,承运人载运托运行李而不出具行李票的,或者行李票上未依照本法第一百一十条第(三)项的规定声明的,承运人无权援用本法第一百二十九条有关赔偿责任限制的规定。

法条解读:由于行李票是行李托运和运输合同条件的初步证据,故当出现旅客未能出示行李票、行李票不符合规定或者行李票遗失等情形,不影响运输合同的存在或者有效。

第一百一十三条　承运人有权要求托运人填写航空货运单,托运人有权要求承运人接受该航空货运单。托运人未能出示航空货运单、航空货运单不符合规定或者航空货运单遗失,不影响运输合同的存在或者有效。

法条解读:注意不影响货物航空运输合同的存在或者有效的三种情形:托运人未能出示航空货运单;航空货运单不符合规定;航空货运单遗失。

第一百一十七条 托运人应当对航空货运单上所填关于货物的说明和声明的正确性负责。

因航空货运单上所填的说明和声明不符合规定、不正确或者不完全,给承运人或者承运人对之负责的其他人造成损失的,托运人应当承担赔偿责任。

法条解读:托运人对航空货运单上相关内容的正确性负责,因货运单上说明和声明的瑕疵给他人造成损失的,托运人要承担赔偿责任。

第一百二十四条 因发生在民用航空器上或者在旅客上、下民用航空器过程中的事件,造成旅客人身伤亡的,承运人应当承担责任;但是,旅客的人身伤亡完全是由于旅客本人的健康状况造成的,承运人不承担责任。

法条解读:这是关于承运人对旅客人身伤亡的责任的规定,其含义包括:首先,承运人对因发生在民用航空器或者在旅客上、下民用航空器过程中的事件造成的旅客人身伤亡承担责任;其次,对完全是由于旅客本人的健康状况即旅客的疾病而造成的旅客人身伤亡,承运人不承担责任;再次,对部分由于旅客本人的健康状况造成的旅客人身伤亡,承运人应当承担责任。关于承运人对旅客人身伤亡的责任的规定注意点在于:承运人承担民事责任的对象是旅客,而不是旅客之外的其他人;承运人承担民事责任的范围仅限于旅客的人身伤亡,不包括旅客的精神痛苦;承运人承担民事责任的前提条件是旅客的人身伤亡是因发生在民用航空器上或者在旅客上、下民用航空器过程中的事件造成的,而这一事件与旅客的人身伤亡存在因果联系;承运人的责任期间是"在民用航空器上或者在旅客上、下民用航空器的过程中",凡是在该期间以外造成旅客人身伤亡的,承运人不承担责任。

第一百二十五条 因发生在民用航空器上或者在旅客上、下民用航空器过程中的事件,造成旅客随身携带物品毁灭、遗失或者损坏的,承运人应当承担责任。因发生在航空运输期间的事件,造成旅客的托运行李毁灭、遗失或者损坏的,承运人应当承担责任。

旅客随身携带物品或者托运行李的毁灭、遗失或者损坏完全是由于行李本身的自然属性、质量或者缺陷造成的,承运人不承担责任。

本章所称行李,包括托运行李和旅客随身携带的物品。

因发生在航空运输期间的事件,造成货物毁灭、遗失或者损坏的,承运人应当承担责任;但是,承运人证明货物的毁灭、遗失或者损坏完全是由于下列原因之一造成的,不承担责任:

(一)货物本身的自然属性、质量或者缺陷;

(二)承运人或者其受雇人、代理人以外的人包装货物的,货物包装不良;

(三)战争或者武装冲突;

(四)政府有关部门实施的与货物入境、出境或者过境有关的行为。

本条所称航空运输期间,是指在机场内、民用航空器上或者机场外降落的任何地点,托运行李、货物处于承运人掌管之下的全部期间。

航空运输期间,不包括机场外的任何陆路运输、海上运输、内河运输过程;但是,此种陆路运输、海上运输、内河运输是为了履行航空运输合同而装载、交付或者转运，在没有相反证据的情况下，所发生的损失视为在航空运输期间发生的损失。

法条解读：这是关于承运人对旅客随身携带行李的责任的规定，其含义是：承运人应当对因发生在航空器上或者旅客上、下民用航空器过程中的事件造成旅客随身携带物品的毁灭、遗失或者损坏承担责任；旅客随身携带物品的毁灭、遗失或者损害完全是由于行李本身自然属性、质量或缺陷造成的，承运人不承担责任；对部分因旅客随身携带物品的自然属性、质量或者缺陷造成的该物品的毁灭、遗失或者损坏，承运人仍应承担责任。

第一百二十六条 旅客、行李或者货物在航空运输中因延误造成的损失，承运人应当承担责任；但是，承运人证明本人或者其受雇人、代理人为了避免损失的发生，已经采取一切必要措施或者不可能采取此种措施的，不承担责任。

法条解读：这是关于承运人对旅客托运行李的责任规定，其含义包括：承运人应当对发生在航空运输期间的事件造成旅客的托运行李毁灭、遗失或者损坏承担责任；如果托运行李的毁坏、遗失或者损坏完全是由于托运行李本身的自然属性、质量或者缺陷造成的，承运人不承担责任；如果托运行李的毁坏、遗失或者损坏部分是由于托运行李本身的自然属性、质量或者缺陷造成的，承运人仍要承担责任。注意，航空运输期间，是指在机场内、民用航空器上或者机场外降落的任何地点、托运行李处于承运人掌管之下的全部期间。

第一百二十七条 在旅客、行李运输中，经承运人证明，损失是由索赔人的过错造成或者促成的，应当根据造成或者促成此种损失的过错的程度，相应免除或者减轻承运人的责任。旅客以外的其他人就旅客死亡或者受伤提出赔偿请求时，经承运人证明，死亡或者受伤是旅客本人的过错造成或者促成的，同样应当根据造成或者促成此种损失的过错的程度，相应免除或者减轻承运人的责任。

在货物运输中，经承运人证明，损失是由索赔人或者代行权利人的过错造成或者促成的，应当根据造成或者促成此种损失的过错的程度，相应免除或者减轻承运人的责任。

法条解读：这是关于承运人责任的免除或者减轻的规定，主要是由于旅客自身过错引起的，可以减轻或者免除承运人的责任。索赔人，主要是指旅客或者代理人，如果是旅客在航空运输中死亡，索赔人即为旅客的继承人或者代理人；旅客以外的其他人就是指旅客的代理人、继承人或该继承人的代理人。

第一百二十八条 国内航空运输承运人的赔偿责任限额由国务院民用航空主管部门制定，报国务院批准后公布执行。

旅客或者托运人在交运托运行李或者货物时，特别声明在目的地点交付时的利益，并在必要时支付附加费的，除承运人证明旅客或者托运人声明的金额高于托运行李或者货物在目的地点交付时的实际利益外，承运人应当在声明金额范围内承担责任；本法第一百二十九条的其他规定，除赔偿责任限额外，适用于国内航空运输。

法条解读：关于国内航空运输承运人的赔偿规定主要规定在《国内航空运输旅客身体损害赔偿暂行规定》中，该规定的主要内容包括：适用范围的规定，即该规定适用于国内航空旅客运输中发生的旅客身体损害赔偿；证明责任的规定；承运人赔偿责任的限制等。

第一百二十九条 国际航空运输承运人的赔偿责任限额按照下列规定执行：

（一）对每名旅客的赔偿责任限额为16 600计算单位；但是，旅客可以同承运人书面约定高于本项规定的赔偿责任限额。

（二）对托运行李或者货物的赔偿责任限额，每公斤为17计算单位。旅客或者托运人在交运托运行李或者货物时，特别声明在目的地点交付时的利益，并在必要时支付附加费的，除承运人证明旅客或者托运人声明的金额高于托运行李或者货物在目的地点交付时的实际利益外，承运人应当在声明金额范围内承担责任。

托运行李或者货物的一部分或者托运行李、货物中的任何物件毁灭、遗失、损坏或者延误的，用以确定承运人赔偿责任限额的重量，仅为该一包件或者数包件的总重量；但是，因托运行李或者货物的一部分或者托运行李、货物中的任何物件的毁灭、遗失、损坏或者延误，影响同一份行李票或者同一份航空货运单所列其他包件的价值的，确定承运人的赔偿责任限额时，此种包件的总重量也应当考虑在内。

（三）对每名旅客随身携带的物品的赔偿责任限额为332计算单位。

第一百三十条 任何旨在免除本法规定的承运人责任或者降低本法规定的赔偿责任限额的条款，均属无效；但是，此种条款的无效，不影响整个航空运输合同的效力。

第一百三十一条 有关航空运输中发生的损失的诉讼，不论其根据如何，只能依照本法规定的条件和赔偿责任限额提出，但是不妨碍谁有权提起诉讼以及他们各自的权利。

法条解读：以上是关于国际航空运输承运人的赔偿责任规定，在国际航空运输中也实行赔偿责任限制制度，但是根据法律规定，无论是在国内航空运输中还是在国际航空运输中的赔偿责任限制，只要能够证明在航空运输中的损失是由于承运人的故意或重大过失造成的，那么承运人无权援用上述的赔偿责任限制制度，即承运人无权援用法定的赔偿责任限额，同时也无权援用约定的赔偿责任限额，此时，承运人要承担无限责任。注意，所谓的“计算单位”，是指国际货币基金组织规定的特别提款权，其人民币为法院判决之日、仲裁机构裁决之日或者当事人协议之日，按照国家外汇主管机关的国际货币基金组织的特别提款权对人民币的换算办法得出的人民币数额。

第一百三十二条 经证明，航空运输中的损失是由于承运人或者其受雇人、代理人的故意或者明知可能造成损失而轻率地作为或者不作为造成的，承运人无权援用本法第一百二十八条、第一百二十九条有关赔偿责任限制的规定；证明承运人的受雇人、代理人有此种作为或者不作为的，还应当证明该受雇人、代理人是在受雇、代理范围内行事。

法条解读：这是关于国内或者国际航空公司赔偿责任限制的例外情形，即只要存在承运人或受雇人或代理人的重大过错行为，则承运人无权援用赔偿责任的限制制度，无论是法定的赔偿责任限额还是约定的赔偿责任限额。

第一百三十五条 航空运输的诉讼时效期间为二年，自民用航空器到达目的地点、应当到达目的地点或者运输终止之日起计算。

法条解读：这是关于航空运输的诉讼时效的规定，注意该诉讼时效的起算点。

中华人民共和国铁路法

第二条 本法所称铁路，包括国家铁路、地方铁路、专用铁路和铁路专用线。

国家铁路是指由国务院铁路主管部门管理的铁路。

地方铁路是指由地方人民政府管理的铁路。

专用铁路是指由企业或者其他单位管理,专为本企业或者本单位内部提供运输服务的铁路。

铁路专用线是指由企业或者其他单位管理的与国家铁路或者其他铁路线路接轨的岔线。

法条解读:这是对铁路的划分以及铁路的概念的规定。

第五条 铁路运输企业必须坚持社会主义经营方向和为人民服务的宗旨,改善经营管理,切实改进路风,提高运输服务质量。

法条解读:这是对铁路运输企业的义务的规定。铁路运输企业的义务就是为旅客、托运人和收货人提供运输服务,故提供优质、高效、全面的运输服务是铁路运输企业的职责。

第十条 铁路运输企业应当保证旅客和货物运输的安全,做到列车正点到达。

法条解读:这是对铁路运输有关安全的规定,这一规定有三层含义:必须保证旅客的乘车安全;必须保证货物、行李的安全和完好;必须保证列车安全正点到达目的地。

第十一条 铁路运输合同是明确铁路运输企业与旅客、托运人之间权利义务关系的协议。

旅客车票、行李票、包裹票和货物运单是合同或者合同的组成部分。

法条解读:铁路运输合同是一种权利义务关系的协议,虽然旅客车票、行李票、包裹票和货物运单只是一种运输凭证,不是合同,但它们是构成铁路运输合同的重要组成部分,《铁路法》把它们的法律性质和法律地位明确了。

第十二条 铁路运输企业应当保证旅客按车票载明的日期、车次乘车,并到达目的站。因铁路运输企业的责任造成旅客不能按车票载明的日期、车次乘车的,铁路运输企业应当按照旅客的要求,退还全部票款或者安排改乘到达相同目的站的其他列车。

法条解读:旅客购买车票,向铁路运输企业提出具体的车次、时间、到站,铁路运输企业按照旅客的要求售给相应的车票,铁路旅客运输合同即告成立,旅客有权凭车票要求铁路运输企业按照票面载明的日期、车次及时安排旅行,铁路运输企业也有义务按照票面的规定,组织旅客旅行,并为乘客提供条件,把旅客及时运送到旅行目的地。

第十三条 铁路运输企业应当采取有效措施做好旅客运输服务工作,做到文明礼貌、热情周到,保持车站和车厢内的清洁卫生,提供饮用开水,做好列车上的饮食供应工作。

铁路运输企业应当采取措施,防止对铁路沿线环境的污染。

法条解读:铁路运输企业从事运输生产活动,其本身就是为旅客或者托运人、收货人提供服务,旅客运输是铁路运输企业为公众服务的窗口,旅客运输服务质量和水平的高低,直接关系到路风、路誉,因此,做好铁路旅客服务工作,是铁路运输企业经营管理的一项首要任务。

第十四条 旅客乘车应当持有效车票。对无票乘车或者持失效车票乘车的,应当补收票款,并按照规定加收票款;拒不交付的,铁路运输企业可以责令下车。

法条解读:旅客乘车旅行必须具备的条件是应当持有有效车票,如果旅客无票乘车或者持无效车票乘车,通常情况下,铁路运输企业可以根据有关规定补收票款,并加收一定的票款及有关手续费。

第十六条 铁路运输企业应当按照合同约定的期限或者国务院铁路主管部门规定的期限,将货物、包裹、行李运到目的站;逾期运到的,铁路运输企业应当支付违约金。

铁路运输企业逾期30日仍未将货物、包裹、行李交付收货人或者旅客的,托运人、收货人或者旅客有权按货物、包裹、行李灭失向铁路运输企业要求赔偿。

法条解读:铁路运输企业与旅客、托运人或者收货人之间是一种运输合同关系,所以其有义务将旅客的货物、包裹、行李运到目的地,否则要依合同承担违约责任,注意铁路运输企业交付货物、行李或行李的期限是30日。

第十七条 铁路运输企业应当对承运的货物、包裹、行李自接受承运时起到交付时止发生的灭失、短少、变质、污染或者损坏,承担赔偿责任:

(一)托运人或者旅客根据自愿申请办理保价运输的,按照实际损失赔偿,但最高不超过保价额。

(二)未按保价运输承运的,按照实际损失赔偿,但最高不超过国务院铁路主管部门规定的赔偿限额;如果损失是由于铁路运输企业的故意或者重大过失造成的,不适用赔偿限额的规定,按照实际损失赔偿。

托运人或者旅客根据自愿可以向保险公司办理货物运输保险,保险公司按照保险合同的约定承担赔偿责任。

托运人或者旅客根据自愿,可以办理保价运输,也可以办理货物运输保险;还可以既不办理保价运输,也不办理货物运输保险。不得以任何方式强迫办理保价运输或者货物运输保险。

法条解读:托运人或者旅客根据自愿的原则,可以办理保价运输,也可以办理货物运输保险;既可以不办理保价运输,也可以不办理货物运输保险,不得以任何方式强迫旅客办理保价运输或者货物运输保险,本条款是关于铁路运输赔偿原则的规定。所谓的限额赔偿,就是指发生铁路责任赔偿事故时,铁路运输企业按照实际责任赔偿,但是不得超过国务院铁路主管部门规定的限额,如果实际损失低于限额则按照实际损失赔偿;所谓的保价运输,是指旅客、托运人在托运货物、行李或者包裹时,可以按照货物、行李或包裹的实际价值向铁路运输企业申报价格,并按照申明的价格支付相应的运输费用,在发生物品损失时,铁路按照申明的价格进行赔偿;所谓的货物运输保险,是指托运人与保险公司之间有关保险权利义务的协议,即托运人在托运货物时,可以向保险公司提出办理运输保险。注意,根据法律规定,如果当事人能够证明行李、货物或包裹的损失是由于铁路运输企业的过错造成的,则应当按照实际损失予以赔偿,不适用限额赔偿的规定。

第十八条 由于下列原因造成的货物、包裹、行李损失的,铁路运输企业不承担赔偿责任:

(一)不可抗力。

(二)货物或者包裹、行李中的物品本身的自然属性,或者合理损耗。

(三)托运人、收货人或者旅客的过错。

法条解读:这是关于铁路运输企业对货物、行李、包裹运输的除外责任的规定。不可抗力,在我国《民法通则》上是指“不能预见、不能避免和不能克服的客观情况”。不可抗力主要包括以下几种情形:(1) 自然灾害、如台风、洪水、冰雹;(2) 政府行为,如征收、征用;(3) 社会异常事件,如罢工、骚乱。铁路运输企业的除外责任除了不可抗力因素之外,还包括货物自身的自然属性损坏和托运人自身的过错行为因素等。

第二十二条 自铁路运输企业发出领取货物通知之日起满30日仍无人领取的货物,或者收货人书面通知铁路运输企业拒绝领取的货物,铁路运输企业应当通知托运人,托运人自接到通知之日起满30日未作答复的,由铁路运输企业变卖,所得价款在扣除保管等费用后尚有余款的,应当退还托运人,无法退还,自变卖之日起180日内托运人又未领回的,上缴国库。

自铁路运输企业发出领取通知之日起满90日仍无人领取的包裹或者到站后满90日仍无人领取的行李,铁路运输企业应当公告,公告满90日仍无人领取的,可以变卖;所得价款在扣除保管等费用后尚有余款的,托运人、收货人或者旅客可以自变卖之日起180日内领回,逾期不领回的,上缴国库。

对危险物品和规定限制运输的物品,应当移交公安机关或者有关部门处理,不得自行变卖。

对不宜长期保存的物品,可以按照国务院铁路主管部门的规定缩短处理期限。

第二十七条 国家铁路、地方铁路和专用铁路印制使用的旅客、货物运输票证,禁止伪造和变造。

禁止倒卖旅客车票和其他铁路运输票证。

法条解读:对于铁路运输企业印制的旅客、货物运输票证,不得伪造和变造,也不得倒卖,否则要承担刑事责任。

第三十二条 发生铁路运输合同争议的,铁路运输企业和托运人、收货人或者旅客可以通过调解解决;不愿意调解解决或者调解不成的,可以依据合同中的仲裁条款或者事后达成的书面仲裁协议,向国家规定的仲裁机构申请仲裁。

当事人一方在规定的期限内不履行仲裁机构的仲裁决定的,另一方可以申请人民法院强制执行。

当事人没有在合同中订立仲裁条款,事后又没有达成书面仲裁协议的,可以向人民法院起诉。

法条解读:铁路运输合同的争议解决途径包括:自行和解、调解、仲裁或者诉讼方式解决。

铁路旅客运输损害赔偿规定

第二条 本规定适用于铁路运输企业对在中华人民共和国境内的铁路旅客运输中发生的旅客人身伤亡及其自带行李损失的赔偿。

前款所称铁路旅客运输中,是指自旅客经剪票进站至到达行程终点出站时止。

法条解读:这是对本规定适用范围的规定,注意铁路旅客运输的含义。

第三条 本规定所称旅客,是指持有效乘车凭证乘车的人员以及按照国务院铁路主管部门有关规定免费乘车的儿童。

经铁路运输企业同意，根据铁路货物运输合同，随车护送货物的人，视为旅客。

法条解读：旅客包括三类人：持有效车票的乘车人员；免费乘车的儿童；随车护送货物的人员。

第四条　由于不可抗力或者旅客自身原因造成人身伤亡和自带行李损失的，铁路运输企业不承担赔偿责任。

法条解读：这是关于铁路运输企业除外责任的规定。

第五条　铁路运输企业依照本规定应当承担赔偿责任的，对每名旅客人身伤亡的赔偿责任限额为人民币 40 000 元，自带行李损失的赔偿责任限额为人民币 800 元。

铁路运输企业和旅客可以书面约定高于前款规定的赔偿责任限额。

第六条　铁路运输企业依照本规定给付赔偿金，不影响旅客按照国家有关铁路旅客意外伤害强制保险规定获取保险金。

法条解读：这是关于铁路运输企业对旅客和自带行李赔偿限制责任制度的规定，注意其对旅客人身伤亡和自带行李损失的赔偿限额；注意，该制度既包括法定的赔偿责任限额，也包括约定的赔偿责任限额。另外，给付赔偿金不影响旅客根据相关规定获取保险金。

第八条　旅客或者其继承人向铁路运输企业要求赔偿的请求，应当自事故发生之日起 1 年内提出。

铁路运输企业应当自接到赔偿请求之日起 30 日内答复。

第九条　旅客或者其继承人与铁路运输企业对损害赔偿发生争议，可以向人民法院提起诉讼。

法条解读：注意旅客或者其继承人向铁路运输企业要求赔偿的请求期间是一年，但是旅客或其继承人向人民法院提起诉讼的时效是两年。

中国民用航空旅客、行李国内运输规则

第二条　本规则适用于以民用航空器运送旅客、行李而收取报酬的国内航空运输及经承运人同意而办理的免费国内航空运输。

本规则所称“国内航空运输”，是根据旅客运输合同，其出发地、约定经停地和目的地均在中华人民共和国境内的航空运输。

法条解读：本规则适用收费的国内航空运输同时适用免费的国内航空运输，注意国内航空运输的内涵是出发地、约定地和目的地均要在中华人民共和国境内。

第四条　承运人的航班班期时刻应在实施前对外公布。承运人的航班班期时刻不得任意变更。但承运人为保证飞行安全、急救等特殊需要，可依照规定的程序进行调整。

法条解读：这是关于航空公司航班班期时刻实施前公布制度与航班班期时刻变更制度的规定，注意航空公司变更班期时刻的前提必须是存在“保证飞行安全或急救等需要”的情形。

第七条　旅客持有定妥座位的联程或来回程客票，如在该联程或回程地点停留 72 小时以上，须在联程或回程航班离站前两天中午 12 点以前，办理座位再证实手续，否则原定座位不予保留。如旅客到达联程或回程时间离航班离站时间不超过72小时，则不需办理座位再证实手续。

法条解读：旅客要办理座位证实手续的前提是“在该联程或回程地停留72小时以上”。

第八条　客票为记名式，只限客票上所列姓名的旅客本人使用，不得转让和涂改，否则客票无效，票款不退。客票应当至少包括下列内容：

（一）承运人名称；

（二）出票人名称、时间和地点；

（三）旅客姓名；

（四）航班始发地点、经停地点和目的地点；

（五）航班号、舱位等级、日期和离站时间；

（六）票价和付款方式；

（七）票号；

（八）运输说明事项。

法条解读：民用航空客票为实名制，只限于本人使用。

第九条　旅客应在客票有效期内，完成客票上列明的全部航程。

旅客使用客票时，应交验有效客票，包括乘机航段的乘机联和全部未使用并保留在客票上的其他乘联和旅客联，缺少上述任何一联，客票即为无效。

国际和国内联程客票，其国内联程段的乘机联可在国内联程航段使用，不需换开成国内客票；旅客在我国境外购买的用国际客票填开的国内航空运输客票，应换开成我国国内客票后才能使用。

承运人及其销售代理人不得在我国境外使用国内航空运输客票进行销售。

定期客票只适用于客票上列明的乘机日期和航班。

法条解读：客票无效的情形包括：经过转让或者更改的客票；未交验有效的车票，包括未交验乘机联或旅客联的情形。

第十条　客票的有效期为：

（一）客票自旅行开始之日起，一年内运输有效。如果客票全部未使用，则从填开客票之日起，一年内运输有效。

（二）有效期的计算，从旅行开始或填开客票之日的次日零时起至有效期满之日的次日零时为止。

法条解读：这是关于客票有效期的计算规定。

第十一条　承运人及其代理人售票时应该认真负责。

由于承运人的原因，造成旅客未能在客票有效期内旅行，其客票有效期将延长到承运人能够安排旅客乘机为止。

法条解读：由于承运人的原因造成旅客未能在客票有效期内旅行，客票的有效期延长。

第十二条　客票价指旅客由出发地机场至目的地机场的航空运输价格，不包括机场与市区之间的地面运输费用。客票价为旅客开始乘机之日适用的票价。客票出售后，如票价调整，票款不作变动。运价表中公布的票价，适用于直达航班运输。如旅客要求经停或转乘其他航班时，应按实际航段相加计算票价。

第十三条 旅客应按国家规定的货币和付款方式交付票款，除承运人与旅客另有议外，票款一律现付。

法条解读：这是关于客票价格的规定，客票价格应按照规定的货币和付款方式支付，原则上采取现付方式，客票价格不含地面运输价格。

第十四条 旅客应在承运人或其销售代理人的售票处购票。

旅客购票凭本人有效身份证件或公安机关出具的其他身份证件，并填写《旅客定座单》。

购买儿童票、婴儿票，应提供儿童、婴儿出生年月的有效证明。

重病旅客购票，应持有医疗单位出具适于乘机的证明，经承运人同意后方可购票。

每一旅客均应单独填开一本客票。

第十五条 革命残废军人凭《革命残废军人抚恤证》，按适用票价的80%购票。

儿童按适用成人票价的50%购买儿童票，提供座位。

婴儿按适用成人票价的10%购买婴儿票，不提供座位；如需要单独占用座位时，应购买儿童票。

每一成人旅客携带婴儿超过一名时，超过的人数应购儿童票。

法条解读：这是对购买客票应提供相关证件的规定以及特定的人群购买车票提供相关证件并享受票价优惠的规定。

第十九条 航班取消、提前、延误、航程改变或不能提供原定座位时，承运人应优先安排旅客坐后续航班或签转其他承运人的航班。因承运人的原因，旅客的舱位等级变更时，票款的差额多退少不补。

第二十条 旅客要求改变承运人，应征得原承运人或出票人的同意，并在新的承运人航班座位允许的条件下予以签转。本规则第十九条第一款所列情况要求旅客变更承运人时，应征得旅客及被签转承运人的同意后，方可签转。

法条解读：旅客要求变更承运人的，签转的条件是：征得原承运人或出票人同意，新的承运人航班座位允许；原承运人要求旅客变更承运人，签转条件是：出现航班取消、提前、延误、航程改变或不能提供原定座位的情形，征得旅客及被签转承运人的同意。注意签转问题实际上是涉及了航空运输合同主体的变更。

第二十一条 由于承运人或旅客原因，旅客不在客票有效期内完成部分或全部航程，可以在客票有效期内要求退票。

旅客要求退票，应凭客票或客票未使用部分的“乘机联”和“旅客联”办理。

退票只限在出票地、航班始发地、终止旅行地的承运人或其销售代理人售票处办理。

票款只能退给客票上列明的旅客本人或客票的付款人。

第二十二条 旅客自愿退票，除凭有效旅客票外，还应提供旅客本人的有效身份证件，分别按下列条款办理。

（一）旅客在航班规定离站时间24小时以内、两小时以前要求退票，收取客票价10%的退票费；在航班规定离站时间前两小时以内要求退票，收取客票价2%的退票费。在航班规定离站时间后要求退票、按误机处理。

（二）持联程、来回程客票的旅客要求退票，按本条第一款规定办理。

（三）革命残废军人要求退票，免收退票费。

（四）持婴儿客票的旅客退票，免收退票。

（五）持不定期客票的旅客要求退票，应在客票的有效期内到原购票地点办理退票手续。

（六）旅客在航班的经停地自动终止旅行，该航班未使用航段的票款不退。

第二十三条　航班取消、提前、延误、航程改变或承运人不能提供原定座位时，旅客要求退票，始发站应退还全部票款，经停地应退还未使用航段的全部票款，均不收取退票费。

第二十四条　旅客因病要求退票，需提供医疗单位的证明，始发地应退还全部票款，经停地应退还未使用航段的全部票款，均不收取退票费。患病旅客的陪伴人员要求退票，按本条第一款规定办理。

法条解读：注意旅客自愿退票按照不同时间段收取不同退票费的规定，免收退票费用的情形包括：革命残废军人要求退票；持婴儿客票的旅客退票；航班取消、提前、延误、航程改变或承运人不能提供原定座位时，旅客要求退票，始发站应退还全部票款，经停地应退还未使用航段的全部票款；旅客因病要求退票，需提供医疗单位的证明，始发地应退还全部票款，经停地应退还未使用航段的全部票款。

第二十六条　定期客票遗失，旅客应在所乘航班规定离站时间一小时前向承运人提供证明后，承运人可以补发原定航班的新客票。补开的客票不能办理退票。

第二十七条　不定期客票遗失，旅客应及时向原购票的售票地点提供证明后申请挂失，该售票点应及时通告各有关承运人。经查证客票未被冒用、冒退，待客票有效期满后的30天内，办理退款手续。

法条解读：定期客票与不定期客票遗失处理方式不同，定期采取补发新客票的办法，不定期则采取退款的办法，二者均要在规定时间内办理。

第二十九条　团体旅客购票后自愿退票，按下列规定收取退票费：

（一）团体旅客在航班规定离站时间72小时以前要求退票，收取客票价10%的退票费。

（二）团体旅客在航班规定离站时间72小时以内至规定离站前一天中午12点前要求退票、收取客票价30%的退票费。

（三）团体旅客在航班规定离站时间前一天中午12点以后至航班离站前要求退票，收取客票价50%的退票费。

（四）持联程、来回程客票的团体旅客要求退票，分别按本条第（一）、（二）、（三）项的规定办理。

（五）团体旅客误机，客票作废，票款不退。

第三十条　团体旅客中部分成员要求退票，按照本规则第二十九条的规定收取该部分成员的退票费。

第三十一条　团体旅客非自愿或团体旅客中部分成员因病要求变更或退票、分别按照本规则第十九条、第三十二条或第二十四条的规定办理。

法条解读：团队旅客退票因不同时间、不同情形按不同办法处理。

第三十五条　无成人陪伴儿童、病残旅客、孕妇、盲人、聋人或犯人等特殊旅客，只有在符合承运人规定的条件下经承运人预先同意并在必要时做出安排后方予载运。传染病患者、精神病患者或健康情况可危及自身或影响其他旅客安全的旅客，承运人不予承运。

根据国家有关规定不能乘机的旅客，承运人有权拒绝其乘机，已购客票按自愿退票处理。

法条解读：特殊群体旅客必须符合特定条件才可以载运，三种特殊的旅客承运人不予承运，不予承运的按照自动退票处理。

第三十八条 托运行李必须包装完善、锁扣完好、捆扎牢固，能承受一定的压力，能够在正常的操作条件下安全装卸和运输，并应符合下列条件，否则，承运人可以拒绝收运：

（一）旅行箱、旅行袋和手提包等必须加锁；

（二）两件以上的包件，不能捆为一件；

（三）行李上不能附插其他物品；

（四）竹篮、网兜、草绳、草袋等不能作为行李的外包装物；

（五）行李上应写明旅客的姓名、详细地址、电话号码。

托运行李的重量每件不能超过50公斤，体积不能超过40×60×100厘米，超过上述规定的行李，须事先征得承运人的同意才能托运。自理行李的重量不能超过10公斤，体积每件不超过20×40×55厘米。

随身携带物品的重量，每位旅客以5公斤为限。持头等舱客票的旅客，每人可随身携带两件物品。每件随身携带物品的体积均不得超过20×40×55厘米。超过上述重量、件数或体积限制的随身携带物品，应作为托运行李托运。

第三十九条 每位旅客的免费行李额（包括托运和自理行李）：持成人或儿童票的头等舱旅客为40公斤，公务舱旅客为30公斤，经济舱旅客为20公斤。持婴儿票的旅客无免费行李额。

搭乘同一航班前往同一目的地的两个以上的同行旅客如在同一时间、同一地点办理行李托运手续，其免费行李额可以按照各自的客票价等级标准合并计算。

构成国际运输的国内航段，每位旅客的免费行李额按适用的国际航线免费行李额计算。

法条解读：这是对国内航空乘客托运行李条件、重量体积的规定，同时包括乘客随身携带物品重量和免费行李额的规定。

第四十四条 旅客的托运行李，每公斤价值超过人民币50元时，可办理行李的声明价值。

承运人应按旅客声明的价值中超过本条第一款规定限额部分的价值的5%收取声明价值附加费。金额以元为单位。

托运行李的声明价值不能超过行李本身的实际价值。每一旅客的行李声明价值最高限额为人民币8 000元。如承运人对声明价值有异议而旅客又拒绝接受检查时，承运人有权拒绝收运。

法条解读：声明价值运输是在航空运输中实行的一种运输责任制度，指托运人在托运货物时，向承运人声明这批货物的价值，并按声明的价值交付比较高的运输费用，这样承运人应承担的运输责任就超过其责任限额。声明价值的主要优势在于简化手续，因为托运人在填写货运单的同时，可以办理好声明价值。如果声明价值的货物在航空运输中受损，承运人按实际价值赔偿，但最多不超过声明价值额。声明价值是为了补偿托运人因限额赔偿不足而确定的一种赔偿制度，其实质是为了提高承运人承担的责任而特别作出，在声明价值中，托运人要根据声明价值额的高低支付比一般运输高的费用，多出部分费用类似投保人支付的保险费用。一旦货物受损，承运人又要在声明价值额内对损失进行赔偿，同保险理赔很相似。

第四十五条 小动物是指家庭饲养的猫、狗或其他小动物。小动物运输，应按下列规定办理：

旅客必须在定座或购票时提出，并提供动物检疫证明，经承运人同意后方可托运。

旅客应在乘机当日，按承运人指定的时间，将小动物自行运到机场办理托运手续。

装运小动物的容器应符合下列要求：

（一）能防止小动物破坏、逃逸和伸出容器以外损伤旅客、行李或货物。

（二）保证空气流通，不致使小动物窒息。

（三）能防止粪便渗溢，以免污染飞机、机上设备及其他物品。

旅客携带的小动物，除经承运人特许外，一律不能放在客舱内运输。

小动物及其容器的重量应按逾重行李费的标准单独收费。

法条解读：这是关于国内航空对小动物运输的规定，注意小动物运输的条件是：必须在订座或购票时提出，不可在乘坐时才提出；具备动物检疫证明；经承运人同意；指定时间办理托运手续。

第五十二条 旅客的托运行李全部或部分损坏、丢失，赔偿金额每公斤不超过人民币50元。如行李的价值每公斤低于50元时，按实际价值赔偿，已收逾重行李费退还。

旅客丢失行李的重量按实际托运行李的重量计算。无法确定重量时，每位旅客的丢失行李最多只能按该旅客享受的免费行李额赔偿。

旅客的丢失行李如已办理行李声明价值，应按声明的价值赔偿，声明价值附加费不退。行李的声明价值高于实际价值时，应按实际价值赔偿。

行李损坏时，按照行李降低的价值赔偿或付修理费用。

由于发生在上、下航空器期间或航空器上的事件造成旅客的自理行李和随身携带物品灭失，承运人负担的最高赔偿金额为每位旅客不超过人民币2 000元。

构成国际运输的国内航段，行李赔偿按适用的国际运输行李赔偿规定办理。

已赔偿的旅客丢失行李找到后，承运人应迅速通知旅客领取，旅客应将自己的行李领回，退回全部赔款。临时生活用品补偿费不退。发现旅客有明显的欺诈行为，承运人有权追回全部赔款。

法条解读：这是对一般托运行李全部或部分损坏、丢失以及对已经办理行李声明价值的行李损失、丢失的赔偿标准的规定，注意已赔偿的旅客丢失行李找到后的处理措施。

第五十八条 由于机务维护、航班调配、商务、机组等原因，造成航班在始发地延误或取消，承运人应当向旅客提供餐食或住宿等服务。

第五十九条 由于天气、突发事件、空中交通管制、安检以及旅客等非承运人原因，造成航班在始发地延误或取消，承运人应协助旅客安排餐食和住宿，费用可由旅客自理。

第六十条 航班在经停地延误或取消，无论何种原因，承运人均应负责向经停旅客提供膳宿服务。

第六十一条 航班延误或取消时，承运人应迅速及时将航班延误或取消等信息通知旅客,做好解释工作。

法条解读:这是对出现不正常国内航班时(主要是航班延误或取消)的处理措施。注意如果是承运人人为方面的,承运人必须向旅客提供餐食或住宿等服务,费用由承运人承担;如果是不可抗力因素方面的,承运人只要协助旅客安排餐食和住宿即可,费用由旅客自理;如果是在经停地延误或取消,无论何种原因,承运人都要负责旅客膳宿服务,费用由承运人承担。

娱乐场所管理条例

第二条 本条例所称娱乐场所,是指以营利为目的,并向公众开放、消费者自娱自乐的歌舞、游艺等场所。

法条解读:娱乐场所的法律特征:以营利为目的;面向公众开放;消费者自娱自乐的娱乐场所。该条例规定娱乐场所应当坚持为人民服务、为社会主义服务的方向,开展文明、健康的娱乐活动,大致包括两类,一是以人际交谊为主的歌厅、舞厅、卡拉OK场所等,二是指依靠游艺器械的经营场所,如电子游戏厅、游艺厅、台球厅等,但是网吧、酒吧或者洗浴中心等场所虽然也有专业演员的文艺演出活动,但这些演出是整个营业项目的组成部分,或者说是主营项目的配套服务,虽然也有营利目的,但不属于本条例规定的娱乐场所。

第四条 国家机关及其工作人员不得开办娱乐场所,不得参与或者变相参与娱乐场所的经营活动。

与文化主管部门、公安部门的工作人员有夫妻关系、直系血亲关系、三代以内旁系血亲关系以及近姻亲关系的亲属,不得开办娱乐场所,不得参与或者变相参与娱乐场所的经营活动。

法条解读:该条规定不得开办、不得参与或者变相参与娱乐场所的经营活动的人员范围,目的是禁止相关的公务人员或者亲属介入娱乐场所经营,防止国家机关及其工作人员的腐败,保证公务人员的廉洁性,这也是根据《公务员法》关于领导干部的一些规定而制定的,夫妻、三代以内直系、旁系血亲关系不得参与娱乐场所的经营,防止地方保护伞的形成。

第五条 有下列情形之一的人员,不得开办娱乐场所或者在娱乐场所内从业:

(一)曾犯有组织、强迫、引诱、容留、介绍卖淫罪,制作、贩卖、传播淫秽物品罪,走私、贩卖、运输、制造毒品罪,强奸罪,强制猥亵、侮辱妇女罪,赌博罪,洗钱罪,组织、领导、参加黑社会性质组织罪的;

(二)因犯罪曾被剥夺政治权利的;

(三)因吸食、注射毒品曾被强制戒毒的;

(四)因卖淫、嫖娼曾被处以行政拘留的。

法条解读:曾触犯刑事犯罪的几类人员不得开办娱乐场所或者在娱乐场所内从业;触犯刑事犯罪的,只要曾经被剥夺政治权利的,都不可开办娱乐场所或在娱乐场所从业;另外,吸毒人员曾经被强制戒毒或者因卖淫、嫖娼曾被行政拘留的人员,即使没有触犯刑事犯罪,也不能开办娱乐场所或者在娱乐场所内从业。

第六条 外国投资者可以与中国投资者依法设立中外合资经营、中外合作经营的娱乐场所，不得设立外商独资经营的娱乐场所。

法条解读：外资型的娱乐场所仅包括中外合资经营、中外合作经营的企业形态，不得以外商独资企业形态出现。

第七条 娱乐场所不得设在下列地点：

（一）居民楼、博物馆、图书馆和被核定为文物保护单位的建筑物内；

（二）居民住宅区和学校、医院、机关周围；

（三）车站、机场等人群密集的场所；

（四）建筑物地下一层以下；

（五）与危险化学品仓库毗连的区域。

娱乐场所的边界噪声，应当符合国家规定的环境噪声标准。

第八条 娱乐场所的使用面积，不得低于国务院文化主管部门规定的最低标准；设立含有电子游戏机的游艺娱乐场所，应当符合国务院文化主管部门关于总量和布局的要求。

法条解读：这是关于娱乐场所开设地点、边界噪音和使用面积的限制条件的规定。

第九条 设立娱乐场所，应当向所在地县级人民政府文化主管部门提出申请；设立中外合资经营、中外合作经营的娱乐场所，应当向所在地省、自治区、直辖市人民政府文化主管部门提出申请。

申请设立娱乐场所，应当提交投资人员、拟任的法定代表人和其他负责人没有本条例第五条规定情形的书面声明。申请人应当对书面声明内容的真实性负责。

受理申请的文化主管部门应当就书面声明向公安部门或者其他有关单位核查，公安部门或者其他有关单位应当予以配合；经核查属实的，文化主管部门应当依据本条例第七条、第八条的规定进行实地检查，作出决定。予以批准的，颁发娱乐经营许可证，并根据国务院文化主管部门的规定核定娱乐场所容纳的消费者数量；不予批准的，应当书面通知申请人并说明理由。

有关法律、行政法规规定需要办理消防、卫生、环境保护等审批手续的，从其规定。

第十条 文化主管部门审批娱乐场所应当举行听证。有关听证的程序，依照《中华人民共和国行政许可法》的规定执行。

第十一条 申请人取得娱乐经营许可证和有关消防、卫生、环境保护的批准文件后，方可到工商行政管理部门依法办理登记手续，领取营业执照。

娱乐场所取得营业执照后，应当在15日内向所在地县级公安部门备案。

法条解读：这是关于开设娱乐场所的程序规定，注意听证程序是审批娱乐场所的前置程序，另外，开办娱乐场所还必须取得相关的消防、卫生、环保等部门许可之后才可领取营业执照，同时，取得营业执照之后要向当地公安机关备案。

第十三条 国家倡导弘扬民族优秀文化，禁止娱乐场所内的娱乐活动含有下列内容：

（一）违反宪法确定的基本原则的；

（二）危害国家统一、主权或者领土完整的；

（三）危害国家安全，或者损害国家荣誉、利益的；

（四）煽动民族仇恨、民族歧视，伤害民族感情或者侵害民族风俗、习惯，破坏民族团结的；

（五）违反国家宗教政策，宣扬邪教、迷信的；

（六）宣扬淫秽、赌博、暴力以及与毒品有关的违法犯罪活动，或者教唆犯罪的；

（七）违背社会公德或者民族优秀文化传统的；

（八）侮辱、诽谤他人，侵害他人合法权益的；

（九）法律、行政法规禁止的其他内容。

法条解读：本条是关于娱乐场所经营内容的禁止性规定，目的是保证娱乐场所的文明健康的经营活动。

第十四条　娱乐场所及其从业人员不得实施下列行为，不得为进入娱乐场所的人员实施下列行为提供条件：

（一）贩卖、提供毒品，或者组织、强迫、教唆、引诱、欺骗、容留他人吸食、注射毒品；

（二）组织、强迫、引诱、容留、介绍他人卖淫、嫖娼；

（三）制作、贩卖、传播淫秽物品；

（四）提供或者从事以营利为目的的陪侍；

（五）赌博；

（六）从事邪教、迷信活动；

（七）其他违法犯罪行为。

娱乐场所的从业人员不得吸食、注射毒品，不得卖淫、嫖娼；娱乐场所及其从业人员不得为进入娱乐场所的人员实施上述行为提供条件。

法条解读：娱乐场所及其从业人员不得违背法律法规禁止的违法行为，也不得为违法行为的实施提供便利条件，否则要承担相关的法律责任。

第十五条　歌舞娱乐场所应当按照国务院公安部门的规定在营业场所的出入口、主要通道安装闭路电视监控设备，并应当保证闭路电视监控设备在营业期间正常运行，不得中断。

歌舞娱乐场所应当将闭路电视监控录像资料留存30日备查，不得删改或者挪作他用。

第十六条　歌舞娱乐场所的包厢、包间内不得设置隔断，并应当安装展现室内整体环境的透明门窗。包厢、包间的门不得有内锁装置。

第十七条　营业期间，歌舞娱乐场所内亮度不得低于国家规定的标准。

第十八条　娱乐场所使用的音像制品或者电子游戏应当是依法出版、生产或者进口的产品。

歌舞娱乐场所播放的曲目和屏幕画面以及游艺娱乐场所的电子游戏机内的游戏项目，不得含有本《条例》第十三条禁止的内容；歌舞娱乐场所使用的歌曲点播系统不得与境外的曲库联接。

法条解读：歌舞娱乐场所除了遵守一般法律要求外，还有特殊要求，主要包括：安装闭路电视监控设备要求；包厢、包间的要求；亮度的要求；音像制品或电子游戏的要求以及播放的曲目、屏幕画面和游戏项目的内容要求；等等。

第十九条　游艺娱乐场所不得设置具有赌博功能的电子游戏机机型、机种、电路板等游戏设施设备，不得以现金或者有价证券作为奖品，不得回购奖品。

第二十条　娱乐场所的法定代表人或者主要负责人应当对娱乐场所的消防安全和其他

安全负责。

娱乐场所应当确保其建筑、设施符合国家安全标准和消防技术规范，定期检查消防设施状况，并及时维护、更新。

娱乐场所应当制定安全工作方案和应急疏散预案。

第二十一条　营业期间，娱乐场所应当保证疏散通道和安全出口畅通，不得封堵、锁闭疏散通道和安全出口，不得在疏散通道和安全出口设置栅栏等影响疏散的障碍物。

娱乐场所应当在疏散通道和安全出口设置明显指示标志，不得遮挡、覆盖指示标志。

第二十二条　任何人不得非法携带枪支、弹药、管制器具或者携带爆炸性、易燃性、毒害性、放射性、腐蚀性等危险物品和传染病病原体进入娱乐场所。

迪斯科舞厅应当配备安全检查设备，对进入营业场所的人员进行安全检查。

第二十三条　歌舞娱乐场所不得接纳未成年人。除国家法定节假日外，游艺娱乐场所设置的电子游戏机不得向未成年人提供。

第二十四条　娱乐场所不得招用未成年人；招用外国人的，应当按照国家有关规定为其办理外国人就业许可证。

第二十五条　娱乐场所应当与从业人员签订文明服务责任书，并建立从业人员名簿；从业人员名簿应当包括从业人员的真实姓名、居民身份证复印件、外国人就业许可证复印件等内容。

娱乐场所应当建立营业日志，记载营业期间从业人员的工作职责、工作时间、工作地点；营业日志不得删改，并应当留存60日备查。

第二十六条　娱乐场所应当与保安服务企业签订保安服务合同，配备专业保安人员；不得聘用其他人员从事保安工作。

第二十七条　营业期间，娱乐场所的从业人员应当统一着工作服，佩戴工作标志并携带居民身份证或者外国人就业许可证。

从业人员应当遵守职业道德和卫生规范，诚实守信，礼貌待人，不得侵害消费者的人身和财产权利。

法条解读：第二十至二十七条是关于娱乐场所安全保障及要求的规定，主要包括：娱乐场所应当建立、健全各项安全制度，按照国家有关规定，配备专业的安保人员；娱乐场所的从业人员应当持有居民身份证，外国人及其境外人员在娱乐场所就业的，还要取得外国人就业许可证；不得招用或者接待未成年人；禁止携带危险物品和传染病病原体进入娱乐场所；等等。

第二十八条　每日凌晨2时至上午8时，娱乐场所不得营业。

法条解读：这是关于营业场所经营时间的规定，这意味着：营业场所的经营时间在上午8时至凌晨2时，此外，其他时间不得进行娱乐场所营业。娱乐场所是大众消费场所，不鼓励通宵达旦的娱乐。通宵达旦不但有害消费者的身心健康，而且会影响他们的工作、生活。

第二十九条　娱乐场所提供娱乐服务项目和出售商品，应当明码标价，并向消费者出示价目表；不得强迫、欺骗消费者接受服务、购买商品。

法条解读：娱乐场所提供娱乐服务项目和出售商品，有价格明示的义务。

第三十条　娱乐场所应当在营业场所的大厅、包厢、包间内的显著位置悬挂含有禁毒、禁赌、禁止卖淫嫖娼等内容的警示标志、未成年人禁入或者限入标志。标志应当注明公安部门、文化主管部门的举报电话。

法条解读：娱乐场所在显著位置有悬挂相关警示标志和禁入或限入标志的义务，在标志上有注明两部门举报电话的义务，这是强化社会对娱乐场所经营监督的职能。

第五十二条 因擅自从事娱乐场所经营活动被依法取缔的，其投资人员和负责人终身不得投资开办娱乐场所或者担任娱乐场所的法定代表人、负责人。

娱乐场所因违反本《条例》规定，被吊销或者撤销娱乐经营许可证的，自被吊销或者撤销之日起，其法定代表人、负责人5年内不得担任娱乐场所的法定代表人、负责人。

娱乐场所因违反本《条例》规定，2年内被处以3次警告或者罚款又有违反本条例的行为应受行政处罚的，由县级人民政府文化主管部门、县级公安部门依据法定职权责令停业整顿3个月至6个月；2年内被2次责令停业整顿又有违反本条例的行为应受行政处罚的，由原发证机关吊销娱乐经营许可证。

漂流旅游安全管理暂行办法

第二条 本《办法》所称的漂流旅游是指漂流经营企业组织旅游者在特定的水域，乘坐船只、木筏、竹排、橡皮艇等漂流工具进行的各种旅游活动。

第三条 漂流旅游属特种旅游活动，其安全管理工作以保障旅游者人身及财产安全为原则，实行"安全第一，预防为主"的方针。

法条解读：漂流旅游的性质是特种旅游，漂流旅游主要是漂流企业组织旅游者在船只、木筏、竹排和橡皮艇等进行的旅游活动，含有组织性、特色性和营利性的特征；注意漂流旅游安全管理工作以"保障旅游者人身及其财产的安全"为原则，实行"安全第一，预防为主"的方针。

第七条 地方旅游行政管理部门应及时了解漂流水域情况，一旦发生影响漂流旅游安全的如洪水、塌方、河道堵塞等情况，应立即通知企业停止漂流旅游活动，并及时协助有关部门做好旅客疏导和安全工作。

第八条 地方旅游行政管理部门应定期对漂流旅游的码头设施和接待设施以及漂流旅游企业的漂流工具进行检查。

第九条 地方旅游行政管理部门应审核检查漂流旅游企业的各项安全管理规章制度；对漂流旅游的从业人员进行安全教育和安全培训。

第十条 经营漂流旅游的企业应根据旅游安全管理的有关规定及有关部门的规章制度建立健全安全管理规章制度。

第十一条 经营漂流旅游的企业应设置专门的安全管理机构或确定专人负责安全管理工作。

第十二条 经营漂流旅游的企业应对从业人员特别是漂流工具操作人员进行旅游服务和旅游安全培训。

第十三条 经营漂流旅游的企业应保证所提供的漂流旅游服务符合保障旅游者在漂流旅游活动中的人身及财产安全的要求；在码头、漂流工具上应放置足够的救生设备；组织旅游者乘坐漂流工具时,应要求旅游者穿救生衣或使用其他救生装备。

第十四条 经营漂流旅游的企业应保证漂流工具安全可靠,严格遵守核定的载客量,严禁违章操作。

第十五条 经营漂流旅游的企业应明确告示患有精神病、心脏病、高血压、痴呆病等病症的患者以及孕妇、老人、小孩和残疾人等不宜参加漂流旅游。

法条解读:注意第十五条的规定,对于特殊的群体,主要是生理上有较严重疾病的旅游者以及孕妇、老人、小孩和残疾人等不适宜参加漂流旅游的旅游者,经营漂流旅游的企业要尽到告知的义务,以保证漂流旅游的真正安全。

第十六条 开展漂流旅游应在有关部门考察核定的、符合安全标准的水域内进行,经营漂流旅游的企业应配合有关部门,保持漂流水域的畅通及航道标志明显。

法条解读:这是对经营漂流旅游企业的职责的规定,主要包括:(1) 应对从业人员特别是漂流工具操作人员进行旅游服务和旅游安全培训;(2) 在码头、漂流工具上应放置足够的救生设备,组织旅游者乘坐漂流工具时,应当要求旅游者穿救生衣或使用其他救生装备;(3) 应保证漂流工具安全可靠,严格遵守核定的载客量,严禁违章操作;(4) 应明确告示患有神经病、心脏病、高血压、痴呆病等病症的,以及孕妇、老人、小孩和残疾人不宜参加漂流旅游;(5) 配合有关部门,保证漂流水域的畅通及航标的明显。

第十七条 漂流工具的操作人员必须经当地水运管理部门考试合格后方可上岗。上岗前必须由旅游管理部门或经营企业进行旅游服务和旅游安全培训。

第十八条 漂流工具的操作人员须向旅游者宣讲漂流旅游安全知识,介绍漂流工具上的安全设施及使用方法,说明漂流旅游中的安全注意事项和发生意外事故后的应急办法。

第十九条 由旅游者自行操作漂流工具进行漂流的,经营企业的工作人员应事先将有关注意事项详细告知旅游者,并在易发生事故的危险地段安排专人负责安全监护。

法条解读:这是关于漂流工具操作人员职责的规定,主要包括:(1) 必须向旅游者宣讲漂流旅游的安全知识,介绍漂流工具上的安全设施及使用方法,说明漂流旅游中的安全注意事项和发生意外事故后的应急方法;(2) 由旅游者自行操作漂流工具进行漂流的,企业的工作人员应事先将有关注意事项详细告知旅游者,并在易发生事故的危险地段安排专人负责安全监护。

第二十条 投入经营使用的漂流工具必须具备下列条件:

(一) 经有关部门检验,持有载明乘客定额、载重量、适航内容的合格证书;

(二) 按有关规定选配操作人员;

(三) 救生设备齐全。

第二十一条 已领取旅游部门发放认可证的经营企业,其漂流工具的买卖、转让、租赁、抵押、报废等须到当地旅游行政管理部门备案。

法条解读:这是关于经营使用的漂流工具具备的条件和涉及其产权转移等事项备案制度的规定。

第二十二条 凡在漂流过程中发生旅游者伤亡事故或危及旅游者安全的其他事故,均为漂流旅游安全事故。

第二十三条 经营漂流旅游的企业应根据有关规定和当地具体情况制定意外事故处理

预案。

第二十四条 一旦发生安全事故，经营漂流旅游的企业应立即采取措施，组织救助，并向当地旅游行政管理部门及其他有关部门报告。

第二十五条 地方旅游行政管理部门在接到事故报告后，应立即将情况向上级旅游行政管理部门报告，并积极配合公安、交通、卫生等部门组织事故调查、伤员的救治和其他善后工作。

第二十六条 事故处理结束后，当地旅游行政管理部门责成漂流旅游的经营者整理出事故处理报告，内容包括：事故发生的时间、地点、事故原因、伤亡情况及财产损失、经验教训、处理结果等。当地旅游行政管理部门在将事故处理报告核定后，报上级旅游行政管理部门备案。

法条解读：这是关于漂流旅游安全事故及其处理程序的规定，注意第二十二条漂流旅游安全事故的界定，主要是旅游者伤亡事故，但也包括危及旅游者安全的其他事故，自然包括旅游者财产损失事故；漂流旅游安全事故处理机制主要包括：意外事故处理预案；事故的报告；事故的救助与配合和事故处理结束后的事故处理报告。

案例一

◆ 案情回放

高中生王某随其父亲参加某旅行社组织的普陀山等地5日游，其中旅行社承诺为每位游客投保30万元的旅游意外保险，并向每位游客收取了相应的保险费。在旅游活动进行到第三天下午，即8月5日下午，应一些旅游者要求，随团导游人员同意游完普济寺和小西天两景点后，留出一些时间，让旅游者去海滨浴场游泳。王某等7名旅游者从普陀山小西天下山后，在地接社导游人员的带领下，直接到了百步沙海滨浴场。由于初次下海，几个人就在海滩边的浅水处游玩，一阵海浪袭来，惊慌过后，人们才发觉少了王某。有关部门随即组织寻找，但没有结果。直到9日下午，才在普陀山朝阳阁附近的礁石间发现了溺水身亡的王某。普陀山海滨浴场依照门票上约定的人身意外伤害保险及相关责任，向王某家人支付了5万元保险金及3万元赔偿金。王某家人对此表示满意，不再向浴场提其他要求。

王某家人在有关部门的主持下与旅行社就善后事宜进行了几次协商，要求依照旅游合同中的旅游意外保险的规定，赔偿保险金。对于王某家人的索赔要求，旅行社称：由于发团时间比较急，没来得及投保，但依据保险规定，被保险人的年龄应在16周岁至65周岁之间，而王某不在此列；另外，普陀山海滨浴场不是旅行社安排的旅游项目，王某罹难属擅自活动而发生的意外，即使旅行社事先投保，保险公司也不会理赔。旅行社表示，出于道义上的原因，愿意向王某家人给付数千元的补偿。王某家人以旅行社未给王某上旅游意外保险为由，要求旅行社支付相应的旅游意外保险金。

◆ 案情分析

本案例中王某的行为不属于自行活动。因为王某等到海滨浴场游泳，是经过地接社导游人员的同意并在导游人员的带领下进行的，因此，不能认定系终止约定的自行旅游行为，而应视为双方约定增加的自费游览项目。凡旅行社认可的游览活动都应纳入旅游行程中，在此期间发生的人身伤亡事故,旅游者或者其亲属有权依法获得相应的保险金赔偿;旅行社"依据保险规定,被保险人的年龄应在16周岁至65周岁之间,而王某不在此列"的辩解不成立,因此王某作为旅游者主体参加旅游活动,与旅行社签订的旅游合同包括保险合同有效,且交纳了旅游意外保险费,发生旅游意外事故,应该得到旅游意外保险的赔偿。依据相关规定,参加旅游活动的所有人都是被保险人,旅行社以年龄划界,剥夺王某应享有被保险人的权利,没有法律依据;王某应该得到30万元的保险赔偿,由旅行社负赔偿责任。因为旅行社收取了旅游意外保险费,而以"发团时间比较急,没来得及投保"为由,没有履行合同约定,属于违约行为,应当承担违约责任。王某由于得不到保险公司的理赔,故由旅行社向王某赔付30万元旅游保险金。

案例二

◆ 案情回放

刘小姐参加了某旅行社组织的新马5日游,到达马来西亚的第二日早上,在酒店用餐时,刘小姐发现随身携带的一个背包不见了。她马上报告了导游和领队,并称背包内装有护照、往返机票、现金、照相机等财物,价值4万余元。刘小姐滞留马来西亚5天后,在旅行社的协助下办理了有关证件返回。

刘小姐返回后投诉称,依照有关规定,旅行社应当保证所提供的服务符合保障旅游者人身、财物安全的要求,她是在旅行社提供的餐厅用餐时遗失背包的,说明旅行社提供的服务不符合保障旅游者财物安全的要求,因此要求该旅行社退还旅游费用,赔偿其丢失的财物4万元。旅行社称在旅游过程中,导游和领队多次提醒旅游者注意人身和财物安全。刘小姐的财物系个人保管,并没有交予旅行社保管。因此,旅行社不应对旅游者随身携带物品的丢失承担责任。此外,刘小姐行李丢失后,旅行社及时积极协助其报案,登报声明,补办临时护照,安排食宿并垫款购买了返回的机票,因此,旅行社已尽了责任。

◆ 案情分析

《合同法》第三百六十五条规定:"保管合同是保管人保管寄存人交付的保管物,并返还该物的合同。"如果旅行社承诺保管旅游者的财物,发生了损失,旅行社应当按照《合同法》第三百七十四条规定"保管其间,因保管人保管不善造成保管物毁损、丢失的,保管人应当承担损害赔偿责任"办理。但是本案的情形是旅游者刘小姐自行保管个人财物,与旅行社没有发生保管合同关系,财物遗失的原因是刘小姐对自己的财物看管不善,故要求旅行社承担赔偿责任于法无据,于理不能;本案中,刘小姐的财物损失不属于旅行社责任险赔偿范畴。刘小姐如果购买了旅游意外保险,则丢失财物的情形符合旅游意外保险的赔偿范围,所受到的损失应当由保险公司赔偿,旅行社应当尽协助的义务;《中国民用航空旅客、行李国内运输规则》第五十条规定:"行李运输发生延误、丢失或损坏,该航班经停地或目的地的承运人或其代理人应会同旅客填写《行李运输事故记录》,尽快查明情况和原因并将调查结果答复旅客和有关单位。如发生行李赔偿,在经停地或目的地办理。因承运人原因使旅行社的托运行李未能与旅客同机到达,造成旅客旅途生活的不便,在经停地或目的地应给予旅客适当的临时生活用品补偿费。"第五十一条规定:"旅客的托运行李全部或部分损坏、丢失,赔偿金额每公斤不超过人民币 50 元。旅客的丢失行李如已办理行李声明价值，应按声明的价值赔偿。”

案例三

◆ 案情回放

2011 年 5 月 1 日，高原旅行社组织旅游者前往昆明旅游。一天，导游带领大家去本地一家旅游定点饭店用午餐，用餐结束后继续游览，当游览活动进行到一半时，有人出现不良反应，几十分钟后，恶心、呕吐的人越来越多，导游立即让司机开车将旅游团成员送到医院，对出现不良反应的旅游者进行紧急治疗。经医院抢救后，有症状的旅游者全部脱离危险。经查，导致这次事故的主要原因是午餐食物中毒引起。饭店经理得到消息后，及时赶到医院探望旅游者，并垫付了部分医疗费。旅游团向旅游行政管理部门提出，由于中毒事件导致没有完成全部行程，组团的旅行社应当退还部分旅游费并赔偿损失。

◆ 案情分析

本案是一起因饭店食品造成食物中毒引起旅游者人身损害的案例。本案中造成食物中毒的医疗费用应由饭店承担，如果旅行社先行负担，则可以向饭店追偿，旅行社还应退还部分旅游费用。事件发生后，造成食物中毒的饭店做出赔偿行为，旅行社也退还了部分旅游费。在旅游过程中，旅游者享有保持其身心健康的权利，旅行社及其他接待单位应该避免发生可能危害旅游者身心健康的事情。旅游者在用餐、购物、游览、住宿等过程中，都有可能受到身体的危害，这些危害一方面来源于旅游者自身，如旅游者违反交通法规，或不听从导游劝告进入警示区；另一方面则是旅行社及其他接待单位的行为所致，如食物中毒。经营餐饮活动的饭店有提供符合国家卫生规定的卫生条件和卫生服务的义务，尤其是一些旅游定点饭店，由于涉及接待各地的旅游者，因此在卫生方面的要求应该更严格一些。相反，饭店如果造成旅游者身体损害的行为，则要承担赔偿责任。根据《中华人民共和国食品安全法》第九十六条规定：“违反本法规定，造成人身、财产或者其他损害的，依法承担赔偿责任。所以，饭店的赔偿是符合法律规定的。此外，《食品安全法》还规定，发生食物中毒的单位和接收病人进行治疗的单位，除采取抢救措施外，应当根据国家有关规定，及时向所在地卫生行政部门报告。因此，该饭店和救治医院还应当向行政部门报告，这是他们的义务。发生食物中毒后，卫生行政部门可以对造成该事件的饭店给予其责令停止生产经营、没收违法所得、罚款，直至吊销卫生许可证的行政处罚。

案例四

◆ 案情回放

2005 年 7 月，仇先生参加了某旅行社组织的旅游团，前往九寨沟旅游。在乘坐火车的途中，不知何故，火车的车窗突然被震碎，将靠窗而坐的仇先生扎伤。事后，仇先生向旅行社索赔，但旅行社声称：因为该旅客已经上了旅游保险，仇先生应向保险公司索赔。但保险公司却认为，游客在火车上发生意外，应由承运部门负责赔付。

◆ **案情分析**

根据《铁路法》和《铁路旅客运输损害赔偿规定》，旅客是指有乘车凭证的人员以及按照国务院铁路主管部门有关规定免费乘车的儿童，持有效乘车证乘车的人员包括持有有效免票、优待票的旅客，另外，经铁路运输企业同意，根据铁路货物运输合同，随车护送货物的人也视为旅客，显然仇某属于旅客的范畴。其次铁路旅客运送责任期间是指自旅客持有效车票进站时起至旅客出站或应当出站时止，仇先生是在火车上发生意外的，属于铁路旅客运送责任期间发生的事故；根据《铁路法》和《铁路旅客运输损害赔偿规定》，铁路运输企业应当承担赔偿责任，另外，因为乘坐火车也是旅游的一部分，保险公司也应当赔付，在实际赔偿时，铁路运输企业和保险公司应该根据伤者伤害程度按照比例给予赔偿，而不能互相推诿。

案例五

◆ **案情回放**

2008年8月，李某和朋友来到某公园游玩，对该景点刚推出的滑道车产生兴趣，于是购票乘车。在一个快速滑行的斜坡处，他被身后另一旅游者所乘坐的滑道车追上并发生了碰撞，一时失去了知觉。经医院诊断，李某得了脑震荡，建议其休息几个月，随后，李某将滑道车的经营者告上了法庭，要求赔偿治疗费、营养费、误工费、精神损失费等共计10万元。经营者甲公司则以其内部规定"发生碰撞事故，由后车负责"来拒绝。

◆ **案情分析**

甲公司侵犯了李某的安全保障权。根据《消费者权益保护法》，消费者在购买、使用商品或接受服务时，享有人身、财产安全不受侵犯的权利。为保障消费者安全权的实现，消费者有权要求经营者提供的商品和服务，符合保障人身、财产安全的要求。经营者应对有可能出现的危险进行预见，并采取相应措施来防止出现危险。本案例中，甲公司未能做到这一点，侵犯了李某的安全保障权。根据《消费者权益保护法》的规定，经营者不得以格式合同、通知、声明、店堂告示等方式做出对消费者不公平、不合理的规定，或者减轻、免除其损害消费者合法权益应当承担的民事责任。格式合同、通知、声明、店堂告示等含有前款所列内容的，其内容无效。本案例中甲公司的内部规定属于无效，不能以此来免除自己的责任。

案例六

◆ **案情回放**

2003年8月，李哲和妻子、女儿参加上海某旅行社组织的"千岛湖三日游"旅游团。地接社浙江某旅行社在26日下午安排了参加沿江漂流公司的竹筏漂流。李哲一家人坐在竹筏的后排，女儿坐在中间。游客们谁也不知道，筏工是临时性未经培训的民工，游客上船时，也没有人安排他们穿救生衣。竹筏离岸不久，风大水急，竹筏直打转，筏工慌了手脚，游客们这时惊慌失措。更让游客们没想到的是这时筏工使用的撑杆也失效了，他无法让竹筏正常地漂下去。荒乱中，李哲的女儿落入了水中，但筏工并没有采取任何抢救措施，跳入水中抢救的只有李哲。十分钟左右，在岸上的筏工听到呼救声后游过去帮着将李哲的女儿救起，但李哲因体力不支沉入了江底,再也没有活着出现。巨大的悲痛笼罩着李家,在他们要求组团的上海某旅行社承担赔偿责任遭到拒绝后,遂将上海某旅行社和浙江某旅行社起诉至法院,要求它们共同承担赔偿责任。

问:

(1) 本案中,谁应承担事故责任?

(2) 从本案中你能受到什么样的启迪?

◆ **案情分析**

(1) 根据《漂流旅游安全管理暂行办法》第九条规定:经营漂流旅游的企业应对漂流旅游的从业人员进行安全教育和安全培训。同时,第十二条也规定:经营漂流旅游的企业应对从业人员特别是漂流工具操作人员进行旅游服务和旅游安全培训。本案中漂流作为一项特种旅游项目,漂流公司不仅没有安排漂流的游客穿救生衣,还使用了未经培训的民工无证撑筏。当竹筏打转时,筏工无法排除障碍,致使李某的女儿落水,李哲自己跳水救人后,筏工也没有采取任何营救措施,李哲因体力不支而死。对此,沿江漂流公司存在主要过错,上海旅行社和浙江某旅行社虽无过错,但作为共同经营旅游项目的单位对此应承担连带责任。另外,李哲夫妇疏于对女儿的看护,也是事故发生的原因之一,应承担次要责任。

(2) 从这个案例中我们可以看出旅游安全的重要性,"没有安全,便没有旅游","安全是旅游的生命线"。作为旅游经营者首先要把游客的生命安全放在首位,否则就不能开展旅游活动,更谈不上科学发展。我国历来十分重视旅游安全工作,国家旅游局、公安部多次发出通知,要求各地采取有力措施,在旅游安全管理工作中实行"安全第一,预防为主"的方针,各旅游企业应当认真贯彻这一方针,以保障旅游者的安全。

案例七

◆ **案情回放**

2007 年 8 月 6 日,张某(71 岁)与家人、朋友一起到被告武夷山某漂流公司购买了漂流门票,到达漂流码头时,漂流公司单位工作人员出示了《责任承担书"三合一"表格》,该表格载明了乘艇人数、禁止漂流的人群(包括禁止年满 65 周岁的老人乘艇)及免责条款(凡隐瞒实情者上艇漂流如出现任何意外,漂流公司概不负责)。张某之女在该表格上签名后,张某等 6 位游客同坐一张橡皮艇开始漂流,橡皮艇由漂流公司护漂员操作。当橡皮艇划出约 300 米远时,因水流较急,艇上部分乘客为避水而移动,导致游艇严重失衡倾翻。护漂员当即将包括张某在内的乘艇游客救起,并送张某至武夷山市立医院治疗,后转院邵武市立医院治疗。经福建武夷司法鉴定所鉴定,张某的伤情为 9 级伤残。由于张某与漂流公司就赔偿事宜未能达成一致意见,张某诉至法院。

◆ **案情分析**

作为一个旅游企业,在从事旅游服务经营活动时,首先考虑的应是保障游客的人身和财产安全,其次才是如何让游客尽兴。而作为一名游客,则应当服从旅游企业管理人员的指挥、安排,不隐瞒自身在生理、身体上的缺陷。对于漂流这一惊险、刺激的旅游项目,国家旅游局专门下发了《漂流旅游安全管理暂行办法》,明确规定:"经营漂流旅游的企业应明确告示患有精神病、心脏病、高血压、痴呆病等病症的患者以及孕妇、老人、小孩和残疾人等不宜参加漂流旅游。”虽然，被告已“明确告示”：禁止年满65周岁的老人乘艇，但不能因此而免除其作为旅游企业应尽的安全保障职责。首先，被告作为具有一定危险性的漂流项目提供者，应当承担比普通观光旅游更高的注意义务，必须在安全上加强管理，避免损害游客人身和财产的事件发生。不能仅仅通过一纸文书告知游客相关安全内容，而应注意观察准备上艇的游客，如果游客中有可能属孕妇、老人、小孩、残疾人等不宜上艇的人群，就应进一步确认其身份，并做好解释说明和劝阻工作。其次，根据《消费者权益保护法》第二十四条的规定，被告以格式合同的方式，作出“凡隐瞒实情者上艇漂流如出现任何意外，漂流公司概不负责”的免责条款，当属无效，故被告以原告隐瞒真实年龄提出的抗辩不能成立。再次，原告年龄是否超过65周岁与本案翻艇事故并无因果关系，无论是溪水湍急，还是艇上乘客惊慌失措，被告工作人员都应当谨慎操作，对艇上乘客予以安全提示并适当引导，尽全力保障安全艇上乘客的安全。

然而，本案原告张某也并非完全没有责任。被告在原告一行上艇前，已通过《责任承担书“三合一”表格》的形式告知了“65周岁以上老人”不得上艇等事实，但原告故意隐瞒自己年届71周岁的事实，违背了诚实信用原则，致使被告没能阻止其上艇，也未能采取更加有力的防护措施。

综上所述，老年游客隐瞒真实年龄漂流受伤，漂流公司不能就此免责，而应由漂流公司承担主要责任，游客承担次要责任。

四

导游管理法律制度

导游人员管理条例

第二条　本条例所称导游人员，是指依照本条例的规定取得导游证，接受旅行社委派，为旅游者提供向导、讲解及相关旅游服务的人员。

法条解读：这是关于导游人员概念的定义，其含义是：要取得导游证的人员，是接受旅行社委派，为旅游者提供向导、讲解及相关服务的人员。

国家实行全国统一的导游人员资格考试制度。

具有高级中学、中等专业学校或者以上学历，身体健康，具有适应导游需要的基本知识和语言表达能力的中华人民共和国公民，可以参加导游人员资格考试；经考试合格的，由国务院旅游行政部门或者国务院旅游行政部门委托省、自治区、直辖市人民政府旅游行政部门颁发导游人员资格证书。

法条解读：导游人员资格考试制度的施行，可以提高导游人员队伍的素质，为旅游者提供良好的导游服务，提高旅游业的产业形象。参加导游资格考试必须具备四个条件：中华人民共和国的公民；具有高级中学、中等专业学校或者以上学历；必须身体健康；必须具有适应导游需要的基本知识和语言表达能力。

第四条　在中华人民共和国境内从事导游活动，必须取得导游证。

取得导游人员资格证书的，经与旅行社订立劳动合同或者在导游服务公司登记，方可持所订立的劳动合同或者登记证明材料，向省、自治区、直辖市人民政府旅游行政部门申请领取导游证。

具有特定语种语言能力的人员，虽未取得导游人员资格证书，旅行社需要聘请临时从事导游活动的，由旅行社向省、自治区、直辖市人民政府旅游行政部门申请领取临时导游证。

导游证和临时导游证的样式规格，由国务院旅游行政部门规定。

法条解读：申请导游证的必备条件：取得导游资格证书；与旅行社订立劳动合同或者在导游服务公司登记；品行好者。注意临时导游证取得的条件：具有某种特定语种语言能力；旅行社需要聘请其临时从事导游活动。

第五条　有下列情形之一的，不得颁发导游证：

（一）无民事行为能力或者限制民事行为能力的；

（二）患有传染性疾病的；

（三）受过刑事处罚的，过失犯罪的除外；

（四）被吊销导游证的。

法条解读：所谓无民事行为能力，是指不满十周岁的未成年人或者不能辨认自己行为的精神病人；所谓限制行为能力，具体指十周岁以上不满十六周岁的未成年人或者不能完全辨认自己行为的精神病人；患有传染疾病的，是指有肺结核、麻风病、天花、伤寒、病毒性肝炎等疾病的人；受过刑事处罚，过失犯罪的除外，是指触犯了国家刑律中的故意犯罪依法应受到刑罚制裁的人，故意犯罪，除了犯罪既遂形态外，还包括犯罪未遂、犯罪中止和犯罪预备的犯罪形态。

第六条 省、自治区、直辖市人民政府旅游行政部门应当自收到申请领取导游证之日起15日内，颁发导游证；发现有本条例第五条规定情形，不予颁发导游证的，应当书面通知申请人。

法条解读：注意颁发导游证的部门是省级的旅游行政部门，时间是15日。

第七条 导游人员应当不断提高自身业务素质和职业技能。

国家对导游人员实行等级考核制度。导游人员等级考核标准和考核办法，由国务院旅游行政部门制定。

第八条 导游人员进行导游活动时，应当佩戴导游证。

导游证的有效期限为3年。导游证持有人需要在有效期满后继续从事导游活动的，应当在有效期限届满3个月前，向省、自治区、直辖市人民政府旅游行政部门申请办理换发导游证手续。

临时导游证的有效期限最长不超过3个月，并不得展期。

法条解读：注意导游证的有效期限是3年，导游证到期后可以续展，临时导游证有限期限最长只有3个月，到期后不可以续展。

第十条 导游人员进行导游活动时，其人格尊严应当受到尊重，其人身安全不受侵犯。

导游人员有权拒绝旅游者提出的侮辱其人格尊严或者违反其职业道德的不合理要求。

法条解读：导游人员享有人格尊严不受侵犯的权利，享有对旅游者提出侮辱人格尊严或违背职业道德的不合理要求的拒绝权。

第十一条 导游人员进行导游活动时，应当自觉维护国家利益和民族尊严，不得有损害国家利益和民族尊严的言行。

第十二条 导游人员进行导游活动时，应当遵守职业道德，着装整洁，礼貌待人，尊重旅游者的宗教信仰、民族风俗和生活习惯。

导游人员进行导游活动时，应当向旅游者讲解旅游地点的人文和自然情况，介绍风土人情和习俗；但是，不得迎合个别旅游者的低级趣味，在讲解、介绍中掺杂庸俗下流的内容。

第十三条 导游人员应当严格按照旅行社确定的接待计划，安排旅游者的旅行、游览活动，不得擅自增加、减少旅游项目或者中止导游活动。

导游人员在引导旅游者旅行、游览过程中，遇有可能危及旅游者人身安全的紧急情形时，经征得多数旅游者的同意，可以调整或者变更接待计划，但是应当立即报告旅行社。

法条解读：这是关于导游人员在旅游活动中调整或变更接待计划权的规定，但是导游行使该项权利要符合下列条件：必须在引导旅游者旅行、游览过程中；必须是遇到可能危及旅游者人身安全的紧急情形时；征得多数旅游者的同意；必须立即报告旅行社。

第十四条 导游人员在引导旅游者旅行、游览过程中，应当就可能发生危及旅游者人身、财物安全的情况，向旅游者作出真实说明和明确警示，并按照旅行社的要求采取防止危害发生的措施。

第十五条 导游人员进行导游活动，不得向旅游者兜售物品或者购买旅游者的物品，不得以明示或者暗示的方式向旅游者索要小费。

第十六条 导游人员进行导游活动，不得欺骗、胁迫旅游者消费或者与经营者串通欺骗、胁迫旅游者消费。

法条解读：导游人员的义务是：提高自身业务素质和职业技能；应当佩戴导游证；必须经过旅行社委托；自觉维护国家利益和民族尊严；着装整洁，礼貌待人，尊重旅游者的宗教信仰、民族风俗和生活习惯；严格按照旅行社确定的接待计划安排旅游活动；对可能发生危及旅游者人身、财物安全的情况作出真实说明和明确警示义务；不得向游客兜售物品或者索取小费等。

第十八条 无导游证进行导游活动的，由旅游行政部门责令改正并予以公告，处1 000元以上3万元以下的罚款；有违法所得的，并处没收违法所得。

第十九条 导游人员未经旅行社委派，私自承揽或者以其他任何方式直接承揽导游业务，进行导游活动的，由旅游行政部门责令改正，处1 000元以上3万元以下的罚款；有违法所得的，并处没收违法所得；情节严重的，由省、自治区、直辖市人民政府旅游行政部门吊销导游证并予以公告。

第二十条 导游人员进行导游活动时，有损害国家利益和民族尊严的言行的，由旅游行政部门责令改正；情节严重的，由省、自治区、直辖市人民政府旅游行政部门吊销导游证并予以公告；对该导游人员所在的旅行社给予警告直至责令停业整顿。

第二十一条 导游人员进行导游活动时未佩戴导游证的，由旅游行政部门责令改正；拒不改正的，处500元以下的罚款。

第二十二条 导游人员有下列情形之一的，由旅游行政部门责令改正，暂扣导游证3至6个月；情节严重的，由省、自治区、直辖市人民政府旅游行政部门吊销导游证并予以公告：

（一）擅自增加或者减少旅游项目的；

（二）擅自变更接待计划的；

（三）擅自中止导游活动的。

第二十三条 导游人员进行导游活动，向旅游者兜售物品或者购买旅游者的物品的，或者以明示或者暗示的方式向旅游者索要小费的，由旅游行政部门责令改正，处1 000元以上3万元以下的罚款；有违法所得的，并处没收违法所得；情节严重的，由省、自治区、直辖市人民政府旅游行政部门吊销导游证并予以公告；对委派该导游人员的旅行社给予警告直至责令停业整顿。

第二十四条 导游人员进行导游活动，欺骗、胁迫旅游者消费或者与经营者串通欺骗、胁迫旅游者消费的，由旅游行政部门责令改正，处1 000元以上3万元以下的罚款；有违法所得的，并处没收违法所得；情节严重的，由省、自治区、直辖市人民政府旅游行政部门吊销导游证并予以公告；对委派该导游人员的旅行社给予警告直至责令停业整顿；构成犯罪的，依法追究刑事责任。

法条解读:从第十八条到第二十四条是关于导游人员未尽到职业职责所要承担的法律责任,包括:未佩戴导游证的,擅自兜售物品或索取小费的,或者欺诈、胁迫旅游者等违法行为等,要注意各违法行为所要受到行政处罚的罚款幅度。

导游人员管理实施办法

第二条　旅游行政管理部门对导游人员实行分级管理。

第三条　旅游行政管理部门对导游人员实行资格考试制度和等级考核制度。

第四条　旅游行政管理部门对导游人员实行计分管理制度和制度审核制度。

第五条　国家实行统一的导游人员资格考试制度。经考试合格者,方可取得导游资格证。

第七条　坚持考试和培训分开、培训自愿的原则,不得强迫考生参加培训。

法条解读:导游培训原则是考试与培训分开、自愿的原则。

第八条　经考试合格的,由组织考试的旅游行政管理部门在考试结束之日起30个工作日内颁发《导游人员资格证》。

获得资格证3年未从业的,资格证自动失效。

法条解读:注意颁发导游资格证书的行政许可期限,同时注意导游资格证书自动失效的时间。

第九条　获得导游人员资格证、并在一家旅行社或导游管理服务机构注册的,持劳动合同或导游管理服务机构登记证明材料向所在地旅游行政管理部门申请办理导游证。

第十条　取得《导游人员资格证》的人员申请办理导游证,须参加颁发导游证的旅游行政管理部门举办的岗前培训考核。

法条解读:导游人员的岗前培训考核是强制的而非自愿的原则。

第十二条　国家对导游人员实行计分管理。

国务院旅游行政管理部门负责制定全国导游人员计分管理政策并组织实施、监督检查。

省级旅游行政管理部门负责本行政区域内导游人员计分管理的组织实施和监督检查。

所在地旅游行政管理部门在本行政区域内负责导游人员计分管理的具体执行。

第十三条　导游人员计分办法实行年度10分制。

第十四条　导游人员在导游活动中有下列情形之一的,扣除10分:

(一)有损害国家利益和民族尊严的言行的;

(二)诱导或安排旅游者参加黄、赌、毒活动项目的;

(三)有殴打或谩骂旅游者行为的;

(四)欺骗、胁迫旅游者消费的;

(五)未通过年审继续从事导游业务的;

(六)因自身原因造成旅游团重大危害和损失的。

第十五条　导游人员在导游活动中有下列情形之一的,扣除8分:

（一）拒绝、逃避检查，或者欺骗检查人员的；
（二）擅自增加或者减少旅游项目的；
（三）擅自终止导游活动的；
（四）讲解中掺杂庸俗、下流、迷信内容的；
（五）未经旅行社委派私自承揽或者以其他任何方式直接承揽导游业务的。

第十六条 导游人员在导游活动中有下列情形之一的，扣除6分：
（一）向旅游者兜售物品或购买旅游者物品的；
（二）以明示或者暗示的方式向旅游者索要小费的；
（三）因自身原因漏接漏送或误接误送旅游团的；
（四）讲解质量差或不讲解的；
（五）私自转借导游证供他人使用的；
（六）发生重大安全事故不积极配合有关部门救助的。

第十七条 导游人员在导游活动中有下列情形之一的，扣除4分：
（一）私自带人随团游览的；
（二）无故不随团活动的；
（三）在导游活动中未佩戴导游证或未携带计分卡；
（四）不尊重旅游者宗教信仰和民族风俗。

第十八条 导游人员在导游活动中有下列情形之一的，扣除2分：
（一）未按规定时间到岗的；
（二）10人以上团队未打接待社社旗的；
（三）未携带正规接待计划；
（四）接站未出示旅行社标识的；
（五）仪表、着装不整洁的；
（六）讲解中吸烟、吃东西的。

第十九条 导游人员10分分值被扣完后，由最后扣分的旅游行政执法单位暂时保留其导游证，并出具保留导游证证明，并于10日内通报导游人员所在地旅游行政管理部门和登记注册单位。正在带团过程中的导游人员，可持旅游执法单位出具的保留证明完成团队剩余行程。

第二十条 对导游人员的违法、违规行为除扣减其相应分值外，依法应予处罚的，依据有关法律给予处罚。

导游人员通过年审后，年审单位应核消其遗留分值，重新输入初始分值。

法条解读：第十三条到第二十条是关于导游人员计分管理制度的规定，计分管理制度的施行有助于规范导游人员的执业行为，提高导游人员的业务素质。注意关于导游人员10分分值都被扣完后的处理措施。

第二十二条 国家对导游人员实行年度审核制度。导游人员必须参加年审。

国务院旅游行政管理部门负责制定全国导游人员年审工作政策，组织实施并监督检查。

省级旅游行政管理部门负责组织、指导本行政区域内导游人员年审工作并监督检查。

所在地旅游行政管理部门具体负责组织实施对导游人员的年审工作。

第二十三条 年审以考评为主,考评的内容应包括:当年从事导游业务情况、扣分情况、接受行政处罚情况、游客反映情况等。考评等级为通过年审、暂缓通过年审和不予通过年审三种。

第二十四条 一次扣分达到10分,不予通过年审。

累计扣分达到10分的,暂缓通过年审。

一次被扣8分的,全行业通报。

一次被扣6分的,警告批评。

暂缓通过年审的,通过培训和整改后,方可重新上岗。

第二十五条 导游人员必须参加所在地旅游行政管理部门举办的年审培训。培训时间应根据导游业务需要灵活安排。每年累计培训时间不得少于56小时。

法条解读:第二十二条到第二十五条是关于导游人员年审管理制度的规定,注意考评等级分为通过年审、暂缓通过年审和不予通过年审三种。注意导游人员参加年审培训时间不得少于56小时。

第二十七条 国家对导游人员实行等级考核制度。导游人员分为初级、中级、高级、特级四个等级。

第二十八条 初级导游和中级导游考核由省级旅游行政管理部门或其委托的地方级旅游行政管理部门组织评定;高级导游和特级导游由国务院旅游行政管理部门组织评定。

法条解读:注意初级、中级导游的考核评定机关与高级、特级导游的考核评定机关是不同的。

导游人员等级考核评定管理办法(试行)

第二条 导游人员等级考核评定工作,遵循自愿申报、逐级晋升、动态管理的原则。

第三条 凡通过全国导游人员资格考试并取得导游员资格证书,符合全国导游人员等级考核评定委员会规定报考条件的导游人员,均可申请参加相应的等级考核评定。

第五条 国家旅游局组织设立全国导游人员等级考核评定委员会。

第七条 导游人员等级分为初级、中级、高级、特级四个等级。导游员申报等级时,由低到高,逐级递升,经考核评定合格者,颁发相应的导游员等级证书。

第八条 导游人员等级考核评定工作,按照"申请、受理、考核评定、告知、发证"的程序进行。

中级导游员的考核采取笔试方式。其中,中文导游人员考试科目为"导游知识专题"和"汉语言文学知识";外语导游人员考试科目为"导游知识专题"和"外语";高级导游员的考核采取笔试方式,考试科目为"导游案例分析"和"导游词创作";特级导游员的考核采取论文答辩方式。

第九条 参加省部级以上单位组织的导游技能大赛获得最佳名次的导游人员,报全国导游人员等级考核评定委员会批准后,可晋升一级导游人员等级。一人多次获奖只能晋升一次,晋升的最高等级为高级。

第十一条　参与导游人员等级考核评定的命题和考核员必须经全国导游人员等级考核评定委员会进行资格认定。命题员和考核员接受全国导游人员等级考核评定委员会的委派,承担导游人员等级考核评定相关工作。

法条解读:《办法》主要是对导游人员等级考核评定工作的原则,评定机构、评定考核程序及考核方式的规定。

出境旅游领队人员管理办法

第二条　本办法所称出境旅游领队人员(以下简称"领队人员"),是指依照本办法规定取得出境旅游领队证(以下简称"领队证"),接受具有出境旅游业务经营权的国际旅行社(以下简称"组团社")的委派,从事出境旅游领队业务的人员。

本办法所称领队业务,是指为出境旅游团提供旅途全程陪同和有关服务;作为组团社的代表,协同境外接待旅行社(以下简称"接待社")完成旅游计划安排;以及协调处理旅游过程中相关事务等活动。

法条解读:本条规定了领队的概念与职责,注意领队与导游人员不同,同时,《旅行社条例》已经取消国际旅行社和国内旅行社的分类,故第二条应该改为"经营出境旅游业务的旅行社"更妥当。

第三条　申请领队证的人员,应当符合下列条件:

(一) 有完全民事行为能力的中华人民共和国公民;

(二) 热爱祖国,遵纪守法;

(三) 可切实负起领队责任的旅行社人员;

(四) 掌握旅游目的地国家或地区的有关情况。

法条解读:注意领队人员要具备的四个要件。

第四条　组团社要负责做好申请领队证人员的资格审查和业务培训。

业务培训的内容包括:思想道德教育;涉外纪律教育;旅游政策法规;旅游目的地国家的基本情况;领队人员的义务与职责。

对已经领取领队证的人员,组团社要继续加强思想教育和业务培训,建立严格的工作制度和管理制度,并认真贯彻执行。

法条解读:组团社有负责领队人员的资格审查和业务培训的义务,业务培训内容主要是对领队的德、智等方面进行,同时组团社有继续培训领队的职责。

第五条　领队证由组团社向所在地的省级或经授权的地市级以上旅游行政管理部门申领,并提交下列材料:申请领队证人员登记表;组团社出具的胜任领队工作的证明;申请领队证人员业务培训证明。

旅游行政管理部门应当自收到申请材料之日起15个工作日内,对符合条件的申请领队证人员颁发领队证,并予以登记备案。

旅游行政管理部门要根据组团社的正当业务需求合理发放领队证。

法条解读:这是关于领队证申请程序及领队证审查程序的规定。

第六条　领队证由国家旅游局统一样式并制作,由组团社所在地的省级或经授权的地市级以上旅游行政管理部门发放。

领队证不得伪造、涂改、出借或转让。

领队证的有效期为三年。凡需要在领队证有效期届满后继续从事领队业务的,应当在届满前半年由组团社向旅游行政管理部门申请登记换发领队证。

领队人员遗失领队证的,应当及时报告旅游行政管理部门,并声明作废,然后申请补发;领队证损坏的,应及时申请换发。

被取消领队人员资格的人员,不得再次申请领队登记。

第八条　领队人员应当履行下列职责:

(一) 遵守《中国公民出国旅游管理办法》中的有关规定,维护旅游者的合法权益;

(二) 协同接待社实施旅游行程计划,协助处理旅游行程中的突发事件、纠纷及其他问题;

(三) 为旅游者提供旅游行程服务;

(四) 自觉维护国家利益和民族尊严,并提醒旅游者抵制任何有损国家利益和民族尊严的言行。

法条解读:这是关于领队人员职责的规定,注意其职责与导游人员不同,领队的职责归结为六个字:维护、协助和安排;根据第六条的规定,领队证有效期为三年,可以续展,对于被取消领队人员资格的人员,不得再次申请领队登记。

第十条　违反本办法第七条第三款规定,未取得领队证从事领队业务的,由旅游行政管理部门责令改正,有违法所得的,没收违法所得,并可处违法所得 3 倍以下不超过人民币 3 万元的罚款;没有违法所得的,可处人民币 1 万元以下罚款。

法条解读:这是对未取得领队证擅自从事领队业务的违法行为的罚则,对于没有违法所得的,并非不作惩处,而是直接处人民币 1 万元以下罚款。

导游证管理办法

二、导游证(含临时导游证)是证明持证人已经依法进行导游注册、能够从事导游活动的法定证件。导游人员进行导游活动时,应当佩戴导游证。无导游证从事导游活动,依据《条例》的有关规定给予处罚。

依照本办法有关规定领取的导游证在全国范围内有效。

导游证只限持证人本人使用,不得伪造、涂改、转借和买卖。

法条解读:导游证与导游人员资格证书是两种既有区别又有联系的证书。导游人员资格证书是取得导游证的必要前提。也就是说,要取得导游证,必须先取得导游人员资格证书,然后才能申请取得导游证。导游证与导游人员资格证书的主要区别在于:(1) 导游证与导游人员资格证书的性质不同。导游人员资格证书表明持证人具备了从事导游职业的资格,但还不能实际从事导游工作;而导游证则表明国家准许持证人实际从事导游工作。前者是从业的资格;后者是从业的许可。(2) 导游证与导游人员资格证书的领取程序不同。导游人员资格证书是参加导游人员资格考试并合格后,向旅游行政部门领取;而导游证则必须是取得导游人员资格证书,经与旅行社订立劳动合同或者在导游服务公司登记后,方可持所订立的劳动合同或者登记证明材料,向旅游行政部门申请领取。(3)导游证与导游人员资格证书的时效不同。根据《导游人员管理实施办法》第八条的规定"获得导游人员资格证书3年未从业的,资格证自动失效";根据《导游人员管理条例》第八条的规定"导游证的有效期限为3年,导游证持有人需要在有效期满后继续从事导游活动的,应当在有效期限届满3个月前,向省、自治区、直辖市人民政府旅游行政部门申请办理换发导游证手续。临时导游证的有效期限最长不超过3个月,并不得展期"。

四、导游证正面设置中英文对照的"导游证(CHINA TOUR GUIDE)"、导游证编号、导游等级等项目,并在中部贴持证人近期免冠2寸正面照片,背面设置持证人姓名、性别、身份证号码、导游资格(等级)证书号码、语种、服务旅行社、发证机关钢印、发证日期和有效期限三年等项目。

临时导游证正面用不易为公众看出的字体写有"临时"二字,无导游等级和导游资格(等级)证书号码,背面增设工作单位项目,有效期限为三个月,其余同导游证。

五、导游证与临时导游证分别编号。

导游证编号由大写英文字母"D"和8位阿拉伯数字组成。其中,"D"表示导游;8位阿拉伯数字中,第一、二位为导游所在省级行政区的标准代码,后6位由发证机关按先后顺序编号,发证机关也可以根据需要确定第三、四位为各地市的地区代码;字母和数字之间用"—"连接。

临时导游证编号由大写英文字母"L"和8位阿拉伯数字组成。其中,"L"表示临时导游,其余同导游证编号。

六、申请领取导游证,必须依照《条例》和国家旅游局的其他有关规定取得导游人员资格证书,并不具有《条例》第五条规定的任何一种情形。

旅行社(含导游公司,下同)可代申请人统一办理导游证申领手续。

领取导游证,须持以下材料向所在地的省级旅游行政部门或省级旅游行政部门委托的地市级旅游行政部门(以下简称"发证机关")提出申请:

(一)申请人的《导游人员资格证书》或《导游员等级证书》(交验);

(二)与旅行社订立的劳动合同或在导游公司登记的证明材料;

(三)按规定填妥的《申请导游证登记表》(一式两份,样式见附件二)。

发证机关经审核,对符合规定条件和材料符合要求的,向申请人员颁发导游证;对不符合颁证条件的,当面通知申办人或书面通知申办人;对材料不符合要求的,要求申办人进行补充、修改。

七、申请领取临时导游证,必须是具有实际需要的特定语言能力的人员,并不具有《条例》第五条规定的任何一种情形。

领取临时导游证,须持以下材料向发证机关提出申请:

(一)由旅行社出具的临时导游证申请书;

(二)填妥的《申请导游证登记表》(一式两份,须注明"申请领取临时导游证");

(三)证明申请人员具备特定语言能力的材料。

发证机关经审核，对符合颁发临时导游证条件的，颁发临时导游证；不符合条件的，当面通知申办人。

法条解读：正式导游证与临时导游证的区别主要如下：(1) 有无取得导游人员资格证书：即正式导游证持有者是经过导游人员资格考试并合格、取得导游人员资格证书者；而临时导游证的持有者是没有经过导游人员资格考试、没有取得导游人员资格证书者。(2) 有无语种语言能力限制：即正式导游证的持有者无语种语言能力的限制，正式导游证的持有者可以是具有特定语种语言能力的人员，也可以是不具有特定语种语言能力的人员；而临时导游证的持有者必须是具有特定语种语言能力的人员，否则便不具备领取临时导游证的条件。(3) 领取导游证的程序不同：申请领取正式导游证是由申请领取者个人向旅游行政部门领取；而临时导游证则是由旅行社根据需要向旅游行政部门申请领取。(4) 有效期限不同：根据《导游人员管理条例》第八条第二、三款的规定，导游证的有效期限为3年，临时导游证的有效期限最长不超过3个月，即既可以是数天，也可以是1个月或2个月，但最长不得超过3个月；此外，导游证有效期满后，可以申请办理换发导游证手续，而临时导游证有效期限届满后，不得延期。如需继续聘请，则必须由旅行社重新向旅游行政部门申请领取。

八、导游证有效期3年，从发证之日起计算。持证人在有效期满后继续从事导游活动的，应当在有效期届满前3个月，持即将到期的导游证、导游资格（等级）证书和申请导游证登记表（一式两份，须注明“到期换发”），向发证机关申请换发。

临时导游证有效期最长不超过3个月，并不得展期。旅行社需再次聘用的，按照本办法第七条的规定重新申办临时导游证。

法条解读：这是关于导游证与临时导游证有效期的规定，对于临时导游证，由于其不可展期，旅行社要再次聘用的，必须重新办理临时导游证。

九、持证人在导游证有效期内变换服务旅行社继续从事导游活动的，应当持原旅行社同意调出或解除聘用关系的证明材料、由原旅行社剪角作废的原导游证、导游资格（等级）证书、与新聘用旅行社订立的劳动合同或聘用协议、申请导游证登记表（一式两份，需注明“变更换发”），向新聘用旅行社所在地的发证机关申请换发导游证。

在有效期内因晋升导游等级需换发导游证的，需持原导游证和新取得的导游等级证书和申请导游证登记表（一式两份，需注明“变更换发”），向所在地的发证机关申请换发导游证。

法条解读：这是关于换发导游证程序的规定，换发导游证主要有两种情形：更换旅行社继续从事导游活动的；因晋升导游等级的情形，两种换发导游证所需条件不同。

十、导游证遗失，持证人应当及时报告服务旅行社，由旅行社持遗失导游证的《申请导游证登记表》到发证机关办理挂失手续，由发证机关将遗失导游证的号码、持证人、发证机关和日期等在《中国旅游报》或所在地一家省级日报上刊登遗失和作废声明，然后由持证人或其所服务的旅行社持导游资格（等级）证书、申请导游证登记表（一式两份，须注明“遗失补发”），向发证机关申请补发。

在申请补发导游证期间，申请人不得从事导游活动。

导游证损坏，持证人应当持原导游证、导游资格（等级）证书和申请导游证登记表（一式两份，须注明“损坏换发”），向发证机关申请换发。

法条解读:导游证遗失补办程序是:报告旅行社、办理挂失手续、刊登遗失和作废声明、申请补发。

十一、依据本办法第八条、第九条、第十条的规定换发和补发导游证,导游证有效期重新计算。

法条解读:导游证重新计算的情形:经申请展期而换发导游证;更换旅行社继续从事导游活动而换发导游证;因晋升导游等级换发导游证;遗失而补发导游证。

案例一

◆ 案情回放

2008年7月,北京某旅行社接待了从外地某市来北京旅游的一行33人的团队,在参观游览过程中,作为地陪的廖某为了节省时间并增加计划以外的游览项目,私自减少了两个计划景点,并一再对客人说,大家到北京来一次不容易,既然来了就应多看一些景点。在征得大多数客人同意并对每位客人加收了50元钱的基础上,增加了四个景点(包括廖某私自从计划中减去的两个景点)。在团队活动其间,廖某还向客人兜售了奥运纪念币套装6套。由于天气炎热,加上团队老人较多,许多客人感到在计划景点的参观时间太少、太仓促,并对廖某额外增加景点的行为表示不满。旅游结束后,该团客人集体签名向旅游行政管理部门投诉,并要求对导游人员廖某进行处罚。本案中导游人员廖某的行为违反了哪些规定,该导游人员及委派该导游人员的旅行社应受到怎样的处罚?

◆ 案情分析

根据《导游人员管理条例》的规定,导游人员应当严格按照旅行社确定的接待计划安排旅游者的旅行、游览活动,不得擅自增加、减少旅游项目或者中止导游活动。导游人员在进行导游活动中,不得向旅游者兜售物品或者购买旅游者的物品。以上两项均属于导游人员应尽的义务。《导游人员管理条例》规定,导游人员擅自增加或者减少旅游项目的,由旅游行政部门责令改正,暂扣导游证3—6个月;情节严重的,由省、自治区、直辖市人民政府旅游行政部门吊销导游证并予以公告。《导游人员管理条例》还规定,导游人员进行导游活动,向旅游者兜售物品,由旅游行政部门责令改正,处1000元以上3万元以下的罚款;有违法所得的并处没收违法所得;情节严重的,由省、自治区、直辖市人民政府旅游行政部门吊销导游证并予以公告;对委派该导游人员的旅行社给予警告直至责令停业整顿。

案例二

◆ 案情回放

××夫妇参加某旅行社组织的泰、港、澳旅游,在出境前说明会上,导游向游客讲:在境外我们须向当地导游付小费,每位团员15元人民币/天,小费交我统一保管并支付;回国后再给大家一个小费如何使用的交代。说完,手持一信封向众团友收小费,该夫妇本想不给,但见别人都交了,自己不给,怕面子过不去就违心给了,回国后又觉得吃亏,导游也未讲小费如何使用,咨询投诉热线:旅行社是否应退回小费。

◆ **案情分析**

在这起投诉案件中游客已向旅行社交全额团款,作为旅行社组织出境旅游时,报价应考虑到境外旅游目的地的国情,不应向游客另收小费。该导游讲小费由他统一保管、统一支付,回国后给大家一个小费如何支付的交代,而回国后该导游并没有给大家讲在境外小费是如何支付的情况,这就不能不引起全体团员的怀疑。《导游人员管理条例》第十六条规定:"导游人员进行导游活动,不得向游客兜售物品或者购买旅游者的物品,不得以明示或暗示的方式向游客索要小费。"这对夫妇当时只不过感到不好意思、没有面子或怕导游刁难才违心把小费交给导游,给不给小费这对夫妇完全有自主权。

案例三

◆ **案情回放**

2002 年 2 月,甲旅行社接待香港某旅游团。按照合同约定,该旅行团在北京游览 4 天,其中 2 月 11 日游览长城。甲旅行社委派导游王某担任该团陪同。王某无正当理由,而且也未征得该旅游团的同意,擅自对游览日程作了变更,将游览长城改为 2 月 14 日,即离京前一天,而将 2 月 11 日改为购物。该旅游团对此变更曾提出质疑,但导游员王某未作解释。不料,2 月 13 日天降大雪。2 月 14 日晨,该旅游团赴长城,车至八达岭山脚下,积雪封路,不能前行,该团只得返回。第 2 天,该团出境返港,并书面向旅游局投诉称,导游王某未征得旅游者同意,擅自变更接待计划,违反了合同约定,使该旅游团未能游览长城,旅行社应承担赔偿责任。甲旅行社辩称,变更旅游行程属导游员个人行为,与旅行社无关;而导游员王某则辩称,造成未能游览长城的原因是大雪封路,属于不可抗力,他本人可以不承担赔偿责任。

问:

(1) 导游员王某的辩称合理吗?如果不合理,其行为应受到什么样的处罚?

(2) 旅行社的辩称合理吗?如果不合理,其应受到什么样的处罚?

◆ **案情分析**

(1) 王某的辩称不合理。

由于导游王某擅自改变旅游行程,才碰上大雪封路,造成该观光团未能游览长城,不属于不可抗力,所以应承担相应法律责任。《导游人员管理条例》第三条规定:"导游人员应当严格按照旅行社确定的接待计划,安排旅游者的旅行、游览活动,不得擅自增加、减少旅游项目或者终止导游活动。"旅行社确定的接待计划(旅游行程计划)是经旅游者认可的,是旅行社与旅游者订立的旅游合同的一部分。本案中,导游王某擅自改变旅游行程,变更接待计划,造成该观光团未能游览长城,违反了合同约定,当属违约行为。依据《导游人员管理条例》第二十二条的规定,导游人员擅自变更接待计划的,"由旅游行政部门责令改正,暂扣导游证 3 至 6 个月;情节严重的,由省、自治区、直辖市人民政府旅游行政部门吊销导游证并予以公告"。

(2) 旅行社的辩称不合理。导游是旅行社委派的,其行为应视为旅行社的行为。

旅行社必须对其委派的导游的行为后果承担责任。《合同法》第一百一十七条规定:"当事人迟延履行合同后发生不可抗力的,不能免除责任。"在本案中,造成该观光团未能游览长城的原因,并非不可抗力造成,而是该旅行社导游人员擅自变更旅游行程造成的。也就是说,旅行社违约在先,不可抗力发生在后,所以旅行社应对此承担责任。导游擅自改变日程,减少或变更参观项目,旅行社应退还景点门票、导游服务费,并赔偿同额违约金。甲旅行社赔偿旅游团损失后,可以向导游人员王某追偿。

案例四

◆ 案情回放

几名游客参加某旅行社组织的新马泰15日游,在临登机时游客发现,该团是由5家旅行社共同组织的,并且这个旅游团没有领队。旅游团在途中遇到了许多困难,在国外如何转机,入境卡怎么填,怎样与境外旅行社接洽等均无人过问。在新加坡入境时,因不熟悉情况,旅游团被边检部门盘查一个半小时之久。旅游过程中,因没有领队与境外社协调,原来的日程被多次变更。旅游团在异国他乡,人生地不熟,只好听从境外导游摆布。

◆ 案情分析

根据《出境旅游领队人员管理办法》第八条规定:领队人员应当履行下列职责:(一)遵守《中国公民出国旅游管理办法》中的有关规定,维护旅游者的合法权益;(二)协同接待社实施旅游行程计划,协助处理旅游行程中的突发事件、纠纷及其他问题;(三)为旅游者提供旅游行程服务;(四)自觉维护国家利益和民族尊严,并提醒旅游者抵制任何有损国家利益和民族尊严的言行。在本案中,领队在出境旅游中要发挥很重要的作用,领队是由旅行社派出,要为出境旅游者提供协助、服务,要同境外旅行社接洽,督促其履行接待计划,要在境外处理调解纠纷,协助处理意外事件等职责。根据规定,旅行社组织中国公民赴外国和我国港、澳地区旅游,必须要安排领队,这是旅行社的法定义务。如果没有领队,游客在境外要面临诸多问题无法解决,如果旅行社没有履行外派领队的义务,自然要依规定承担相应的责任。

五

旅游资源管理法律制度

中华人民共和国自然保护区条例

第二条 本条例所称自然保护区，是指对有代表性的自然生态系统、珍稀濒危野生动植物物种的天然集中分布区、有特殊意义的自然遗迹等保护对象所在的陆地、陆地水体或者海域，依法划出一定面积予以特殊保护和管理的区域。

法条解读：这是关于自然保护区概念的规定，主要包括自然生态系统、天然集中分布区、自然遗迹等区域。

第十条 凡具有下列条件之一的，应当建立自然保护区：

（一）典型的自然地理区域、有代表性的自然生态系统区域以及已经遭受破坏但经保护能够恢复的同类自然生态系统区域；

（二）珍稀、濒危野生动植物物种的天然集中分布区域；

（三）具有特殊保护价值的海域、海岸、岛屿、湿地、内陆水域、森林、草原和荒漠；

（四）具有重大科学文化价值的地质构造、著名溶洞、化石分布区、冰川、火山、温泉等自然遗迹；

（五）经国务院或者省、自治区、直辖市人民政府批准，需要予以特殊保护的其他自然区域。

法条解读：根据本条规定，符合下列条件之一的，就可以建立自然保护区：不同自然地带属于典型森林生态系统的地区；珍贵稀有或者有特殊保护价值的动植物的主要生存繁殖地区，包括国家重点保护动物的生栖息、繁殖地区；候鸟的主要繁殖地、越冬地和停歇地；珍贵树种和特殊价值的植物原生地；野生生物模式标本的集中产地；其他具有特殊保护价值的林区。

第十一条 自然保护区分为国家级自然保护区和地方级自然保护区。

在国内外有典型意义、在科学上有重大国际影响或者有特殊科学研究价值的自然保护区，列为国家级自然保护区。

除列为国家级自然保护区的外，其他具有典型意义或者重要科学研究价值的自然保护区列为地方级自然保护区。地方级自然保护区可以分级管理，具体办法由国务院有关自然保护区行政主管部门或者省、自治区、直辖市人民政府根据实际情况规定，报国务院环境保护行政主管部门备案。

法条解读：这是关于自然保护区的分类及形成条件的规定。注意称为国家级自然保护区的条件:国内外有典型意义;科学上有重大国际影响;特殊科学研究价值。

第十二条 国家级自然保护区的建立,由自然保护区所在的省、自治区、直辖市人民政府或者国务院有关自然保护区行政主管部门提出申请,经国家级自然保护区评审委员会评审后,由国务院环境保护行政主管部门进行协调并提出审批建议,报国务院批准。

地方级自然保护区的建立,由自然保护区所在的县、自治县、市、自治州人民政府或者省、自治区、直辖市人民政府有关自然保护区行政主管部门提出申请,经地方级自然保护区评审委员会评审后,由省、自治区、直辖市人民政府环境保护行政主管部门进行协调并提出审批建议,报省、自治区、直辖市人民政府批准,并报国务院环境保护行政主管部门和国务院有关自然保护区行政主管部门备案。

跨两个以上行政区域的自然保护区的建立,由有关行政区域的人民政府协商一致后提出申请,并按照前两款规定的程序审批。

建立海上自然保护区,须经国务院批准。

法条解读:注意国家级别自然保护区和海上自然保护区都要经过国务院审批,其他的则由省级政府批准,国务院备案。

第十六条 自然保护区按照下列方法命名:

国家级自然保护区:自然保护区所在地地名加"国家级自然保护区"。

地方级自然保护区:自然保护区所在地地名加"地方级自然保护区"。

有特殊保护对象的自然保护区,可以在自然保护区所在地地名后加特殊保护对象的名称。

法条解读:这是关于自然保护区命名原则的规定。

第十八条 自然保护区可以分为核心区、缓冲区和实验区。

自然保护区内保存完好的天然状态的生态系统以及珍稀、濒危动植物的集中分布地,应当划为核心区,禁止任何单位和个人进入;除依照本条例第二十七条的规定经批准外,也不允许进入从事科学研究活动。

核心区外围可以划定一定面积的缓冲区,只准进入从事科学研究观测活动。

缓冲区外围划为实验区,可以进入从事科学试验、教学实习、参观考察、旅游以及驯化、繁殖珍稀、濒危野生动植物等活动。

原批准建立自然保护区的人民政府认为必要时,可以在自然保护区的外围划定一定面积的外围保护地带。

法条解读:注意自然保护区的区域划分以及划分的依据和划分的用途。

第二十六条 禁止在自然保护区内进行砍伐、放牧、狩猎、捕捞、采药、开垦、烧荒、开矿、采石、挖沙等活动;但是,法律、行政法规另有规定的除外。

法条解读:注意在自然保护区内禁止的行为,但是不排除科学研究等实践活动。

第二十七条 禁止任何人进入自然保护区的核心区。因科学研究的需要,必须进入核心区从事科学研究观测、调查活动的,应当事先向自然保护区管理机构提交申请和活动计划,并经省级以上人民政府有关自然保护区行政主管部门批准;其中,进入国家级自然保护区核心区的,必须经国务院有关自然保护区行政主管部门批准。

自然保护区核心区内原有居民确有必要迁出的,由自然保护区所在地的地方人民政府予以妥善安置。

法条解读：在自然保护区内从事科学研究活动，要经过特定机关批准，注意不同级别的自然保护区审批机关不同。

第二十八条　禁止在自然保护区的缓冲区开展旅游和生产经营活动。因教学科研的目的，需要进入自然保护区的缓冲区从事非破坏性的科学研究、教学实习和标本采集活动的，应当事先向自然保护区管理机构提交申请和活动计划，经自然保护区管理机构批准。

从事前款活动的单位和个人，应当将其活动成果的副本提交自然保护区管理机构。

第二十九条　在国家级自然保护区的实验区开展参观、旅游活动的，由自然保护区管理机构提出方案，经省、自治区、直辖市人民政府有关自然保护区行政主管部门审核后，报国务院有关自然保护区行政主管部门批准；在地方级自然保护区的实验区开展参观、旅游活动的，由自然保护区管理机构提出方案，经省、自治区、直辖市人民政府有关自然保护区行政主管部门批准。

在自然保护区组织参观、旅游活动的，必须按照批准的方案进行，并加强管理；进入自然保护区参观、旅游的单位和个人，应当服从自然保护区管理机构的管理。

严禁开设与自然保护区保护方向不一致的参观、旅游项目。

法条解读：注意在自然保护区的试验区开展参观与旅游活动的特殊规定。

第三十二条　在自然保护区的核心区和缓冲区内，不得建设任何生产设施。在自然保护区的实验区内，不得建设污染环境、破坏资源或者景观的生产设施；建设其他项目，其污染物排放不得超过国家和地方规定的污染物排放标准。在自然保护区的实验区内已经建成的设施，其污染物排放超过国家和地方规定的排放标准的，应当限期治理；造成损害的，必须采取补救措施。

在自然保护区的外围保护地带建设的项目，不得损害自然保护区内的环境质量；已造成损害的，应当限期治理。

限期治理决定由法律、法规规定的机关作出，被限期治理的企业事业单位必须按期完成治理任务。

第三十三条　因发生事故或者其他突然性事件，造成或者可能造成自然保护区污染或者破坏的单位和个人，必须立即采取措施处理，及时通报可能受到危害的单位和居民，并向自然保护区管理机构、当地环境保护行政主管部门和自然保护区行政主管部门报告，接受调查处理。

法条解读：本条是确定在自然保护区内进行生产设施的相关原则的规定，体现了保护的精神。

第三十五条　违反本条例规定，在自然保护区进行砍伐、放牧、狩猎、捕捞、采药、开垦、烧荒、开矿、采石、挖沙等活动的单位和个人，除可以依照有关法律、行政法规规定给予处罚的以外，由县级以上人民政府有关自然保护区行政主管部门或者其授权的自然保护区管理机构没收违法所得，责令停止违法行为，限期恢复原状或者采取其他补救措施；对自然保护区造成破坏的，可以处以300元以上10000元以下的罚款。

法条解读：对在自然保护区内进行禁止性的活动的单位和个人，最高可处以10000元罚款。

风景名胜区条例

第二条 风景名胜区的设立、规划、保护、利用和管理,适用本条例。

本条例所称风景名胜区,是指具有观赏、文化或者科学价值,自然景观、人文景观比较集中,环境优美,可供人们游览或者进行科学、文化活动的区域。

法条解读:本条明确了风景名胜区的概念,风景名胜区必须具备三个条件:具有观赏、文化和科学价值;自然景物、人文景物比较集中;可供人们游览、休息和进行科学文化活动。

第三条 国家对风景名胜区实行科学规划、统一管理、严格保护、永续利用的原则。

法条解读:本条明确了风景名胜区的设立原则。

第八条 风景名胜区划分为国家级风景名胜区和省级风景名胜区。

自然景观和人文景观能够反映重要自然变化过程和重大历史文化发展过程,基本处于自然状态或者保持历史原貌,具有国家代表性的,可以申请设立国家级风景名胜区;具有区域代表性的,可以申请设立省级风景名胜区。

法条解读:设立风景名胜区遵循利于保护和合理利用的原则,避免与自然保护区重合或交叉;风景名胜区划分为国家级和省级两个级别,其划分的依据是:风景名胜区内景物的观赏、文化、科学价值;环境质量、规模大小、旅游条件。

第十条 设立国家级风景名胜区,由省、自治区、直辖市人民政府提出申请,国务院建设主管部门会同国务院环境保护主管部门、林业主管部门、文物主管部门等有关部门组织论证,提出审查意见,报国务院批准公布。

设立省级风景名胜区,由县级人民政府提出申请,省、自治区人民政府建设主管部门或者直辖市人民政府风景名胜区主管部门,会同其他有关部门组织论证,提出审查意见,报省、自治区、直辖市人民政府批准公布。

法条解读:注意设立不同级别风景名胜区的申请机关、组织论证机关及审批机关。

第十一条 风景名胜区内的土地、森林等自然资源和房屋等财产的所有权人、使用权人的合法权益受法律保护。

申请设立风景名胜区的人民政府应当在报请审批前,与风景名胜区内的土地、森林等自然资源和房屋等财产的所有权人、使用权人充分协商。

因设立风景名胜区对风景名胜区内的土地、森林等自然资源和房屋等财产的所有权人、使用权人造成损失的,应当依法给予补偿。

法条解读:国家确认风景名胜区内土地、森林和房屋的所有权或使用权,对设立风景名胜区造成合法权益损失的,应当予以补偿。

第十二条 风景名胜区规划分为总体规划和详细规划。

第十三条 风景名胜区总体规划的编制,应当体现人与自然和谐相处、区域协调发展和经济社会全面进步的要求,坚持保护优先、开发服从保护的原则,突出风景名胜资源的自然特性、文化内涵和地方特色。

风景名胜区总体规划应当包括下列内容:

（一）风景资源评价；

（二）生态资源保护措施、重大建设项目布局、开发利用强度；

（三）风景名胜区的功能结构和空间布局；

（四）禁止开发和限制开发的范围；

（五）风景名胜区的游客容量；

（六）有关专项规划。

第十四条　风景名胜区应当自设立之日起2年内编制完成总体规划。总体规划的规划期一般为20年。

第十五条　风景名胜区详细规划应当根据核心景区和其他景区的不同要求编制，确定基础设施、旅游设施、文化设施等建设项目的选址、布局与规模，并明确建设用地范围和规划设计条件。

风景名胜区详细规划，应当符合风景名胜区总体规划。

第十六条　国家级风景名胜区规划由省、自治区人民政府建设主管部门或者直辖市人民政府风景名胜区主管部门组织编制。

省级风景名胜区规划由县级人民政府组织编制。

第十八条　编制风景名胜区规划，应当广泛征求有关部门、公众和专家的意见；必要时，应当进行听证。

风景名胜区规划报送审批的材料应当包括社会各界的意见以及意见采纳的情况和未予采纳的理由。

第十九条　国家级风景名胜区的总体规划，由省、自治区、直辖市人民政府审查后，报国务院审批。

国家级风景名胜区的详细规划，由省、自治区人民政府建设主管部门或者直辖市人民政府风景名胜区主管部门报国务院建设主管部门审批。

第二十条　省级风景名胜区的总体规划，由省、自治区、直辖市人民政府审批，报国务院建设主管部门备案。

省级风景名胜区的详细规划，由省、自治区人民政府建设主管部门或者直辖市人民政府风景名胜区主管部门审批。

第二十一条　风景名胜区规划经批准后，应当向社会公布，任何组织和个人有权查阅。

风景名胜区内的单位和个人应当遵守经批准的风景名胜区规划，服从规划管理。

风景名胜区规划未经批准的，不得在风景名胜区内进行各类建设活动。

法条解读：这是对风景名胜区规划的分类、内容，编制规划和规划的时间以及组织编制规划的机关等的法条规定：一是规定风景名胜区规划分为总体规划和详细规划，并规定了风景名胜区总体规划和详细规划应包含的具体内容；二是明确了风景名胜区规划的编制、审批机关和权限；三是进一步规范了风景名胜区规划的具体编制程序，提高了规划编制的质量，保证其科学性和合理性；四是明确了风景名胜区规划的地位，强化了规划的权威性，并明确了修改程序。

第二十二条　经批准的风景名胜区规划不得擅自修改。确需对风景名胜区总体规划中的风景名胜区范围、性质、保护目标、生态资源保护措施、重大建设项目布局、开发利用强度以及风景名胜区的功能结构、空间布局、游客容量进行修改的，应当报原审批机关批准；对其他内容进行修改的，应当报原审批机关备案。

风景名胜区详细规划确需修改的，应当报原审批机关批准。

政府或者政府部门修改风景名胜区规划对公民、法人或者其他组织造成财产损失的，应当依法给予补偿。

法条解读：对规划重要内容的修改，要经过原审批机关批准，至于其他内容的修改，只要经过备案；对政府修改规划内容造成他人利益损失的，要依法予以补偿。

第二十三条 风景名胜区总体规划的规划期届满前2年，规划的组织编制机关应当组织专家对规划进行评估，作出是否重新编制规划的决定。在新规划批准前，原规划继续有效。

法条解读：注意作出重新编制规划决定的专家评估制度及时间规定。

第二十四条 风景名胜区内的景观和自然环境，应当根据可持续发展的原则，严格保护，不得破坏或者随意改变。

风景名胜区管理机构应当建立健全风景名胜资源保护的各项管理制度。

风景名胜区内的居民和游览者应当保护风景名胜区的景物、水体、林草植被、野生动物和各项设施。

第二十六条 在风景名胜区内禁止进行下列活动：

（一）开山、采石、开矿、开荒、修坟立碑等破坏景观、植被和地形地貌的活动；

（二）修建储存爆炸性、易燃性、放射性、毒害性、腐蚀性物品的设施；

（三）在景物或者设施上刻划、涂污；

（四）乱扔垃圾。

第二十七条 禁止违反风景名胜区规划，在风景名胜区内设立各类开发区和在核心景区内建设宾馆、招待所、培训中心、疗养院以及与风景名胜资源保护无关的其他建筑物；已经建设的，应当按照风景名胜区规划，逐步迁出。

法条解读：假设案例——庐山莲花洞森林公园内的莲花洞风景区拥有世界自然和文化双重遗产身份，某单位去年看到报道，一些党员干部未经任何部门批准，在该景区兴建私家别墅。某单位受此“启发”打算向有关部门申请在另一处风景名胜区的核心景区内建一培训中心，那么该申请得不到批准。现实中一些景区正在被急功近利者变成“旅游经济开发区”，这种错位开发使部分景区失去了天然的秀美和自然的灵动，日益呈现城市化、商业化和人工化的趋势。因此，新《条例》特别强调对风景名胜资源要“合理利用”，而不是“积极开发”。

第二十八条 在风景名胜区内从事本条例第二十六条、第二十七条禁止范围以外的建设活动，应当经风景名胜区管理机构审核后，依照有关法律、法规的规定办理审批手续。

在国家级风景名胜区内修建缆车、索道等重大建设工程，项目的选址方案应当报国务院建设主管部门核准。

第二十九条 在风景名胜区内进行下列活动，应当经风景名胜区管理机构审核后，依照有关法律、法规的规定报有关主管部门批准：

（一）设置、张贴商业广告；

（二）举办大型游乐等活动；

（三）改变水资源、水环境自然状态的活动；

（四）其他影响生态和景观的活动。

第三十条　风景名胜区内的建设项目应当符合风景名胜区规划，并与景观相协调，不得破坏景观、污染环境、妨碍游览。

在风景名胜区内进行建设活动的，建设单位、施工单位应当制定污染防治和水土保持方案，并采取有效措施，保护好周围景物、水体、林草植被、野生动物资源和地形地貌。

第三十二条　风景名胜区管理机构应当根据风景名胜区的特点，保护民族民间传统文化，开展健康有益的游览观光和文化娱乐活动，普及历史文化和科学知识。

第三十三条　风景名胜区管理机构应当根据风景名胜区规划，合理利用风景名胜资源，改善交通、服务设施和游览条件。

风景名胜区管理机构应当在风景名胜区内设置风景名胜区标志和路标、安全警示等标牌。

第三十六条　风景名胜区管理机构应当建立健全安全保障制度，加强安全管理，保障游览安全，并督促风景名胜区内的经营单位接受有关部门依据法律、法规进行的监督检查。

禁止超过允许容量接纳游客和在没有安全保障的区域开展游览活动。

法条解读：第二十四条至第三十六条是对本条例第三条设立原则的具体延伸，主要包括：一是要求对风景名胜区内的景观和自然环境实行严格保护，不得破坏或随意改变；二是明确规定，在风景名胜区内从事建设活动应经风景名胜区管理机构审核后，依法办理审批手续等。从而加强了对风景名胜区的保护，进一步处理好风景名胜资源保护与利用的关系。

第三十七条　进入风景名胜区的门票，由风景名胜区管理机构负责出售。门票价格依照有关价格的法律、法规的规定执行。

风景名胜区内的交通、服务等项目，应当由风景名胜区管理机构依照有关法律、法规和风景名胜区规划，采用招标等公平竞争的方式确定经营者。

风景名胜区管理机构应当与经营者签订合同，依法确定各自的权利义务。经营者应当缴纳风景名胜资源有偿使用费。

第三十八条　风景名胜区的门票收入和风景名胜资源有偿使用费，实行收支两条线管理。

风景名胜区的门票收入和风景名胜资源有偿使用费应当专门用于风景名胜资源的保护和管理以及风景名胜区内财产的所有权人、使用权人损失的补偿。具体管理办法，由国务院财政部门、价格主管部门会同国务院建设主管部门等有关部门制定。

法条解读：这是关于风景名胜区的门票制度与风景名胜区有偿使用费缴纳制度的规定：进入风景名胜区的门票，由风景名胜区管理机构负责出售，门票价格依照有关价格的法律法规确定。在风景名胜区内经营交通、服务等项目的企业，应缴纳风景名胜资源有偿使用费。风景名胜区的门票收入和风景名胜资源有偿使用费，实行收支两条线管理，专门用于风景名胜资源的保护和管理以及风景名胜区内财产的所有权人、使用权人损失的补偿。

第四十条　违反本《条例》的规定，有下列行为之一的，由风景名胜区管理机构责令停止违法行为、恢复原状或者限期拆除，没收违法所得，并处50万元以上100万元以下的罚款：

（一）在风景名胜区内进行开山、采石、开矿等破坏景观、植被、地形地貌的活动的；

（二）在风景名胜区内修建储存爆炸性、易燃性、放射性、毒害性、腐蚀性物品的设施的；

（三）在核心景区内建设宾馆、招待所、培训中心、疗养院以及与风景名胜资源保护无关的其他建筑物的。

县级以上地方人民政府及其有关主管部门批准实施本条第一款规定的行为的，对直接负责的主管人员和其他直接责任人员依法给予降级或者撤职的处分；构成犯罪的，依法追究刑事责任。

第四十四条 违反本《条例》的规定，在景物、设施上刻划、涂污或者在风景名胜区内乱扔垃圾的，由风景名胜区管理机构责令恢复原状或者采取其他补救措施，处50元的罚款；刻划、涂污或者以其他方式故意损坏国家保护的文物、名胜古迹的，按照治安管理处罚法的有关规定予以处罚；构成犯罪的，依法追究刑事责任。

第四十五条 违反本《条例》的规定，未经风景名胜区管理机构审核，在风景名胜区内进行下列活动的，由风景名胜区管理机构责令停止违法行为、限期恢复原状或者采取其他补救措施，没收违法所得，并处5万元以上10万元以下的罚款；情节严重的，并处10万元以上20万元以下的罚款：

（一）设置、张贴商业广告的；

（二）举办大型游乐等活动的；

（三）改变水资源、水环境自然状态的活动的；

（四）其他影响生态和景观的活动。

法条解读：新《条例》加大了对严重破坏风景名胜资源的违法行为的处罚力度，最高可处罚100万元，同时对批准实施有关违法行为的地方政府以及有关主管部门的直接负责的主管人员和其他直接责任人员，规定了相应的行政责任，并在刑事责任方面与刑法作了衔接（第四十条第二款）。

中华人民共和国文物保护法

第二条 在中华人民共和国境内，下列文物受国家保护：

（一）具有历史、艺术、科学价值的古文化遗址、古墓葬、古建筑、石窟寺和石刻、壁画；

（二）与重大历史事件、革命运动或者著名人物有关的以及具有重要纪念意义、教育意义或者史料价值的近代现代重要史迹、实物、代表性建筑；

（三）历史上各时代珍贵的艺术品、工艺美术品；

（四）历史上各时代重要的文献资料以及具有历史、艺术、科学价值的手稿和图书资料等；

（五）反映历史上各时代、各民族社会制度、社会生产、社会生活的代表性实物。

文物认定的标准和办法由国务院文物行政部门制定，并报国务院批准。

具有科学价值的古脊椎动物化石和古人类化石同文物一样受国家保护。

法条解读：这是关于文物保护范围的规定，主要包括五类，注意具有科学价值的古脊椎动物化石和古人类化石一样受文物保护法的保护。

第三条 古文化遗址、古墓葬、古建筑、石窟寺、石刻、壁画、近代现代重要史迹和代表性建筑等不可移动文物,根据它们的历史、艺术、科学价值,可以分别确定为全国重点文物保护单位,省级文物保护单位,市、县级文物保护单位。

历史上各时代重要实物、艺术品、文献、手稿、图书资料、代表性实物等可移动文物,分为珍贵文物和一般文物;珍贵文物分为一级文物、二级文物、三级文物。

法条解读:依据文物的移动状态,法律将文物划分为可移动文物和不可移动文物;注意文物保护单位的"文物"限于不可移动文物,且其划分依据是不可移动文物的历史、艺术、科学价值为标准等;可移动的文物包括珍贵文物和一般文物,珍贵文物又划分为三级。

第四条 文物工作贯彻保护为主、抢救第一、合理利用、加强管理的方针。

第五条 中华人民共和国境内地下、内水和领海中遗存的一切文物,属于国家所有。

古文化遗址、古墓葬、石窟寺属于国家所有。国家指定保护的纪念建筑物、古建筑、石刻、壁画、近代现代代表性建筑等不可移动文物,除国家另有规定的以外,属于国家所有。

国有不可移动文物的所有权不因其所依附的土地所有权或者使用权的改变而改变。

下列可移动文物,属于国家所有:

(一)中国境内出土的文物,国家另有规定的除外;

(二)国有文物收藏单位以及其他国家机关、部队和国有企业、事业组织等收藏、保管的文物;

(三)国家征集、购买的文物;

(四)公民、法人和其他组织捐赠给国家的文物;

(五)法律规定属于国家所有的其他文物。

属于国家所有的可移动文物的所有权不因其保管、收藏单位的终止或者变更而改变。

国有文物所有权受法律保护,不容侵犯。

第六条 属于集体所有和私人所有的纪念建筑物、古建筑和祖传文物以及依法取得的其他文物,其所有权受法律保护。文物的所有者必须遵守国家有关文物保护的法律、法规的规定。

法条解读:这是关于文物所有权的规定。一般情况下,文物是属于国家所有,但是某些纪念建筑物、古建筑和祖传文物等属于集体或者私人所有的,国家确认其集体或私人的物权,依法受到法律保护。

第十二条 有下列事迹的单位或者个人,由国家给予精神鼓励或者物质奖励:

(一)认真执行文物保护法律、法规,保护文物成绩显著的;

(二)为保护文物与违法犯罪行为作坚决斗争的;

(三)将个人收藏的重要文物捐献给国家或者为文物保护事业作出捐赠的;

(四)发现文物及时上报或者上交,使文物得到保护的;

(五)在考古发掘工作中作出重大贡献的;

(六)在文物保护科学技术方面有重要发明创造或者其他重要贡献的;

(七)在文物面临破坏危险时,抢救文物有功的;

(八)长期从事文物工作,作出显著成绩的。

第十三条 国务院文物行政部门在省级、市、县级文物保护单位中,选择具有重大历史、艺术、科学价值的确定为全国重点文物保护单位,或者直接确定为全国重点文物保护单位,报国务院核定公布。

省级文物保护单位,由省、自治区、直辖市人民政府核定公布,并报国务院备案。

市级和县级文物保护单位,分别由设区的市、自治州和县级人民政府核定公布,并报省、自治区、直辖市人民政府备案。

尚未核定公布为文物保护单位的不可移动文物,由县级人民政府文物行政部门予以登记并公布。

法条解读:注意各级文物保护单位的确定方法与核定方法。

第十七条 文物保护单位的保护范围内不得进行其他建设工程或者爆破、钻探、挖掘等作业。但是,因特殊情况需要在文物保护单位的保护范围内进行其他建设工程或者爆破、钻探、挖掘等作业的,必须保证文物保护单位的安全,并经核定公布该文物保护单位的人民政府批准,在批准前应当征得上一级人民政府文物行政部门同意;在全国重点文物保护单位的保护范围内进行其他建设工程或者爆破、钻探、挖掘等作业的,必须经省、自治区、直辖市人民政府批准,在批准前应当征得国务院文物行政部门同意。

法条解读:原则上文物保护单位的保护范围不得进行其他建设工程或者爆破、钻探、挖掘等工作,但是因特殊情况下需要的,应当要保证文物保护单位的安全,同时要经过审批。

第十八条 根据保护文物的实际需要,经省、自治区、直辖市人民政府批准,可以在文物保护单位的周围划出一定的建设控制地带,并予以公布。

在文物保护单位的建设控制地带内进行建设工程,不得破坏文物保护单位的历史风貌;工程设计方案应当根据文物保护单位的级别,经相应的文物行政部门同意后,报城乡建设规划部门批准。

第十九条 在文物保护单位的保护范围和建设控制地带内,不得建设污染文物保护单位及其环境的设施,不得进行可能影响文物保护单位安全及其环境的活动。对已有的污染文物保护单位及其环境的设施,应当限期治理。

法条解读:文物保护单位周围允许划出建设控制地带,但要予以公布,同时只能在计划内进行建设工程。

第二十二条 不可移动文物已经全部毁坏的,应当实施遗址保护,不得在原址重建。但是,因特殊情况需要在原址重建的,由省、自治区、直辖市人民政府文物行政部门报省、自治区、直辖市人民政府批准;全国重点文物保护单位需要在原址重建的,由省、自治区、直辖市人民政府报国务院批准。

法条解读:不可移动文物已经全部毁坏的,原则上不得在原址重建,只能进行遗址保护。

第二十三条 核定为文物保护单位的属于国家所有的纪念建筑物或者古建筑,除可以建立博物馆、保管所或者辟为参观游览场所外,作其他用途的,市、县级文物保护单位应当经核定公布该文物保护单位的人民政府文物行政部门征得上一级文物行政部门同意后,报核定公布该文物保护单位的人民政府批准;省级文物保护单位应当经核定公布该文物保护单位的省级人民政府的文物行政部门审核同意后,报该省级人民政府批准;全国重点文物保护单位作其他用途的,应当由省、自治区、直辖市人民政府报国务院批准。国有未核定为文物保护单位的不可移动文物作其他用途的,应当报告县级人民政府文物行政部门。

第二十四条 国有不可移动文物不得转让、抵押。建立博物馆、保管所或者辟为参观游览场所的国有文物保护单位,不得作为企业资产经营。

第二十五条 非国有不可移动文物不得转让、抵押给外国人。

非国有不可移动文物转让、抵押或者改变用途的,应当根据其级别报相应的文物行政部门备案;由当地人民政府出资帮助修缮的,应当报相应的文物行政部门批准。

法条解读:属于国家所有的纪念建筑物或者古建筑,除可以建立博物馆、保管所或者辟为参观游览场所外,还可以作其他用途,但是要经过严格审批。注意,作建立博物馆、保管所或者辟为参观游览场所的用途则无须审批;同时,建立博物馆、保管所或者辟为参观游览场所的国有文物保护单位,作其他用途时,应当要经过审批,且不可以作为企业资产经营。

第三十六条 博物馆、图书馆和其他文物收藏单位对收藏的文物,必须区分文物等级,设置藏品档案,建立严格的管理制度,并报主管的文物行政部门备案。

县级以上地方人民政府文物行政部门应当分别建立本行政区域内的馆藏文物档案;国务院文物行政部门应当建立国家一级文物藏品档案和其主管的国有文物收藏单位馆藏文物档案。

第三十七条 文物收藏单位可以通过下列方式取得文物:

(一)购买;

(二)接受捐赠;

(三)依法交换;

(四)法律、行政法规规定的其他方式。

国有文物收藏单位还可以通过文物行政部门指定保管或者调拨方式取得文物。

第三十八条 文物收藏单位应当根据馆藏文物的保护需要,按照国家有关规定建立、健全管理制度,并报主管的文物行政部门备案。未经批准,任何单位或者个人不得调取馆藏文物。

文物收藏单位的法定代表人对馆藏文物的安全负责。国有文物收藏单位的法定代表人离任时,应当按照馆藏文物档案办理馆藏文物移交手续。

第四十条 文物收藏单位应当充分发挥馆藏文物的作用,通过举办展览、科学研究等活动,加强对中华民族优秀的历史文化和革命传统的宣传教育。

国有文物收藏单位之间因举办展览、科学研究等需借用馆藏文物的,应当报主管的文物行政部门备案;借用馆藏一级文物的,应当经省、自治区、直辖市人民政府文物行政部门批准,并报国务院文物行政部门备案。

非国有文物收藏单位和其他单位举办展览需借用国有馆藏文物的,应当报主管的文物行政部门批准;借用国有馆藏一级文物,应当经国务院文物行政部门批准。

文物收藏单位之间借用文物的最长期限不得超过三年。

法条解读:文物所有权可以属于国家所有,也可以属于集体所有或个人所有,因此,在文物收藏上存在馆藏文物和民间文物收藏的收藏方法。博物馆、图书馆和其他文物收藏单位对收藏的文物,必须区分文物等级,设置藏品档案,建立严格的管理制度,并报主管的文物行政部门备案。国务院文物行政部门应建立国家一级文物藏品和其主管的国有文物收藏单位馆藏文物档案;地方各级文物管理部门应建立本行政区域内的馆藏档案。注意文物收藏单位之间借用文物的期限。

第五十条 文物收藏单位以外的公民、法人和其他组织可以收藏通过下列方式取得的文物：

（一）依法继承或者接受赠与；

（二）从文物商店购买；

（三）从经营文物拍卖的拍卖企业购买；

（四）公民个人合法所有的文物相互交换或者依法转让；

（五）国家规定的其他合法方式。

文物收藏单位以外的公民、法人和其他组织收藏的前款文物可以依法流通。

第五十一条 公民、法人和其他组织不得买卖下列文物：

（一）国有文物，但是国家允许的除外；

（二）非国有馆藏珍贵文物；

（三）国有不可移动文物中的壁画、雕塑、建筑构件等，但是依法拆除的国有不可移动文物中的壁画、雕塑、建筑构件等不属于本法第二十条第四款规定的应由文物收藏单位收藏的除外；

（四）来源不符合本法第五十条规定的文物。

第五十二条 国家鼓励文物收藏单位以外的公民、法人和其他组织将其收藏的文物捐赠给国有文物收藏单位或者出借给文物收藏单位展览和研究。

国有文物收藏单位应当尊重并按照捐赠人的意愿，对捐赠的文物妥善收藏、保管和展示。

国家禁止出境的文物，不得转让、出租、质押给外国人。

法条解读：文物收藏单位以外的公民、法人和其他组织可以通过特定方式收藏文物，同时国家鼓励民间文物收藏的个人或组织将其收藏的文物捐赠给国有文物收藏单位或者出借给文物收藏单位展览和研究。但是国家禁止出境的文物，不得转让、出租、质押给外国人。

第六十条 国有文物、非国有文物中的珍贵文物和国家规定禁止出境的其他文物，不得出境；但是依照本法规定出境展览或者因特殊需要经国务院批准出境的除外。

第六十一条 文物出境，应当经国务院文物行政部门指定的文物进出境审核机构审核。经审核允许出境的文物，由国务院文物行政部门发给文物出境许可证，从国务院文物行政部门指定的口岸出境。

任何单位或者个人运送、邮寄、携带文物出境，应当向海关申报；海关凭文物出境许可证放行。

第六十二条 文物出境展览，应当报国务院文物行政部门批准；一级文物超过国务院规定数量的，应当报国务院批准。

一级文物中的孤品和易损品，禁止出境展览。

出境展览的文物出境，由文物进出境审核机构审核、登记。海关凭国务院文物行政部门或者国务院的批准文件放行。出境展览的文物复进境，由原文物进出境审核机构审核查验。

第六十三条 文物临时进境，应当向海关申报，并报文物进出境审核机构审核、登记。

临时进境的文物复出境，必须经原审核、登记的文物进出境审核机构审核查验；经审核查验无误的，由国务院文物行政部门发给文物出境许可证，海关凭文物出境许可证放行。

法条解读：一般文物出境，应当经过国务院文物行政部门指定的文物进出境审核机构审核；但是任何单位或者个人运送、邮寄、携带文物出境，则向海关申报，而不是由国务院文物行政部门指定的文物进出境审核机构申报；另外文物临时进境，则是向海关申报，但是临时进境的文物复出境，必须经原审核、登记的文物进出境审核机构审核查验，这里涉及的文物出境审查机关关系较为复杂，要予以关注。

案例一

◆ 案情回放

新疆天山天池是国务院1982年首批公布的44处国家重点风景名胜区之一，也是世界上唯一具有完整山地自然景观和现代冰川地貌景观的国家级风景名胜区。近几年，天山环境出现恶化趋势，空气受到一定程度的污染，其污染主要来自当地旅游企业和水上娱乐游船。据统计，景区内有大型餐厅14个，主要使用燃气灶，均以柴油作燃料，每个餐厅年用柴油量约计0.8吨，在天池中行驶的游艇可拉起一道30—50米长的黑色烟雾，那些不充分燃烧的柴油落入湖中，以及游艇油污的泄漏，在湖面上形成浮油，日久就会使湖体水质恶化，影响到湖面的景观。同时，由于空气的污染会使整个天山地区降水酸度加大，造成沙进水退的局面。目前天山天池水域面积正以每年200平方米的速度减少。

◆ 案情分析

针对这个问题，《风景名胜区条例》明确了国家对风景名胜区实行科学规划、统一管理、严格保护、永续利用的原则，并从以下方面作了规定：一是要求对风景名胜区内的景观和自然环境实行严格保护，不得破坏或随意改变。在风景名胜区内禁止修建储存危险物品的设施或进行开荒、开矿等活动，并对设置、张贴广告，举办大型游乐活动等行为作了严格限定。禁止违反风景名胜区规划，在风景名胜区内设立各类开发区或在核心景区内建设宾馆、招待所、培训中心、疗养院以及与风景名胜资源保护无关的其他建筑物；已经建设的，应按照风景名胜区规划，逐步迁出。二是明确规定，在风景名胜区内从事建设活动应经风景名胜区管理机构审核后，依法办理审批手续；在国家级风景名胜区内修建缆车、索道等重大建设工程，项目的选址方案应报国务院建设主管部门核准。在风景名胜区内进行各项建设活动，应符合风景名胜区规划，并与景观相协调，不得建设破坏景观、污染环境、妨碍游览的设施。三是要求风景名胜区内宗教活动场所的管理依照有关宗教活动场所管理的规定执行，风景名胜区内涉及自然资源保护、利用、管理和文物保护以及自然保护区管理的，还应执行有关法律法规的规定。

案例二

◆ 案情回放

2003年4月中旬，在湖南南部一个名为张谷英村的地方，有一个叫张再发的村民，发现自己家房子的山墙快要倒了，他就自己动手，拆除并维修了这面山墙。张再发拆除的这面山墙，由于年久失修，在拆除以前已经严重破损。张再发觉得墙体如果不维修，不知道哪天就会倒塌,说不定还会砸到人。但是,早在2001年6月,张谷英村的古民居建筑群以其严格按照封建伦理观念修建的整体建筑风格,被列为国家重点保护文物。鉴于张谷英村的民居建筑是文物这一特点,文物部门规定,在修建时必须在文物部门的指导下,依照维持原貌的原则,保持整体的建筑风格。所以,张再发修墙之前便和村里打过招呼。可是,村委会告诉张再发,因为整个村子是文物,所以村委会并没有批准维修的权利,让其去找设在村里的张谷英民俗文化建设指挥部。该建设指挥部是当地政府为开发保护张谷英村设立的综合办事机构,其主要职能之一就是监管张谷英村的修建工作。张再发提到既然房子是文物,修墙如果修成原样肯定会花较多的钱,于是就请求指挥部能给自己一些修缮补贴。对于张再发的请求,指挥部拒绝了。指挥部指出,文物处管辖的国家经费没有对个人房屋维修的计划,这笔经费主要是对环境整治、大面积公益设施的维修费用。对于指挥部不承担个人维修费用的答复,张再发自然不满意。他想,房子虽然是国宝,但是毕竟还是自己的财产,为了安全,他自己动手,私自维修了墙体。结果,被张谷英民俗文化建设指挥部告之:推倒重修,恢复原状。

问:

(1) 张再发私自拆除他家房子山墙的做法对不对,其法律依据是什么?

(2) 本案中指挥部不予资助的做法是否符合《文物保护法》的规定,该房子的修缮费用应该由谁承担?

◆ 案例分析

(1) 根据《文物保护法》之规定:"使用不可移动文物,必须遵守不改变文物原状的原则,负责保护建筑物及其附属文物的安全,不得损毁、改建、添建或者拆除不可移动文物。"因此,被确定为文物的不可移动文物是不能随意改建或拆除的,如果必须损毁、改建、添建或者拆除,应该履行法律规定的手续,依法进行。本案中的修缮对象是已经确定为全国重点文物保护单位的文物,其修缮计划和设计施工方案,由国家文物局审查批准。行为人张再发未经批准擅自对已经确定为国家重点文物保护单位的房屋进行修缮是不合法的。

(2) 根据《文物保护法》之规定:非国有不可移动文物由所有人负责修缮、保养。非国有不可移动文物有损毁危险,所有人不具备修缮能力的,当地人民政府应当给予帮助;所有人具备修缮能力而拒不依法履行修缮义务的,县级以上人民政府可以给予抢救修缮,所需费用由所有人负担。由此可知,本案中,该建筑虽然已确定为全国重点保护单位,但产权仍属于张再发,房屋的修缮费用应由张再发负责。

案例三

◆ 案情回放

近年来,许多房地产开发商纷纷将目光瞄向风景秀丽、环境优美的名山大川,以致建造的豪宅别墅竞相出现,香山艺墅就是其中之一。香山艺墅位于北京西山风景区,占地约有5万平方米,总建筑规模约有3万平方米。对于这块风水宝地,几家房地产开发商向北京市政府提交10个别墅项目的开发计划。根据有关专家介绍,目前泰山、崂山等一些名山大川已经成为开发商的猎取目标。人们担心,随着城市土地资源的日益稀缺,房地产开发商大作

"山水文章"的这股浪潮,必将引发对风景旅游区更大一波的瓜分浪潮。这样虽然会有短期的经济效益,但却势必付出沉重代价,致使这些景区的环境效益与整体美感受到严重影响。

◆ **案例分析**

(1)《中华人民共和国自然保护区条例》第十八条规定:自然保护区可以分为核心区、缓冲区和实验区。通常,核心区对人员进入和设施建设严格限制;缓冲区主要是对核心区进行保护,允许部分人员进入;控制区则是缓解整个景区的承载力,这个区域虽然远离核心区,但也不能够乱搞建设。在本案中,香山艺墅的开发计划应当受到严格审查,绝不能够乱搞开发。

(2)《风景名胜区条例》第二十四条规定:风景名胜区内的景观和自然环境,应当根据可持续发展的原则,严格保护,不得破坏或者随意改变。第二十七条规定:禁止违反风景名胜区规划,在风景名胜区内设立各类开发区和在核心景区内建设宾馆、招待所、培训中心、疗养院以及与风景名胜资源保护无关的其他建筑物;已经建设的,应当按照风景名胜区规划,逐步迁出。在本案中,虽然香山艺墅的开发建设基本上是位于控制区外,但也应当按有关规定严格限制。很多景区规划以往只顾当地经济发展,忽视景区的整体开发,生态环境受到破坏。有关部门对于这种开发建设,应当给予充分重视,采取措施加强管理。

案例四

◆ **案情回放**

紫金山位于南京市,景区方圆数十里,奇岩怪石层叠交错,形成无数洞穴泉井,有九洞十八景之称,平均每天来此登山的游客多达2万人次。但是,很多游客不按指定路线行游,踩毁景区的绿色植被;有的游客折枝采花,严重损害紫金山北麓的山体植被,形成多处"光坡"现象。当工作人员制止此类行为时,却遭到游客指责。此外,过多游客带来严重的环境污染,特别是北麓登山者四处野餐,将大量垃圾丢下山崖,五颜六色的塑料袋、软包装散落到灌木丛中,缠绕飘扬在树枝上,很不雅观,整理起来难度很大。有些游客乱刻乱画的文物古迹则无法修复。由此,紫金山整个景区的旅游环境受到极大破坏,严重影响到旅游效果。

◆ **案例分析**

《风景名胜区条例》第二十四条规定:风景名胜区内的景观和自然环境,应当根据可持续发展的原则,严格保护,不得破坏或者随意改变。风景名胜区管理机构应当建立健全风景名胜资源保护的各项管理制度。本案中,景区管理者应该在景区安置适当的警示标志,对游客进行提示或指导,禁止在旅游区内折枝采花,禁止随意倾倒、堆放或抛弃建筑垃圾,食品和饮料的包装物,果皮、废纸等生活垃圾,在景区积极推行进门发放清洁袋,并且建立回收垃圾站的有效制度,严格禁止在旅游区内尤其是文物古迹、古树名木上乱涂乱画、乱写乱刻。第四十四条规定:违反本条例的规定,在景物、设施上刻划、涂污或者在风景名胜区内乱扔垃圾的,由风景名胜区管理机构责令恢复原状或者采取其他补救措施,处50元的罚款;刻划、涂污或者以其他方式故意损坏国家保护的文物、名胜古迹的,按照治安管理处罚法的有关规定予以处罚;构成犯罪的,依法追究刑事责任。因此,景区管理部门对破坏景区环境的游客必须依法进行处罚,并对情节严重构成犯罪的,由司法机关依法追究刑事责任。

六

旅游出入境管理法律制度

中华人民共和国海关法

第二条　中华人民共和国海关是国家的进出关境(以下简称进出境)监督管理机关。海关依照本法和其他有关法律、行政法规,监管进出境的运输工具、货物、行李物品、邮递物品和其他物品(以下简称进出境运输工具、货物、物品),征收关税和其他税、费,查缉走私,并编制海关统计和办理其他海关业务。

法条解读:本条是对海关的基本性质、基本职能作出的规定,海关的职责是监管进出境相关物品,征收关税,查缉走私,编制海关统计等,

第六条　海关可以行使下列权力:

(一)检查进出境运输工具,查验进出境货物、物品;对违反本法或者其他有关法律、行政法规的,可以扣留。

(二)查阅进出境人员的证件;查问违反本法或者其他有关法律、行政法规的嫌疑人,调查其违法行为。

(三)查阅、复制与进出境运输工具、货物、物品有关的合同、发票、账册、单据、记录、文件、业务函电、录音录像制品和其他资料;对其中与违反本法或者其他有关法律、行政法规的进出境运输工具、货物、物品有牵连的,可以扣留。

(四)在海关监管区和海关附近沿海沿边规定地区,检查有走私嫌疑的运输工具和有藏匿走私货物、物品嫌疑的场所,检查走私嫌疑人的身体;对有走私嫌疑的运输工具、货物、物品和走私犯罪嫌疑人,经直属海关关长或者其授权的隶属海关关长批准,可以扣留;对走私犯罪嫌疑人,扣留时间不超过二十四小时,在特殊情况下可以延长至四十八小时。

在海关监管区和海关附近沿海沿边规定地区以外,海关在调查走私案件时,对有走私嫌疑的运输工具和除公民住处以外的有藏匿走私货物、物品嫌疑的场所,经直属海关关长或者其授权的隶属海关关长批准,可以进行检查,有关当事人应当到场;当事人未到场的,在有见证人在场的情况下,可以径行检查;对其中有证据证明有走私嫌疑的运输工具、货物、物品,可以扣留。

海关附近沿海沿边规定地区的范围,由海关总署和国务院公安部门会同有关省级人民政府确定。

(五)在调查走私案件时,经直属海关关长或者其授权的隶属海关关长批准,可以查询

案件涉嫌单位和涉嫌人员在金融机构、邮政企业的存款、汇款。

（六）进出境运输工具或者个人违抗海关监管逃逸的，海关可以连续追至海关监管区和海关附近沿海沿边规定地区以外，将其带回处理。

（七）海关为履行职责，可以配备武器。海关工作人员佩戴和使用武器的规则，由海关总署会同国务院公安部门制定，报国务院批准。

（八）法律、行政法规规定由海关行使的其他权力。

法条解读：本条是对海关可以行使的权力作出的规定，海关的权力是根据海关的基本职能，为维护国家的主权和国家利益的需要而确定的，这种权力的授予必须经过法律，海关不可以自行决定其权力的内容和行使权力的必要程序。

第八条　进出境运输工具、货物、物品，必须通过设立海关的地点进境或者出境。在特殊情况下，需要经过未设立海关的地点临时进境或者出境的，必须经国务院或者国务院授权的机关批准，并依照本法规定办理海关手续。

法条解读：本条是对进出境地点作出的规定，为了保证海关对进出境实行有效的监督管理，必须规定进出境运输工具、货物、物品在设立海关的地点进境或者出境，无论是采用水上运输工具、陆路运输工具还是实行空中运输，以及运用这些运输工具载运的货物、物品，都必须在设立海关的地点进出境，接受海关的监管，这是法律所规定的、有强制力的、普遍执行的规定。

第十条　报关企业接受进出口货物收发货人的委托，以委托人的名义办理报关手续的，应当向海关提交由委托人签署的授权委托书，遵守本法对委托人的各项规定。

报关企业接受进出口货物收发货人的委托，以自己的名义办理报关手续的，应当承担与收发货人相同的法律责任。委托人委托报关企业办理报关手续的，应当向报关企业提供所委托报关事项的真实情况；报关企业接受委托人的委托办理报关手续的，应当对委托人所提供情况的真实性进行合理审查。

法条解读：本条是对代理办理报关手续的委托人与报关企业之间的法律关系作出的规定。按照海关法的规定，进出口货物收发货人可以委托报关企业办理报关手续，从而发生了一系列的法律关系，主要内容为：以委托人名义办理报关手续的；以报关企业名义办理报关手续的；委托人与受托代理的报关企业之间的法定义务。

第十一条　进出口货物收发货人、报关企业办理报关手续，必须依法经海关注册登记。报关人员必须依法取得报关从业资格。未依法经海关注册登记的企业和未依法取得报关从业资格的人员，不得从事报关业务。

报关企业和报关人员不得非法代理他人报关，或者超出其业务范围进行报关活动。

法条解读：本条是对报关企业、报关人员的资格和行为作出的规定。

第十二条　海关依法执行职务，有关单位和个人应当如实回答询问，并予以配合，任何单位和个人不得阻挠。

海关执行职务受到暴力抗拒时，执行有关任务的公安机关和人民武装警察部队应当予以协助。

法条解读：本条是对海关询问和获得协助作出的规定。

第十四条　进出境运输工具到达或者驶离设立海关的地点时，运输工具负责人应当向海关如实申报,交验单证,并接受海关监管和检查。

停留在设立海关的地点的进出境运输工具,未经海关同意,不得擅自驶离。

进出境运输工具从一个设立海关的地点驶往另一个设立海关的地点的,应当符合海关监管要求,办理海关手续,未办结海关手续的,不得改驶境外。

法条解读:本条是对进出境运输工具到达或者驶离设立海关的地点时,应当履行的义务的规定。

第十五条 进境运输工具在进境以后向海关申报以前,出境运输工具在办结海关手续以后出境以前,应当按照交通主管机关规定的路线行进;交通主管机关没有规定的,由海关指定。

法条解读:本条是对进出境运输工具在规定期间内的行驶路线实行交通和海关管制的规定。

第十八条 海关检查进出境运输工具时,运输工具负责人应当到场,并根据海关的要求开启舱室、房间、车门;有走私嫌疑的,并应当开拆可能藏匿走私货物、物品的部位,搬移货物、物料。

海关根据工作需要,可以派员随运输工具执行职务,运输工具负责人应当提供方便。

法条解读:本条是对进出境运输工具负责人对海关依法履行职责应当予以配合的规定。

第十九条 进境的境外运输工具和出境的境内运输工具,未向海关办理手续并缴纳关税,不得转让或者移作他用。

法条解读:本条是对未向海关办理手续并缴纳关税的进出境运输工具不得转让或者移作他用的规定。

第二十一条 沿海运输船舶、渔船和从事海上作业的特种船舶,未经海关同意,不得载运或者换取、买卖、转让进出境货物、物品。

法条解读:本条是对沿海运输船舶、渔船和从事海上作业的特种船舶从事进出境货物、物品载运和经营活动的禁止性规定。

第二十三条 进口货物自进境起到办结海关手续止,出口货物自向海关申报起到出境止,过境、转运和通运货物自进境起到出境止,应当接受海关监管。

法条解读:本条是对进出境货物接受海关监管的期间的规定。

第二十四条 进口货物的收货人、出口货物的发货人应当向海关如实申报,交验进出口许可证件和有关单证。国家限制进出口的货物,没有进出口许可证件的,不予放行,具体处理办法由国务院规定。

进口货物的收货人应当自运输工具申报进境之日起十四日内,出口货物的发货人除海关特准的外应当在货物运抵海关监管区后、装货的二十四小时以前,向海关申报。

进口货物的收货人超过前款规定期限向海关申报的,由海关征收滞报金。

法条解读:本条是对进出口货物的报关文件和报关时间的规定:第一款明确规定,进口货物的收货人、出口货物的发货人应当向海关如实申报,这就是确定进出口货物的收发货人负有如实申报的义务;第二款规定进行进出口货物的海关申报,主要是向海关交验规定的报关文件。

第二十五条 办理进出口货物的海关申报手续,应当采用纸质报关单和电子数据报关单的形式。

法条解读：本条是对报关单形式的规定：纸质报关单和电子数据报关单。

第二十七条　进口货物的收货人经海关同意，可以在申报前查看货物或者提取货样。需要依法检疫的货物，应当在检疫合格后提取货样。

法条解读：本条是对申报前查看货物或者提取货样的规定。

第二十八条　进出口货物应当接受海关查验。海关查验货物时，进口货物的收货人、出口货物的发货人应当到场，并负责搬移货物，开拆和重封货物的包装。海关认为必要时，可以径行开验、复验或者提取货样。

经收发货人申请，海关总署批准，其进出口货物可以免验。

法条解读：本条是对海关查验货物的规定，查验货物，就是以已经审核的报关单证为依据，在海关监管场所对进出口货物进行实际的检查。查验货物的主要目的，就是检查报关单与进出口货物许可证件、货物进出口合同、提货单以及其他需要向海关提交的单证的内容是否相符。

第三十条　进口货物的收货人自运输工具申报进境之日起超过三个月未向海关申报的，其进口货物由海关提取依法变卖处理，所得价款在扣除运输、装卸、储存等费用和税款后，尚有余款的，自货物依法变卖之日起一年内，经收货人申请，予以发还；其中属于国家对进口有限制性规定，应当提交许可证件而不能提供的，不予发还。逾期无人申请或者不予发还的，上缴国库。

确属误卸或者溢卸的进境货物，经海关审定，由原运输工具负责人或者货物的收发货人自该运输工具卸货之日起三个月内，办理退运或者进口手续；必要时，经海关批准，可以延期三个月。逾期未办手续的，由海关按前款规定处理。

前两款所列货物不宜长期保存的，海关可以根据实际情况提前处理。

收货人或者货物所有人声明放弃的进口货物，由海关提取依法变卖处理；所得价款在扣除运输、装卸、储存等费用后，上缴国库。

法条解读：本条是对海关在特殊情况下对有关进口货物进行处理的规定，在海关监管的进口货物中，有些货物因其收货人逾期不办理海关手续或声明放弃而成为无法交付的货物，还有些货物是误卸、溢卸的货物，为了保障国家利益，本条规定赋予海关处理这些进口货物的权力，并规定了海关处理这些货物的规则。

第三十一条　经海关批准暂时进口或者暂时出口的货物，应当在六个月内复运出境或者复运进境；在特殊情况下，经海关同意，可以延期。

法条解读：在进出口货物中，有些货物是国际组织，外国政府，一些国家和地区的企业、团体或个人为开展经济、技术、科学、文化合作交流而暂时运入我国境内，或者是我国到国外举办经济、贸易、文化、科技等展览会或参加外国博览会而暂时运出我国境外的，由于这些暂时进出口货物在一定期限内还要复运出境或复运进境，因而海关对这些货物的监管也不同于对一般的进出口货物的监管，对这些暂时进出境货物，有的在收发货人向海关缴纳保证金或提供担保后准予暂免关税和其他进口环节税，有的可以免领进出口许可证件等。这些货物如果通过正常的贸易渠道进出口，则需要依法缴纳关税及其他国内税，或者应当提交进出口许可证件。

第三十二条 经营保税货物的储存、加工、装配、展示、运输、寄售业务和经营免税商店，应当符合海关监管要求，经海关批准，并办理注册手续。

保税货物的转让、转移以及进出保税场所，应当向海关办理有关手续，接受海关监管和查验。

法条解读：本条是对经营保税业务的监管规定，保税是一种海关监管制度。它是指企业所进口的货物经海关批准，在境内海关指定的场所储存、加工、装配，并暂不缴纳进口关税和其他进口环节税，目前我国保税业务主要采用保税仓库、保税工厂、保税区等形式。不论采用哪种保税业务形式，海关监管的核心都是保税货物的管理。

第三十三条 企业从事加工贸易，应当持有关批准文件和加工贸易合同向海关备案，加工贸易制成品单位耗料量由海关按照有关规定核定。

加工贸易制成品应当在规定的期限内复出口。其中使用的进口料件，属于国家规定准予保税的，应当向海关办理核销手续；属于先征收税款的，依法向海关办理退税手续。

加工贸易保税进口料件或者制成品因故转为内销的，海关凭准予内销的批准文件，对保税的进口料件依法征税；属于国家对进口有限制性规定的，还应当向海关提交进口许可证件。

法条解读：本条是对加工贸易海关监管的规定，加工贸易，是指经营单位从国外购进原料、材料、辅料、元器件、零部件、配套件和包装物料，在国内加工、装配为成品后再复运出口的一种贸易方式。在做法上分为来料加工和进料加工两种。

第三十四条 经国务院批准在中华人民共和国境内设立的保税区等海关特殊监管区域，由海关按照国家有关规定实施监管。

法条解读：本条是对保税区等海关特殊监管区域实施监管的规定，保税区，是国家为拓展出口加工、转口、过境贸易服务所划出的，开展加工整理、包装、运输、仓储和商业展出等业务的特定区域。保税区是国际上通行的保税方式，对于鼓励和促进国际贸易的发展具有重要作用。

第三十六条 过境、转运和通运货物，运输工具负责人应当向进境地海关如实申报，并应当在规定期限内运输出境。

海关认为必要时，可以查验过境、转运和通运货物。

法条解读：本条是对过境、转运和通运货物的海关手续的规定，这既是过境、转运和通运货物必须履行的义务，也是海关行使监管权力的依据。

第四十五条 自进出口货物放行之日起三年内或者在保税货物、减免税进口货物的海关监管期限内及其后的三年内，海关可以对与进出口货物直接有关的企业、单位的会计账簿、会计凭证、报关单证以及其他有关资料和有关进出口货物实施稽查。具体办法由国务院规定。

法条解读：本条是对海关就与进出口货物直接有关的企业、单位的有关资料及进出口货物实施稽查的规定。海关稽查，是指海关自进出口货物放行之日起一定期限内或者在保税货物、减免税进口货物的海关监管期限内及其后的一定期限内，对被稽查人的会计账簿、会计凭证、报关单证以及其他有关资料（以下统称账簿、单证等有关资料）和有关进出口货物进行核查，监督被稽查人进出口活动的真实性和合法性。

第四十六条 个人携带进出境的行李物品、邮寄进出境的物品,应当以自用、合理数量为限,并接受海关监管。

法条解读:本条是对个人携带进出境的行李物品、邮寄进出境物品的监管规定,对携带、邮寄以上物品进出境的规定是:以自用、合理数量为限,并接受海关监管。自用合理数量是海关验放进出境行李物品的基本原则,也是国际上通行的惯例。

第五十条 经海关登记准予暂时免税进境或者暂时免税出境的物品,应当由本人复带出境或者复带进境。

过境人员未经海关批准,不得将其所带物品留在境内。

法条解读:本条是对暂时免税进出境物品和过境人员所带物品管理的规定,根据国家有关规定,暂时免税的进出境物品主要包括进出境人员自用的照相机、便携式收录音机、小型摄影机、手提式摄录机、手提式文字处理机以及经海关审核批准的其他物品;对过境人员所带物品管理方面,根据国家有关规定,在进境口岸不离开海关监管区或海关监管下的交通工具的过境人员所带物品,可免于申报,海关对其所带物品一般不予查验。在过境期限内离开海关监管区的过境人员,所带物品应以旅行所需用为限,在规定范围内的,经海关核准可予登记暂时免税放行,过境人员出境时必须将原物复带出境。

第五十一条 进出境物品所有人声明放弃的物品、在海关规定期限内未办理海关手续或者无人认领的物品,以及无法投递又无法退回的进境邮递物品,由海关依照本法第三十条的规定处理。

法条解读:本条是对海关依法变卖处理有关进出境物品的规定。

第五十四条 进口货物的收货人、出口货物的发货人、进出境物品的所有人,是关税的纳税义务人。

法条解读:本条是对关税纳税义务人的规定。纳税义务人,又称纳税人,是法律规定的直接负有关税纳税义务的单位和个人,根据本条规定,关税的纳税义务人是进口货物的收货人、出口货物的发货人、进出境物品的所有人。

第五十五条 进出口货物的完税价格,由海关以该货物的成交价格为基础审查确定。成交价格不能确定时,完税价格由海关依法估定。

进口货物的完税价格包括货物的货价、货物运抵中华人民共和国境内输入地点起卸前的运输及其相关费用、保险费;出口货物的完税价格包括货物的货价、货物运至中华人民共和国境内输出地点装载前的运输及其相关费用、保险费,但是其中包含的出口关税税额,应当予以扣除。

进出境物品的完税价格,由海关依法确定。

法条解读:本条是对关税完税价格的规定。进出口货物的完税价格,由海关以该货物的成交价格为基础审查确定,这是国际上通行的确定关税完税价格的方式。所谓成交价格是指一般贸易项下进出口货物的买方为购买该项货物,向卖方实际支付的价格。根据本条规定,进口货物的完税价格包括货物的货价、货物运抵中华人民共和国境内输入地点起卸前的运输及其相关费用、保险费;出口货物的完税价格包括货物的货价、货物运至中华人民共和国境内输出地点装载前的运输及其相关费用、保险费,但是其中包含的出口关税税额,应当予以扣除。由此可以看出,进口货物的完税价格为进口货物的到岸价格(CIF,成本、保险费加运费),出口货物的完税价格为出口货物的离岸价格(FOB),如果进出口货物的实际成交价格采用其他价格标准,应当作相应的调整。

第五十六条 下列进出口货物、进出境物品,减征或者免征关税:

(一)无商业价值的广告品和货样;

(二)外国政府、国际组织无偿赠送的物资;

(三)在海关放行前遭受损坏或者损失的货物;

(四)规定数额以内的物品;

(五)法律规定减征、免征关税的其他货物、物品;

(六)中华人民共和国缔结或者参加的国际条约规定减征、免征关税的货物、物品。

法条解读:本条是对法定减免税项目的规定,所谓法定减免税项目是指依照本法和有关法律、行政法规的规定,应当予以减免进出口关税的项目。

第六十条 进出口货物的纳税义务人,应当自海关填发税款缴款书之日起十五日内缴纳税款;逾期缴纳的,由海关征收滞纳金。纳税义务人、担保人超过三个月仍未缴纳的,经直属海关关长或者其授权的隶属海关关长批准,海关可以采取下列强制措施:

(一)书面通知其开户银行或者其他金融机构从其存款中扣缴税款;

(二)将应税货物依法变卖,以变卖所得抵缴税款;

(三)扣留并依法变卖其价值相当于应纳税款的货物或者其他财产,以变卖所得抵缴税款。

海关采取强制措施时,对前款所列纳税义务人、担保人未缴纳的滞纳金同时强制执行。

进出境物品的纳税义务人,应当在物品放行前缴纳税款。

法条解读:本条是对关税税款如何缴纳的规定。

第六十二条 进出口货物、进出境物品放行后,海关发现少征或者漏征税款,应当自缴纳税款或者货物、物品放行之日起一年内,向纳税义务人补征。因纳税义务人违反规定而造成的少征或者漏征,海关在三年以内可以追征。

法条解读:本条是对补征、追征关税税款的规定,关税的补征是指在进出口货物完税后,海关发现实际征收的关税税款少于应征税额,并且少征税额是非因纳税义务人违反规定造成的,而责令纳税义务人补缴税款差额的制度。关税的追征是指在进出口货物完税后,海关发现实际征收的关税税款少于应征税额,并且少征税额是因纳税义务人违反规定造成的,而责令纳税义务人补缴税款差额的制度。

第六十六条 在确定货物的商品归类、估价和提供有效报关单证或者办结其他海关手续前,收发货人要求放行货物的,海关应当在其提供与其依法应当履行的法律义务相适应的担保后放行。法律、行政法规规定可以免除担保的除外。

法律、行政法规对履行海关义务的担保另有规定的,从其规定。

国家对进出境货物、物品有限制性规定,应当提供许可证件而不能提供的,以及法律、行政法规规定不得担保的其他情形,海关不得办理担保放行。

法条解读:本条是对海关事务担保适用范围的原则性规定,所谓海关事务担保,是指与海关管理有关的当事人在向海关申请从事特定的经营业务或者办理特定的海关手续时,其本人或海关认可的第三人以向海关提交现金、实物或者保证函等财产、权利的方式,保证在一定期限内履行其承诺的义务的法律行为。建立海关事务担保制度是解决简化手续、加速通关与严密监管、防范风险这一对海关管理矛盾的有效方法之一，我国的海关事务担保制度是根据担保法律的一些基本原理，借鉴国外海关的先进经验而创新性地建立的海关事务法律制度，在公平合理与有效管理的基础上，将民事法律中的交易保障制度引进到行政法律的行政管理和执法保障制度中，它既有利于简化海关手续、促进贸易效率和经济发展，又保障了国家财政收入和本法及贸易法等的贯彻实施。

第六十七条　具有履行海关事务担保能力的法人、其他组织或者公民，可以成为担保人。法律规定不得为担保人的除外。

第六十八条　担保人可以以下列财产、权利提供担保：

（一）人民币、可自由兑换货币；

（二）汇票、本票、支票、债券、存单；

（三）银行或者非银行金融机构的保函；

（四）海关依法认可的其他财产、权利。

法条解读：本条是对担保人应当具备主体资格的原则性规定和对担保人提供的担保物种类的规定。

中华人民共和国出入境边防检查条例

第三条　中华人民共和国在对外开放的港口、航空港、车站和边境通道等口岸设立出境入境边防检查站（以下简称边防检查站）。

法条解读：本条对边防检查站的设立作出了规定，有两层含义。一是明确规定了设立边防检查站的主体是国家；二是规定了设立边防检查站的地点是对外开放口岸。

第四条　边防检查站为维护国家主权、安全和社会秩序，履行下列职责：

（一）对出境、入境的人员及其行李物品、交通运输工具及其载运的货物实施边防检查；

（二）按照国家有关规定对出境、入境的交通运输工具进行监护；

（三）对口岸的限定区域进行警戒，维护出境、入境秩序；

（四）执行主管机关赋予的和其他法律、行政法规规定的任务。

第五条　出境、入境的人员和交通运输工具，必须经对外开放的口岸或者主管机关特许的地点通行，接受边防检查、监护和管理。出境、入境的人员，必须遵守中华人民共和国的法律、行政法规。

第六条　边防检查人员必须依法执行公务。任何组织和个人不得妨碍边防检查人员依法执行公务。

法条解读：本条对出境、入境人员和交通运输工具通行的口岸、地点以及他们的基本义务作出了原则规定，为边防检查站依法履行职责提供了法律保障。

第八条　出境、入境的人员有下列情形之一的，边防检查站有权阻止其出境、入境：

（一）未持出境、入境证件的；

（二）持有无效出境、入境证件的；

（三）持用他人出境、入境证件的；

（四）持用伪造或者涂改的出境、入境证件的；

（五）拒绝接受边防检查的；

（六）未在限定口岸通行的；

（七）国务院公安部门、国家安全部门通知不准出境、入境的；

（八）法律、行政法规规定不准出境、入境的。出境、入境的人员有前款第（三）项、第（四）项或者中国公民有前款第（七）项、第（八）项所列情形之一的，边防检查站可以扣留或者收缴其出境、入境证件。

法条解读：本条是边防检查站有权阻止出境、入境的规定，注意边防检查站有权扣留或者收缴出境、入境证件的条件。

第十条 抵达中华人民共和国口岸的船舶的外国籍船员及其随行家属和香港、澳门、台湾船员及其随行家属，要求在港口城市登陆、住宿的，应当由船长或者其代理人向边防检查站申请办理登陆、住宿手续。经批准登陆、住宿的船员及其随行家属，必须按照规定的时间返回船舶。登陆后有违法行为，尚未构成犯罪的，责令立即返回船舶，并不得再次登陆。从事国际航行船舶上的中国船员，凭本人的出境、入境证件登陆、住宿。

第十一条 申请登陆的人员有本条例第八条所列情形之一的，边防检查站有权拒绝其登陆。

法条解读：本条是对抵达中华人民共和国口岸的船舶的船及其随行家属，在港口城市登陆、住宿的手续和登陆、住宿的管理作出的规定。

第十二条 上下外国船舶的人员，必须向边防检查人员交验出境、入境证件或者其他规定的证件，经许可后，方可上船、下船。口岸检查、检验单位的人员需要登船执行公务的，应当着制服并出示证件。

法条解读：注意边防检查拒绝登陆的情形，同时注意登船执行公务的程序规定。

第十四条 边防检查站认为必要时，可以对出境、入境的人员进行人身检查。人身检查应当由两名与受检查人同性别的边防检查人员进行。

法条解读：本条有两层含义，一是明确了边防检查站在认为有必要时，有权对有违法违规嫌疑出境、入境的人员进行人身检查；二是对检查方式作出了规定。

第十五条 出境、入境的人员有下列情形之一的，边防检查站有权限制其活动范围，进行调查或者移送有关机关处理：

（一）有持用他人出境、入境证件嫌疑的；

（二）有持用伪造或者涂改的出境、入境证件嫌疑的；

（三）国务院公安部门、国家安全部门和省、自治区、直辖市公安机关、国家安全机关通知有犯罪嫌疑的；

（四）有危害国家安全、利益和社会秩序嫌疑的。

法条解读：本条明确规定边防检查站对有违反我国法律、法规嫌疑的出入境人员有限制其活动范围，进行调查或者移送有关机关处理的权力。

第十六条 出境、入境的交通运输工具离、抵口岸时，必须接受边防检查。对交通运输工具的入境检查，在最先抵达的口岸进行；出境检查，在最后离开的口岸进行。在特殊情况下，经主管机关批准，对交通运输工具的入境、出境检查，也可以在特许的地点进行。

法条解读：本条有两层含义，一是为了体现国家主权，规定了出入境的交通运输工具必须接受边防检查；二是规定了对出入境的交通运输工具实施检查的口岸。

第十七条　交通运输工具的负责人或者有关交通运输部门，应当事先将出境、入境的船舶、航空器、火车离、抵口岸的时间、停留地点和载运人员、货物情况，向有关的边防检查站报告。

交通运输工具抵达口岸时，船长、机长或者其代理人必须向边防检查站申报员工和旅客的名单；列车长及其他交通运输工具的负责人必须申报员工和旅客的人数。

法条解读：本条有两款，分别就交通运输工具出入境前的预报和抵达口岸时的申报作出了规定。

第十九条　出境、入境的交通运输工具在中国境内必须按照规定的路线、航线行驶。外国船舶未经许可不得在非对外开放的港口停靠。

出境的交通运输工具自出境检查后到出境前，入境的交通运输工具自入境后到入境检查前，未经边防检查站许可，不得上下人员、装卸物品。

法条解读：本条共两款，第一款对出入境交通运输工具在我国境内的行驶和外国船舶的停靠作出了规定，第二款对交通运输工具在出境检查后、入境检查前的管理作出了规定。

第二十条　中国船舶需要搭靠外国船舶的，应当由船长或者其代理人向边防检查站申请办理搭靠手续；未办理手续的，不得擅自搭靠。

法条解读：本条是对搭靠外轮作业的中国船舶的规定。中国船舶需要搭靠外国船舶开展工作，联系业务的，应当到边防检查站办理搭靠手续，申领《搭靠外轮许可证》，凭证搭靠外轮。

第二十一条　边防检查站对处于下列情形之一的出境、入境交通运输工具，有权进行监护：

（一）离、抵口岸的火车、外国船舶和中国客船在出境检查后到出境前、入境后到入境检查前和检查期间；

（二）火车及其他机动车辆在国（边）界线距边防检查站较远的区域内行驶期间；

（三）外国船舶在中国内河航行期间；

（四）边防检查站认为有必要进行监护的其他情形。

法条解读：本条明确规定，边防检查站可以对交通运输工具实施强制性监护措施。

第二十二条　对随交通运输工具执行监护职务的边防检查人员，交通运输工具的负责人应当提供必要的办公、生活条件。被监护的交通运输工具和上下该交通运输工具的人员应当服从监护人员的检查。

法条解读：本条有两款，前款规定交通运输工具负责人有义务向监护人员提供必要的办公、生活条件，后款要求尊重、服从监护人员的管理。

第二十四条　发现出境、入境的交通运输工具载运不准出境、入境人员，偷越国（边）境人员及未持有效出境、入境证件的人员的，交通运输工具负责人应当负责将其遣返，并承担由此发生的一切费用。

法条解读：本条规定了交通运输工具发生载运不准出入境人员、偷越国（边）境人员及未持有效出境、入境证件人员时应承担的责任。所谓责任即负责将上述人员载运出境或入境及承担所需的各项费用。

第二十五条 出境、入境的交通运输工具有下列情形之一的,边防检查站有权推迟或者阻止其出境、入境:

(一) 离、抵口岸时,未经边防检查站同意,擅自出境、入境的;

(二) 拒绝接受边防检查、监护的;

(三) 被认为载有危害国家安全、利益和社会秩序的人员或者物品的;

(四) 被认为载有非法出境、入境人员的;

(五) 拒不执行边防检查站依法作出的处罚或者处理决定的;

(六) 未经批准擅自改变出境、入境口岸的。边防检查站在前款所列情形消失后,对有关交通运输工具应当立即放行。

法条解读:本条规定了边防检查站有权推迟或者阻止交通运输工具出境、入境的六种情况,并对边防检查站推迟或阻止出境、入境的工作提出了要求。

第二十六条 出境、入境的船舶、航空器,由于不可预见的紧急情况或者不可抗拒的原因,驶入对外开放口岸以外地区的,必须立即向附近的边防检查站或者当地公安机关报告并接受检查和监护;在驶入原因消失后,必须立即按照通知的时间和路线离去。

法条解读:本条对特殊情况下驶入对外开放口岸以外地区的船舶、航空器作出了要求和规定。"不可预见的紧急情况或者不可抗拒的原因"在法律上称为不可抗力,在本条中主要是指天气的、机械的和人为的原因,如台风、海啸、地震、雷电、机械故障、迷失航向、被歹徒劫持等。

第二十七条 边防检查站根据维护国家安全和社会秩序的需要,可以对出境、入境人员携带的行李物品和交通运输工具载运的货物进行重点检查。

法条解读:本条规定了边防检查站对出境、入境的人员携带的行李物品和交通运输工具载运的货物进行检查的目的和原则。边防检查站检查出入境人员的行李物品和交通运输工具载运的货物是"根据维护国家安全和社会秩序的需要",但是在实施检查时,又不是采取逐一检查的办法,而是"进行重点检查"。边防检查站对出入境人员携带的行李物品和交通运输工具载运的货物进行检查,是为了发现和截获危害国家安全和社会秩序的物品,使危害国家安全和社会秩序的犯罪行为得到控制和制止,以达到维护国家安全和社会秩序的目的。

第二十八条 出境、入境的人员和交通运输工具不得携带、载运法律、行政法规规定的危害国家安全和社会秩序的违禁物品;携带、载运违禁物品的,边防检查站应当扣留违禁物品,对携带人、载运违禁物品的交通运输工具负责人依照有关法律、行政法规的规定处理。

法条解读:本条有三层含义。一是规定了出入境人员、交通运输工具不准携带、载运违禁物品;二是规定了边防检查站有权扣留违禁物品;三是规定了边防检查站对违禁物品的携带人、载运违禁物品的交通运输工具负责人的处理原则。

第二十九条 任何人不得非法携带属于国家秘密的文件、资料和其他物品出境;非法携带属于国家秘密的文件、资料和其他物品的,边防检查站应当予以收缴,对携带人依照有关法律、行政法规规定处理。

法条解读:本条有三层含义。一是对出境人员携带的物品提出了必须符合保密规定的要求;二是对非法携带的属于国家秘密的物品的处理作出了规定;三是对非法携带人的依法处理作出了规定。

第三十条 出境、入境的人员携带或者托运枪支、弹药,必须遵守有关法律、行政法规的规定,向边防检查站办理携带或者托运手续;未经许可,不得携带、托运枪支、弹药出境、入境。

法条解读:本条有两层含义。一是要求携带、托运枪支、弹药出入境的人员,要依法向边防检查机关办理手续;二是不准非法携带、托运枪支、弹药出入境。

中华人民共和国公民出境入境管理法

第二条 中国公民凭国务院主管机关及其授权的机关签发的有效护照或者其他有效证件出境、入境,无需办理签证。

法条解读:一般情况下,中国公民凭护照或其他有效证件出入境,无需办理签证,但是若作为允许旅游者前往一个国家(地区)或中途经过或停留的证件,中国旅游者在获得护照后,还应该申办欲前往国(地区)的签证或入境许可证,按照国际惯例,一般按照护照种类发给相应的签证。

第三条 中国公民出境、入境,从对外开放的或者指定的口岸通行,接受边防检查机关的检查。

第四条 中国公民出境后,不得有危害祖国安全、荣誉和利益的行为。

第五条 中国公民因私事出境,向户口所在地的市、县公安机关提出申请,除本法第八条规定的情形外,都可以得到批准。

公安机关对中国公民因私事出境的申请,应当在规定的时间内作出批准或者不批准的决定,通知申请人。

第六条 中国公民因公务出境,由派遣部门向外交部或者外交部授权的地方外事部门申请办理出境证件。

第七条 海员因执行任务出境,由港务监督局或者港务监督局授权的港务监督办理出境证件。

第八条 有下列情形之一的,不批准出境:

(一)刑事案件的被告人和公安机关或者人民检察院或者人民法院认定的犯罪嫌疑人;

(二)人民法院通知有未了结民事案件不能离境的;

(三)被判处刑罚正在服刑的;

(四)正在被劳动教养的;

(五)国务院有关主管机关认为出境后将对国家安全造成危害或者对国家利益造成重大损失的。

第九条 有下列情形之一的,边防检查机关有权阻止出境,并依法处理:

(一)持用无效出境证件的;

(二)持用他人出境证件的;

(三) 持用伪造或者涂改的出境证件的。

第十条 定居国外的中国公民要求回国定居的,应当向中国驻外国的外交代表机关、领事机关或者外交部授权的其他驻外机关办理手续,也可以向有关省、自治区、直辖市的公安机关办理手续。

法条解读:定居国外的中国公民要求回国定居的,可以向两机关择一申请。

第十一条 入境定居或者工作的中国公民,入境后应当按照户口管理规定,办理常住户口登记。入境暂住的,应当按照户口管理规定办理暂住登记。

第十二条 因公务出境的中国公民所使用的护照由外交部或者外交部授权的地方外事部门颁发,海员证由港务监督局或者港务监督局授权的港务监督颁发,因私事出境的中国公民所使用的护照由公安部或者公安部授权的地方公安机关颁发。

中国公民在国外申请护照、证件,由中国驻外国的外交代表机关、领事机关或者外交部授权的其他驻外机关颁发。

第十三条 公安部、外交部、港务监督局和原发证机关,各自对其发出的或者其授权的机关发出的护照和证件,有权吊销或者宣布作废。

法条解读:不同的护照由不同机关颁发,各个颁发机关均有权对本部门颁发的护照和证件进行吊销或宣布作废。

第十五条 受公安机关拘留处罚的公民对处罚不服的,在接到通知之日起十五日内,可以向上一级公安机关提出申诉,由上一级公安机关作出最后的裁决,也可以直接向当地人民法院提起诉讼。

法条解读:这是关于公民受到公安部门行政拘留时的救济制度,可以在15日内,选择向上一级公安机关提出申诉(注意不是复议),或向人民法院提起行政诉讼,如果选择申诉,则上一级公安机关作出的裁决为最终裁决,不可再行申请行政救济或者诉讼。

海关对海外来华旅客的规定

第一条 一般规定海外旅客离华前应将行李物品交海关检验,并出示入境时由海关签发的旅客行李物品申报表。入境时海关放行的个人使用物品(如照相机,摄像机)出境时应携带出境。入境时海关禁止入境并被扣押的物品,除易腐或失效的,应由旅客自己带走或委托他人在三个月内取走。逾期未领取的物品由海关依法处理。分运行李和海运出境物品的物主离华前应办理海关手续,出示有效证件。

法条解读:本条确定了海外旅客来华时行李物品交海关进行检验制度,注意本规定中的"海外旅客"包括香港、澳门和台湾同胞。

第二条 红色与绿色检查站的有关规定

下列出境旅客应通过红色检查站(红色通道):

1. 携带文物,货物或样品者;
2. 携带带入境内而应带出境外物品者;
3. 携带外币,金银及制品超出入境时报关的数量者;

4. 携带超过海关规定的限量(数量、金额及其他)者；

5. 其他出境旅客可以通过绿色检查站(绿色通道)，但必须出示证件，包括行李申报单。

法条解读：这是关于海关的红色检查站(应税通道)和绿色检查站(免税通道)的规定：海外游客进入中国境内，一般须经"红色通道"，事先要填写《旅客行李申报单》向海关申报，经海关查验后放行。申报单上所列的自用物品，海关加上"△"记号的，必须复带出境(例如录音机、照相机、摄像机等)。外国游客不准代他人携带物品进出境；持有中国主管部门给予外交、礼遇签证护照的外国籍人员及海关给予免验礼遇的人员，可选择"绿色通道"通关，但需向海关出示本人证件和按规定填写的申报单据，但不明海关规定或不知如何选择通道的旅客，应选择红色通道通关。

第三条　出境物品限制

1. 金银及制品：携带自用的金银制品，海关将根据入境时的申报表，检查其质量与重量；携带在华购买的金银制品(如镶嵌物及新工艺品)的旅客应出示经营金银制品单位开出的特种发票，否则这些物品不准出境。

2. 外币：携带外币出境，旅客应出示入境时海关签发的申报单或(中国)国家外汇管理局签发的外汇证明。

3. 文物(包括现代著名书画家的作品)：携带在合法的文物商店购买文物的旅客应向海关申报海关检验文化管理部门签发的专用章和发票。作为礼品或在自由市场上购买的文物，应交设在北京、天津、上海或广州的专用章和发票，海关将根据鉴定标志和许可出口证明放行。

4. 中药材与中成药：旅客携带中药材、中成药出境，前往国外的，总价值人民币限额为300元；前往港澳地区的，总价值限定150元。向国外邮寄，限额为150元；向港澳地区邮寄为100元。超过海关规定携带的麝香、中药材和中成药不允许出境。

5. 旅游商品：海外旅客携带自己外币在指定商店购买的旅游纪念品、手工艺品，应出示外汇管理局签发的收据，至于数量、金额及品种没有严格的限制。然而，需要出口许可证或上税的物品，如地毯、丝绸及抽纱制品，无论用人民币还是外币，都应该受海关检查，并根据个人使用与合理数量的原则予以放行。

法条解读：这是关于海外旅客出境时携带特殊物品的规定：主要是贵重金属与制品、外币、中药材与中成药、旅游商品等，注意海关对这类物品非完全禁止，但要经过严格审查，即其要出示相关合法的证明才可以放行。

第四条　禁止进出境的物品

1. 各种武器、弹药和爆炸物品；

2. 伪造货币及伪造的有价证券；

3. 对中国政治、经济、文化、道德有害的印刷品，胶卷，照片，唱片，影片，及计算机媒介等物品；

4. 各种烈性毒药；

5. 吗啡、海洛因、大麻以及其他能使人成瘾的麻醉品、精神药物；

6. 带有危险性病菌、害虫有害生物的动物，植物及产品；

7. 有碍人畜健康的，害虫及其他物品；

8. 人民币(按照货币协定办理除外)。

第五条 禁止出境物品

1. 列入禁止进境的物品；

2. 涉及国家秘密的手稿、印刷品、胶卷、照片、唱片、影片、录像带、等物品；

3. 珍贵文物及其禁止出境的物品；

4. 濒临绝境的珍贵物品。

法条解读:这是关于海外旅客来华禁止携带进出境物品和禁止出境物品的规定。注意禁止人民币进出境的例外情形——按照货币协定办理。

中华人民共和国海关对进出境旅客旅行自用物品的管理规定

第二条 本规定所称“进出境旅客旅行自用物品”系指本次旅行途中海关准予旅客随身携带的暂时免税进境或者复带进境的在境内、外使用的自用物品。

第三条 进出境旅客旅行自用物品的范围:

(一) 照相机、便携式收录音机、小型摄影机、手提式摄录机、手提式文字处理机；

(二) 经海关审核批准的其他物品。

法条解读:这是关于“自用物品”概念规定与范围规定,主要包括:暂时免税物品和自用物品如衣物和其他的生活用品。

第四条 进境旅客(包括持有前往国家或地区签发的再入境签证的中国籍居民旅客)携带本规定第三条之物品。每种限一件。旅客应主动向海关申报,海关方可准予暂时免税放行。

法条解读:自用物品一物一报制度,并且是遵循主动申报的原则。

第五条 海关准予暂时免税的本次进境物品,须由旅客在回程时复带出境。由于特殊原因不能在本次回程时复带出境的,应事先报请出境地海关办结有关手续。

第六条 中国籍居民、中国籍或外国籍非居民长期旅客携带本规定第三条之物品出境,如需复带进境,应在本次出境时,主动报请海关验核。复带进境时,海关验凭本次出境的有关单、证放行。

法条解读:自用物品复带出境与复带出境的分别采取事先申报和主动申报制度。

中华人民共和国护照法

第二条 中华人民共和国护照是中华人民共和国公民出入国境和在国外证明国籍和身份的证件。

任何组织或者个人不得伪造、变造、转让、故意损毁或者非法扣押护照。

第三条 护照分为普通护照、外交护照和公务护照。护照由外交部通过外交途径向外国政府推介。

法条解读：护照是指主权国家发给本国公民出入境或在国外旅行、居留的证件，以证明其国籍、身份及出国目的，根据我国法律规定，护照分为外交护照、公务护照、普通护照等，中国公民出境旅游应当办理普通护照。

第四条　普通护照由公安部出入境管理机构或者公安部委托的县级以上地方人民政府公安机关出入境管理机构以及中华人民共和国驻外使馆、领馆和外交部委托的其他驻外机构签发。

外交护照由外交部签发。

公务护照由外交部、中华人民共和国驻外使馆、领馆或者外交部委托的其他驻外机构以及外交部委托的省、自治区、直辖市和设区的市人民政府外事部门签发。

法条解读：注意不同类型的护照由不同机关签发。《公民出境入境管理法》第十二条规定，普通护照的签发机关是公安部或者公安部授权的地方公安机关，而现行的出入境管理体制是普通护照均以公安部出入境管理局名义签发，《护照法》本条中首次在法律上明确了公安机关出入境管理部门的职责地位。

第五条　公民因前往外国定居、探亲、学习、就业、旅行、从事商务活动等非公务原因出国的，由本人向户籍所在地的县级以上地方人民政府公安机关出入境管理机构申请普通护照。

第六条　公民申请普通护照，应当提交本人的居民身份证、户口簿、近期免冠照片以及申请事由的相关材料。国家工作人员因本法第五条规定的原因出境申请普通护照的，还应当按照国家有关规定提交相关证明文件。

公安机关出入境管理机构应当自收到申请材料之日起十五日内签发普通护照；对不符合规定不予签发的，应当书面说明理由，并告知申请人享有依法申请行政复议或者提起行政诉讼的权利。

在偏远地区或者交通不便的地区或者因特殊情况，不能按期签发护照的，经护照签发机关负责人批准，签发时间可以延长至三十日。

公民因合理紧急事由请求加急办理的，公安机关出入境管理机构应当及时办理。

法条解读：注意，《出境入境管理实施细则》规定的办理护照时限是30天，地处偏僻、交通不便的为60天。《护照法》规定一般情况办证时限为15天，偏远地区或者交通不便的地区为30天。

第七条　普通护照的登记项目包括：护照持有人的姓名、性别、出生日期、出生地，护照的签发日期、有效期、签发地点和签发机关。

普通护照的有效期为：护照持有人未满十六周岁的五年，十六周岁以上的十年。

普通护照的具体签发办法，由公安部规定。

法条解读：《出境入境管理实施细则》规定护照有效期为五年，可以延期两次，每次不超过五年。《护照法》参考其他国家护照立法情况，区分不同年龄段，规定不同有效期。年龄段划分参考了《居民身份证法》的规定。十六周岁以下人员护照有效期五年，十六周岁以上人员护照有效期十年，同时根据《国际民航组织公约》附件九的规定，取消了护照延期的规定。

第八条　外交官员、领事官员及其随行配偶、未成年子女和外交信使持用外交护照。

在中华人民共和国驻外使馆、领馆或者联合国、联合国专门机构以及其他政府间国际组织中工作的中国政府派出的职员及其随行配偶、未成年子女持用公务护照。

前两款规定之外的公民出国执行公务的,由其工作单位依照本法第四条第二款、第三款的规定向外交部门提出申请,由外交部门根据需要签发外交护照或者公务护照。

第十一条 有下列情形之一的,护照持有人可以按照规定申请换发或者补发护照:

(一)护照有效期即将届满的;

(二)护照签证页即将使用完毕的;

(三)护照损毁不能使用的;

(四)护照遗失或者被盗的;

(五)有正当理由需要换发或者补发护照的其他情形。

护照持有人申请换发或者补发普通护照,在国内,由本人向户籍所在地的县级以上地方人民政府公安机关出入境管理机构提出;在国外,由本人向中华人民共和国驻外使馆、领馆或者外交部委托的其他驻外机构提出。定居国外的中国公民回国后申请换发或者补发普通护照的,由本人向暂住地的县级以上地方人民政府公安机关出入境管理机构提出。

外交护照、公务护照的换发或者补发,按照外交部的有关规定办理。

法条解读:本法规定了换发和补发护照的五种情形,同时规定,护照持有人申请换发或者补发普通护照,在国内,由本人向户籍所在地的县级以上地方人民政府公安机关出入境管理机构提出;在国外,由本人向中华人民共和国驻外使馆、领馆或者外交部委托的其他驻外机构提出。定居国外的中国公民回国后申请换发或者补发普通护照的,由本人向暂住地的县级以上地方人民政府公安机关出入境管理机构提出。

第十三条 申请人有下列情形之一的,护照签发机关不予签发护照:

(一)不具有中华人民共和国国籍的;

(二)无法证明身份的;

(三)在申请过程中弄虚作假的;

(四)被判处刑罚正在服刑的;

(五)人民法院通知有未了结的民事案件不能出境的;

(六)属于刑事案件被告人或者犯罪嫌疑人的;

(七)国务院有关主管部门认为出境后将对国家安全造成危害或者对国家利益造成重大损失的。

法条解读:《公民出境入境管理法》规定不准出境的五种情形下,护照签发机关不为其签发护照。《护照法》规定了七种不签发护照的情形,吸收了《公民出境入境管理法》规定的不准出境的部分内容,增加了“不具有中华人民共和国国籍的;无法证明身份的;在申请过程中弄虚作假的”等三种情形不签发护照的规定,取消了“正在被劳动教养”的内容。

第十四条 申请人有下列情形之一的,护照签发机关自其刑罚执行完毕或者被遣返回国之日起六个月至三年以内不予签发护照:

(一)因妨害国(边)境管理受到刑事处罚的;

(二)因非法出境、非法居留、非法就业被遣返回国的。

法条解读:本条规定特定群体在特定期限内不予签发护照的情形,是第十三条的进一步细化规定。

第十六条 护照持有人丧失中华人民共和国国籍，或者护照遗失、被盗等情形，由护照签发机关宣布该护照作废。

伪造、变造、骗取或者被签发机关宣布作废的护照无效。

法条解读：本条是护照收缴和宣布作废的具体规定。《出境入境管理法实施细则》没有将吊销、收缴或宣布作废的措施适用明确区分，规定的情形难以满足现实管理的需要。《护照法》对护照的处理方式只规定了收缴和宣布作废两种，取消了"吊销"，其中对丧失中华人民共和国国籍以及护照遗失、被盗或者损毁不能使用的，护照签发机关有权宣布该护照作废，伪造、变造、骗取的护照属于法定无效的情形。同时规定，对于弄虚作假骗取护照、为他人提供伪造、变造护照、持用伪造变造护照等情形，护照签发机关可以直接收缴护照。

中国公民出国旅游管理办法

第二条 出国旅游的目的地国家，由国务院旅游行政部门会同国务院有关部门提出，报国务院批准后，由国务院旅游行政部门公布。

任何单位和个人不得组织中国公民到国务院旅游行政部门公布的出国旅游的目的地国家以外的国家旅游；组织中国公民到国务院旅游行政部门公布的出国旅游的目的地国家以外的国家进行涉及体育活动、文化活动等临时性专项旅游的，须经国务院旅游行政部门批准。

法条解读：这是对出国旅游目的地的审批的规定。由于管理体制等方面的原因，出国旅游的渠道一直是多元的，这给出国旅游的管理增加了难度。一些机构受经济利益的驱动，以出国考察、探亲（访友）、培训、留学、会议、商务等名义，变相组织经营出国旅游，甚至前往未经批准的出国旅游目的地，严重扰乱了出国旅游市场秩序。鉴于此，除明确旅游部门要加强对正规渠道出国旅游人数的总量控制外，着力填堵出国旅游的管理漏洞。《办法》第二条第二款、第四条第三款、第八条、第九条、第十一条作出了具体的规定，对于全面加强出国旅游市场的监管将发挥重要作用。

第三条 旅行社经营出国旅游业务，应当具备下列条件：

（一）取得国际旅行社资格满 1 年；

（二）经营入境旅游业务有突出业绩；

（三）经营期间无重大违法行为和重大服务质量问题。

第四条 申请经营出国旅游业务的旅行社，应当向省、自治区、直辖市旅游行政部门提出申请。省、自治区、直辖市旅游行政部门应当自受理申请之日起 30 个工作日内，依据本办法第三条规定的条件对申请审查完毕，经审查同意的，报国务院旅游行政部门批准；经审查不同意的，应当书面通知申请人并说明理由。

国务院旅游行政部门批准旅行社经营出国旅游业务，应当符合旅游业发展规划及合理布局的要求。

未经国务院旅游行政部门批准取得出国旅游业务经营资格的，任何单位和个人不得擅自经营或者以商务、考察、培训等方式变相经营出国旅游业务。

第五条 国务院旅游行政部门应当将取得出国旅游业务经营资格的旅行社(以下简称组团社)名单予以公布,并通报国务院有关部门。

法条解读:《办法》对出国游目的地的提出程序和经营出国游旅行社的基本条件作出了透明化的规定,由此可能会逐步增加出国旅游目的地国家;有出国游经营权的旅行社大量增加,随之将带给旅游者更大的选择权利和消费空间,使旅游者出国旅游的渠道更加畅通;同时,《办法》限定出国游组团社必须是经营入境游业绩良好的国际旅行社,客观上会引导我国旅行社更加注重经营业绩。

第六条 国务院旅游行政部门根据上年度全国入境旅游的业绩、出国旅游目的地的增加情况和出国旅游的发展趋势,在每年的2月底以前确定本年度组织出国旅游的人数安排总量,并下达省、自治区、直辖市旅游行政部门。

省、自治区、直辖市旅游行政部门根据本行政区域内各组团社上年度经营入境旅游的业绩、经营能力、服务质量,按照公平、公正、公开的原则,在每年的3月底以前核定各组团社本年度组织出国旅游的人数安排。

国务院旅游行政部门应当对省、自治区、直辖市旅游行政部门核定组团社年度出国旅游人数安排及组团社组织公民出国旅游的情况进行监督。

第七条 国务院旅游行政部门统一印制《中国公民出国旅游团队名单表》(以下简称《名单表》),在下达本年度出国旅游人数安排时编号发放给省、自治区、直辖市旅游行政部门,由省、自治区、直辖市旅游行政部门核发给组团社。

组团社应当按照核定的出国旅游人数安排组织出国旅游团队,填写《名单表》。旅游者及领队首次出境或者再次出境,均应当填写在《名单表》中,经审核后的《名单表》不得增添人员。

第八条 《名单表》一式四联,分为:出境边防检查专用联、入境边防检查专用联、旅游行政部门审验专用联、旅行社自留专用联。

组团社应当按照有关规定,在旅游团队出境、入境时及旅游团队入境后,将《名单表》分别交有关部门查验、留存。

出国旅游兑换外汇,由旅游者个人按照国家有关规定办理。

第九条 旅游者持有有效普通护照的,可以直接到组团社办理出国旅游手续;没有有效普通护照的,应当依照《中华人民共和国公民出境入境管理法》的有关规定办理护照后再办理出国旅游手续。

组团社应当为旅游者办理前往国签证等出境手续。

第十条 组团社应当为旅游团队安排专职领队。

领队应当经省、自治区、直辖市旅游行政部门考核合格,取得领队证。

领队在带团时,应当佩戴领队证,并遵守本办法及国务院旅游行政部门的有关规定。

第十一条 旅游团队应当从国家开放口岸整团出入境。

旅游团队出入境时,应当接受边防检查站对护照、签证、《名单表》的查验。经国务院有关部门批准,旅游团队可以到旅游目的地国家按照该国有关规定办理签证或者免签证。

旅游团队出境前已确定分团入境的,组团社应当事先向出入境边防检查总站或者省级公安边防部门备案。

旅游团队出境后因不可抗力或者其他特殊原因确需分团入境的，领队应当及时通知组团社，组团社应当立即向有关出入境边防检查总站或者省级公安边防部门备案。

第十二条　组团社应当维护旅游者的合法权益，组团社向旅游者提供的出国旅游服务信息必须真实可靠，不得作虚假宣传，报价不得低于成本。

法条解读：本条强化了对旅游者知情权的保护（第十二条和第十八条），强化了对旅游者经济利益的保护，结合第十四条规定，《办法》也强化了对旅游者在旅游活动中的人身、财产安全的保护。

第十三条　组团社经营出国旅游业务，应当与旅游者订立书面旅游合同。

旅游合同应当包括旅游起止时间、行程路线、价格、食宿、交通以及违约责任等内容。旅游合同由组团社和旅游者各持一份。

第十四条　组团社应当按照旅游合同约定的条件，为旅游者提供服务。

组团社应当保证所提供的服务符合保障旅游者人身、财产安全的要求；对可能危及旅游者人身安全的情况，应当向旅游者作出真实说明和明确警示，并采取有效措施，防止危害的发生。

第十五条　组团社组织旅游者出国旅游，应当选择在目的地国家依法设立并具有良好信誉的旅行社（以下简称境外接待社），并与之订立书面合同后，方可委托其承担接待工作。

法条解读：《办法》第十三、十四条直接确定了出国游组团社和旅游者合同法律市场的关系，使组团社在出国旅游活动中会更加注重保护旅游者的权益，以减少自己因违约造成的赔偿成本，对由于代理收客、转团、买团、拼团等延伸经营中出现的经济纠纷、民事责任纠纷将由合同双方解决；第十五条直接确定组团社与境外接待社转委托的合同法律关系，第十三、十四和十五条的规定使得组团社、境外接待社和旅游者三方关系更加明确。

第十六条　组团社及其旅游团队领队应当要求境外接待社按照约定的团队活动计划安排旅游活动，并要求其不得组织旅游者参与涉及色情、赌博、毒品内容的活动或者危险性活动，不得擅自改变行程、减少旅游项目，不得强迫或者变相强迫旅游者参加额外付费项目。

境外接待社违反组团社及其旅游团队领队根据前款规定提出的要求时，组团社及其旅游团队领队应当予以制止。

法条解读：《办法》第三条至第十六条规定了经营出国旅游业务的组团社的资质和义务，经营出国旅游业务应当具备三个条件：一是取得国际旅行社资格（根据旅行社条例精神，目前已经取消国内旅行社与国际旅行社分类，这里应改为“经营出境旅游业务的旅行社”更贴切）满一年；二是经营入境旅游业务有突出业绩；三是经营期间无重大违法行为和重大服务问题。组团社的主要责任和义务主要有：(1) 如实填写《中国公民出国旅游团队名单表》；(2) 为出国旅游团队安排专职领队；(3) 为旅游者办理出国手续；(4) 提供真实可靠的出国旅游服务信息，不作低于成本的报价；(5) 与旅游者订立书面合同；(6) 按合同约定提供服务；(7) 保障旅游者人身、财产安全。

第十七条　旅游团队领队应当向旅游者介绍旅游目的地国家的相关法律、风俗习惯以及其他有关注意事项，并尊重旅游者的人格尊严、宗教信仰、民族风俗和生活习惯。

法条解读：本条仍是对旅游者在境外旅游知情权的保护的体现。

第十八条 旅游团队领队在带领旅游者旅行、游览过程中，应当就可能危及旅游者人身安全的情况，向旅游者作出真实说明和明确警示，并按照组团社的要求采取有效措施，防止危害的发生。

第十九条 旅游团队在境外遇到特殊困难和安全问题时，领队应当及时向组团社和中国驻所在国家使领馆报告；组团社应当及时向旅游行政部门和公安机关报告。

法条解读：本条强化了对旅游者在境外遇到特殊困难时的外交保护。

第二十条 旅游团队领队不得与境外接待社、导游及为旅游者提供商品或者服务的其他经营者串通欺骗、胁迫旅游者消费，不得向境外接待社、导游及其他为旅游者提供商品或者服务的经营者索要回扣、提成或者收受其财物。

第二十一条 旅游者应当遵守旅游目的地国家的法律，尊重当地的风俗习惯，并服从旅游团队领队的统一管理。

法条解读：《办法》第十条、第十一条及第十六条至第二十条规定，领队的职责和义务主要有以下方面：(1) 向旅游者介绍有关注意事项，尊重旅游者人格；(2) 保障旅游者安全，遇到特殊困难和安全问题及时向有关部门报告；(3) 监督境外接待社合法并按照约定安排旅游活动；(4) 不得与经营者串通欺骗、胁迫旅游者消费，不得向境外接待社、导游及其他经营者索要回扣、提成或收受其财物。

第二十二条 严禁旅游者在境外滞留不归。

旅游者在境外滞留不归的，旅游团队领队应当及时向组团社和中国驻所在国家使领馆报告，组团社应当及时向公安机关和旅游行政部门报告。有关部门处理有关事项时，组团社有义务予以协助。

法条解读：《办法》禁止旅游者在境外滞留不归，出现该种情形，领队有向组团社和使领馆报告的义务，组团社有向公安机关和旅游行政部门报告的义务，同时有协助相关事项处理的义务。

第二十三条 旅游者对组团社或者旅游团队领队违反本办法规定的行为，有权向旅游行政部门投诉。

法条解读：本条赋予旅游者投诉权，规定：旅游者对组团社或者旅游团领队违反本法规定的行为，有权向旅游行政部门投诉。

第二十四条 因组团社或者其委托的境外接待社违约，使旅游者合法权益受到损害的，组团社应当依法对旅游者承担赔偿责任。

法条解读：本条明确了组团社的赔偿责任，注意不论是组团社还是其委托的境外接待社违约，组团社都应该对旅游者承担赔偿责任，这就意味着，组团社无论如何委托境外接待社，旅游者只与组团社形成合同关系，受合同相对性原则的约束，即使是委托的境外接待社违约，旅游者也不向其主张权利，因为受委托的境外接待社系合同外第三人，只与组团社存在法律关系。

第二十五条 组团社有下列情形之一的，旅游行政部门可以暂停其经营出国旅游业务；情节严重的，取消其出国旅游业务经营资格：

（一）入境旅游业绩下降的；

（二）因自身原因，在1年内未能正常开展出国旅游业务的；

（三）因出国旅游服务质量问题被投诉并经查实的；

（四）有逃汇、非法套汇行为的；

（五）以旅游名义弄虚作假，骗取护照、签证等出入境证件或者送他人出境的；

（六）国务院旅游行政部门认定的影响中国公民出国旅游秩序的其他行为。

法条解读：注意六种情形将导致组团社被暂停其经营出国旅游业务或者取消其出国旅游业务经营资格。

第二十七条 组团社违反本《办法》第十条的规定，不为旅游团队安排专职领队的，由旅游行政部门责令改正，并处 5 000 元以上 2 万元以下的罚款，可以暂停其出国旅游业务经营资格；多次不安排专职领队的，并取消其出国旅游业务经营资格。

第二十九条 组团社或者旅游团队领队违反本《办法》第十四条第二款、第十八条的规定，对可能危及人身安全的情况未向旅游者作出真实说明和明确警示，或者未采取防止危害发生的措施的，由旅游行政部门责令改正，给予警告；情节严重的，对组团社暂停其出国旅游业务经营资格，并处 5 000 元以上 2 万元以下的罚款，对旅游团队领队可以暂扣直至吊销其领队证；造成人身伤亡事故的，依法追究刑事责任，并承担赔偿责任。

第三十条 组团社或者旅游团队领队违反本《办法》第十六条的规定，未要求境外接待社不得组织旅游者参与涉及色情、赌博、毒品内容的活动或者危险性活动，未要求其不得擅自改变行程、减少旅游项目、强迫或者变相强迫旅游者参加额外付费项目，或者在境外接待社违反前述要求时未制止的，由旅游行政部门对组团社处组织该旅游团队所收取费用 2 倍以上 5 倍以下的罚款，并暂停其出国旅游业务经营资格，对旅游团队领队暂扣其领队证；造成恶劣影响的，对组团社取消其出国旅游业务经营资格，对旅游团队领队吊销其领队证。

第三十一条 旅游团队领队违反本《办法》第二十条的规定，与境外接待社、导游及为旅游者提供商品或者服务的其他经营者串通欺骗、胁迫旅游者消费或者向境外接待社、导游和其他为旅游者提供商品或者服务的经营者索要回扣、提成或者收受其财物的，由旅游行政部门责令改正，没收索要的回扣、提成或者收受的财物，并处索要的回扣、提成或者收受的财物价值 2 倍以上 5 倍以下的罚款；情节严重的，并吊销其领队证。

法条解读：《办法》对变相经营出国旅游、不安排专职领队、旅行社低于成本报价、欺骗游者购物等行为，都设定了明确的处罚条款，解决了以前维护旅游者合法权益缺乏法律依据的问题，对于提高出国游服务质量将起到明显促进作用。

第三十二条 违反本《办法》第二十二条的规定，旅游者在境外滞留不归，旅游团队领队不及时向组团社和中国驻所在国家使领馆报告，或者组团社不及时向有关部门报告的，由旅游行政部门给予警告，对旅游团队领队可以暂扣其领队证，对组团社可以暂停其出国旅游业务经营资格。

旅游者因滞留不归被遣返回国的，由公安机关吊销其护照。

法条解读：对于旅游者在境外滞留不归，领队与组团社不尽到报告义务的，最重可受到暂扣领队证或暂停组团社出国旅游业务的经营资格的惩罚。

大陆居民赴台湾地区旅游管理办法

第二条 大陆居民赴台湾地区旅游(以下简称赴台旅游),可采取团队旅游或个人旅游两种形式。

大陆居民赴台团队旅游须由指定经营大陆居民赴台旅游业务的旅行社(以下简称组团社)组织,以团队形式整团往返。旅游团成员在台湾期间须集体活动。

大陆居民赴台个人旅游可自行前往台湾地区,在台湾期间可自行活动。

法条解读:大陆居民赴台湾地区旅游,可采取团队旅游或个人旅游两种形式。修改前的办法没有关于个人旅游形式的规定。

第五条 大陆居民赴台团队旅游实行配额管理。配额由国家旅游局会同有关部门确认后,下达给组团社。

法条解读:对大陆居民赴台团队旅游实行配额管理。配额由国家旅游局会同有关部门确认后,下达给组团社。而在新办法中,没有关于赴台个人游实行配额管理的相关规定。

第六条 组团社在开展组织大陆居民赴台旅游业务前,须与接待社签订合同、建立合作关系。

第七条 组团社须为每个团队选派领队。领队经培训、考核合格后,由地方旅游局向国家旅游局申领赴台旅游领队证。组团社须要求接待社派人全程陪同。

法条解读:组团社开展赴台旅游业务之前,与台湾地接社签订合同,明确权利义务关系,组团社要为团队配备经过培训、考核合格的领队。

第八条 大陆居民赴台旅游期间,不得从事或参与涉及赌博、色情、毒品等内容及有损两岸关系的活动。

组团社不得组织旅游团成员参与前款活动,并应要求接待社不得引导或组织旅游团成员参与前款活动。

第九条 组团社须要求接待社严格按照合同规定的团队日程安排活动;未经双方旅行社及旅游团成员同意,不得变更日程。

法条解读:接受组团社委托后,台湾接待社不得引导和组织旅游团队参与赌、黄、毒等内容的活动,不得随意变更行程与日期。

第十条 大陆居民赴台旅游应持有效的《大陆居民往来台湾通行证》,并根据其采取的旅游形式,办理团队旅游签注或个人旅游签注。

法条解读:大陆居民赴台湾旅游要持有双证(通行证与旅游签证)。

第十四条 赴台旅游的大陆居民应按期返回,不得非法滞留。当发生旅游团成员非法滞留时,组团社须及时向公安机关及旅游行政主管部门报告,并协助做好有关滞留者的遣返和审查工作。

第十五条 对在台湾地区非法滞留情节严重者,公安机关出入境管理部门自其被遣返回大陆之日起,六个月至三年以内不批准其再次出境。

法条解读:旅游人员非法在台湾滞留,组团社必须向两个部门(公安部门与旅游部门)报告，并尽协助义务，第十五条是新办法特别对非法滞留台湾的游客增加的一项“惩戒”规定，一旦有游客非法滞留情况发生，旅行社就要承担“连带”责任，情况严重的，旅行社还有可能被取消组织赴台游的资格，“新规定的实施对企图非法滞留台湾的游客，是可以起到一定震慑作用的”。

案例一

◆ 案情回放

旅游者××报名参加某旅行社组织的“东南亚”旅游。在交纳旅游费和签订合同时，其曾询问旅行社业务员：“听说出国到东南亚旅游可以兑换2000美元的外汇，是否有此规定？”该业务员答复：“我不知有这方面的规定，也不管换外汇的事。”旅游者××虽将信将疑，但也没有就此事更深一步的询问调查。在旅游过程中，其又无意中发现自己的护照已由中国银行盖上了兑换外汇的印章。同团的16名旅游者也都发现了这种情况。回国后，旅游者××等与旅行社交涉，要求旅行社退还以他们名义兑换出的外汇。

旅行社认为除旅游者××之外，其他16名旅游者在报名参团时未明确表示要兑换外汇，以自动放弃此项权利为由，拒绝承兑16名旅游者的外汇。经多次交涉，据理力争，旅行社最终同意为旅游者兑换外汇，但必须按高于国家牌价的“8.40”的汇率予以兑换。旅游者认为旅行社擅自抬高国家兑换外汇的牌价，违反了国家规定。按照这个比价，每办理一份兑换业务，旅行社即可收取200元人民币以上的费用，显然是不合理和不公平的。旅游者坚持按国家牌价兑换外汇，如果交纳服务费用，以不得超过50元人民币为限。双方坚持各自的主张，纠纷无法协商解决。××等游客向旅游质监部门请求维护自身的合法权益。

◆ 案情分析

本案中，旅行社的经营行为已构成对旅游者合法权益的侵害，应当承担相应的法律责任。对旅游者维护自身合法权益的正当要求，应当予以支持。

(1) 旅游者享有知悉其接受服务真实情况的权利。本案中，旅行社的业务人员在旅游者报名参团时，不仅没有事先告知旅游者依法享有的兑换外汇的权利，还隐瞒真实规定，欺骗旅游者，已构成对旅游者知悉权的侵害。

(2) 旅行社为旅游者提供兑换外汇的服务是应当履行的义务。中国人民银行《境内居民因私兑换外汇办法》第五条第一款第五项规定：“凡属通过旅行社组团出境旅游的居民，由旅行社集体办理兑换外汇手续。凡自行出境旅游的居民，可向银行直接办理兑换外汇手续。”

本案中，旅行社不仅拒绝履行国家规定的服务义务，还以旅游者的名义冒名兑换外汇，严重损害了旅游者的合法权益，必须依法承担民事责任，返还应给旅游者兑换的外汇或赔偿相应的损失。

(3) 旅游者享有公平交易的权利。旅行社为旅游者提供外汇兑换服务，应遵守“等价有偿”的原则。本案中，旅行社利用自然垄断性的优势地位，迫使旅游者接受不公平的服务价格，侵害了旅游者公平交易的权利；至于旅行社违反国家规定提高外汇兑换汇率，获取差价，更是不合法的。

(4) 旅行社不得收取任何未事先标明的费用。旅行社在提供外汇兑换服务时，若要收取服务费，应当归在旅游费中的“综合服务费”一并收取。如有必要单项收取，也必须在“游客合同(协议)”或“旅游须知”中事先明示。而且，服务费只能是一个具体的数额，不能因旅游者兑换外汇的多少而上下浮动。

案例二

◆ 案情回放

近来，随着“黄金周”旅游热潮的出现以及国家对台政策的放宽，个人游台湾的势头正在升温，听说去台湾地区旅游价格不贵而且允许个人赴台湾旅游，王老伯一家也准备选择一家旅行社去台湾开开眼，经过反复比较旅行社的报价，王老伯最终在节前一周才选定了一家旅行社要报名参团。没想到对方却告知他这次“黄金周”可能来不及，原因是王家人都没有相关的证件，而且也没有办理大陆居民往来台湾通行证，而通行证的办理大概要15个工作日，因此王家此次出游计划不得不改变目的地了。

◆ 案情分析

与王家这种相类似的情形并不在少数，原因是对大陆居民赴台湾地区旅游的相关政策并不太熟悉。根据《大陆居民赴台湾地区旅游管理办法》的规定和实践，大陆居民到台湾地区旅游要注意三个问题：(1) 赴台个人游需“两证”：要参与赴台个人游的游客，需要持户籍证明，向户口所在地的公安机关出入境管理部门，申请办理《大陆居民往来台湾通行证》以及个人旅游签证，之后委托本城市指定旅行社，向台湾相关机构申请“入台证”。(2) 财产证明“三选一”：旅行社方面要求游客提交的财产证明可以有三种形式，满足其一即可。第一种是房产证；第二种是20万元新台币(约4.5万元人民币)以上的存款证明；第三种是55万元新台币(约12.3万元人民币)以上的年薪证明。(3) 在台停留不得超15天：大陆居民赴台个人旅游，在台湾的停留时间不得超过15天。如果遇到自然灾害、重大疾病等不可抗因素必须延期的，应及时报告台旅会，并于事后自行返回。

案例三

◆ 案情回放

杜某夫妇参加某旅行社组织的“新、马、泰、港、澳16日游”旅游团。在临登飞机时，旅游者发现，该旅游团是由6家旅行社组织的，大家手中的旅游日程各不相同。更让旅游者感到疑惑和不安的是，该旅游团没有领队，并且团队成员绝大多数是初次跨出国门。

这个出国旅游团在整个旅途中遇到许多困难。在国外如何转机，入境卡怎么填，需要哪些旅行文件，怎样与境外旅行社接洽等无人过问，在新加坡入境时，因不熟悉情况，旅游团被边检部门盘查一个半小时之久，影响了游览活动。旅游过程中，因没有领队与境外接待社协调，原来的日程安排被多次变更。旅游团在异国他乡，人生地不熟，只好听从境外导游的摆布。旅行结束后，杜某夫妇以旅行社未提供相应服务，损害其合法权益为由，要求旅行社赔偿其损失。

旅行社辩称，组团人数不足，由若干家旅行社将旅游者拼为一个团，是旅行社的惯常做法，只要按约定准时出游，是否告知旅游者并没有实际意义；此次组团出境旅游，事先双方并没有约定派领队，因此，旅行社未派领队并不构成违约。

◆ **案情分析**

经过旅游质监部门审理认定，旅行社在组织出境旅游过程中，违反了有关旅游法规，未履行法定义务，应承担违约赔偿责任。

(1) 签约旅行社不得擅自将旅游者转给其他旅行社。《旅行社条例》第三十六条规定：旅行社需要对旅游业务作出委托的，应当委托给具有相应资质的旅行社，征得旅游者的同意，并与接受委托的旅行社就接待旅游者的事宜签订委托合同，确定接待旅游者的各项服务安排及其标准，约定双方的权利、义务。旅游者出游选择旅行社，除考虑其价格、标准、行程等因素外，同时应特别注意旅行社的资信状况和履约能力，以使自身的利益得到保障。旅游者享有自主选择提供服务的旅行社的权利，未经旅游者书面同意，擅自将旅游者转给其他旅行社的，是一种违约行为，转让的旅行社应当承担相应的法律责任。

(2) 提供领队服务是旅行社的法定义务。《旅行社条例》第三十条规定：旅行社组织中国内地居民出境旅游的，应当为旅游团队安排领队全程陪同。《中国公民出国旅游管理办法》第十条规定：组团社应当为旅游团队安排专职领队。领队是指由旅行社派出，为出境旅游者提供协助、服务，同境外旅行社接洽，督促其履行接待计划，调解纠纷，协助出境旅游者和境外接待社处理意外事件的人员。作为法定义务，无疑是任何旅游合同的默示条款。旅行社违反了合同默示条款，就是一种违约行为。

本案中，因旅行社违规运作，致使杜某夫妇不得不为吃、住、行操心劳神，没有享受到应有的服务。旅行社既要赔偿旅游者住宿、景点等损失，还要退赔领队服务费。

案例四

◆ **案情回放**

2003年1月，上海某汽车配件厂与上海A旅行社签订了“香港—新加坡6日游”合同，组织本厂39名职工自费出境游。但由于A旅行社不具备办理出境旅游资格，所以此次旅游活动交由上海B国际旅行社代办。当游客王先生拿到自己的护照时大吃一惊，因为他的护照除了名字是对的，照片、身份证号码、出生年月都是错的。他当即向B旅行社反映。B旅行社则考虑，自己已和某境外社签好合同，如果游客王先生一人离团，其他38人都可能取消这次旅行，那样会给旅行社造成很大的经济损失。于是经过再三考虑，B旅行社经理让导游员李某对王先生说：“走吧，对方已经搞定，一定没问题。”王先生带着满腹疑虑随团启程了。没想到刚进入香港，便被海关截住，王先生被以非法使用他人护照、入境登记卡与本人身份不符定罪，并罚3个月监禁。后经所在单位和旅行社的“营救”，王先生才获释返回上海。回沪后，王先生在愤怒之下状告A、B两家旅行社，要求索赔精神损失费和误工损失费共计9.4万余元。

问：

(1) 本案中，A旅行社应受何种处罚，为什么？

（2）本案中，B旅行社是否应承担一定责任？

◆ **案情分析**

（1）《中国公民出国旅游管理办法》第四条规定："未经国务院旅游行政管理部门批准取得出国旅游业务经营资格的，任何单位和个人不得擅自经营以商务、考察、培训等方式变相经营出国旅游业务。"本案中，A旅行社显然是超范围经营。所以，根据办法规定，应由旅游行政部门责令其停止非法经营，没收非法所得，并处违法所得2倍以上5倍以下的罚款。

（2）《中国公民出国旅游管理办法》第九条规定："组团社应当为旅游者办理前往国签证等手续。"本案中，作为代办证件的B旅行社负有主要责任。B旅行社明知将游客的护照办错，为了不损失本旅行社的利益，哄骗游客，对游客造成了极大伤害。另外，游客应当从中吸取教训，坚决维护自己的合法权益。如果发现自己的护照有问题，必须马上更换，决不能心存侥幸，以免铸成大错。

七

旅游行业服务标准

旅游饭店星级的划分与评定

第四条 国家旅游局设全国旅游星级饭店评定委员会(以下简称为"全国星评委")。全国星评委是负责全国星评工作的最高机构。

(一)职能:统筹负责全国旅游饭店星评工作;聘任与管理国家级星评员;组织五星级饭店的评定和复核工作;授权并监管地方旅游饭店星级评定机构开展工作。

(二)组成人员:全国星评委由中国旅游协会领导、中国旅游饭店业协会领导、国家旅游局监督管理司领导、政策法规司领导、监察局领导、中国旅游协会和中国旅游饭店业协会秘书处相关负责人及各省、自治区、直辖市旅游星级饭店评定委员会主任组成。

(三)办事机构:全国星评委下设办公室,作为全国星评委的办事机构,设在中国旅游饭店业协会秘书处。

(四)饭店星级评定职责和权限:

1. 执行饭店星级评定工作的实施办法;
2. 授权和督导地方旅游饭店星级评定机构的星级评定和复核工作;
3. 对地方旅游饭店星级评定机构违反规定所评定和复核的结果拥有否决权;
4. 实施或组织实施对五星级饭店的星级评定和复核工作;
5. 统一制作和核发星级饭店的证书、标志牌;
6. 按照《饭店星评员章程》(附件1)要求聘任国家级星评员,监管其工作;
7. 负责国家级星评员的培训工作。

第五条 各省、自治区、直辖市旅游局设省级旅游星级饭店评定委员会(简称"省级星评委")。省级星评委报全国星评委备案后,根据全国星评委的授权开展星评和复核工作。

(一)组成人员:省级星评委的组建,根据本地实际情况确定,由地方旅游行业管理部门负责人和旅游饭店协会负责人等组成。

(二)办事机构:省级星评委下设办公室为办事机构,可设在当地旅游局行业管理处或旅游饭店协会。

(三)饭店星级评定职责和权限:

省级星评委依照全国星评委的授权开展以下工作:

1. 贯彻执行并保证质量完成全国星评委部署的各项工作任务;

2. 负责并督导本省内各级旅游饭店星级评定机构的工作；

3. 对本省副省级城市、地级市（地区、州、盟）及下一级星级评定机构违反规定所评定的结果拥有否决权；

4. 实施或组织实施本省四星级饭店的星级评定和复核工作；

5. 向全国星评委推荐五星级饭店并严格把关；

6. 按照《饭店星评员章程》要求聘任省级星评员；

7. 负责副省级城市、地级市（地区、州、盟）星评员的培训工作。

第六条 副省级城市、地级市（地区、州、盟）旅游局设地区旅游星级饭店评定委员会（简称“地区星评委”）。地区星评委在省级星评委的指导下，参照省级星评委的模式组建。

（一）组成人员：地区星评委可由地方旅游行业管理部门负责人和旅游饭店协会负责人等组成。

（二）办事机构：地区星评委的办事机构可设在当地旅游局行业管理处（科）或旅游饭店协会。

（三）地区星评委依照省级星评委的授权开展以下工作：

1. 贯彻执行并保证质量完成全国星评委和省级星评委布置的各项工作任务；

2. 负责本地区星级评定机构的工作；

3. 按照《饭店星评员章程》要求聘任地市级星评员，实施或组织实施本地区三星级及以下饭店的星级评定和复核工作；

4. 向省级星评委推荐四、五星级饭店。

法条解读：负责饭店星评工作的职能机构为三级制，分别是全国星评委、省级星评委和地区星评委，其组成人员、办事机构和职责权限各不相同。

第七条 饭店星级评定遵循企业自愿申报的原则。

第八条 凡在中华人民共和国境内正式营业一年以上的旅游饭店，均可申请星级评定。经评定达到相应星级标准的饭店，由全国旅游饭店星级评定机构颁发相应的星级证书和标志牌。星级标志的有效期为三年。

法条解读：饭店星评工作遵循自愿申报原则，星级申请条件是：在中华人民共和国境内正式经营，营业要达到一年以上；注意星级标志有效期为三年。

第十二条 饭店星级评定依据《旅游饭店星级的划分及评定》（GB/T14308-2010）进行，具体要求如下：

（一）《旅游饭店星级的划分及评定》附录 A“必备项目检查表”。该表规定了各星级必须具备的硬件设施和服务项目。要求相应星级的每个项目都必须达标，缺一不可。

（二）《旅游饭店星级的划分及评定》附录 B“设施设备评分表”（硬件表，共 600 分）。该表主要是对饭店硬件设施的档次进行评价打分。三、四、五星级规定最低得分线：三星 220 分、四星 320 分、五星 420 分，一、二星级不作要求。

（三）《旅游饭店星级的划分及评定》附录 C“饭店运营质量评价表”（软件表，共 600 分）。该表主要是评价饭店的“软件”，包括对饭店各项服务的基本流程、设施维护保养和清洁卫生方面的评价。三、四、五星级规定最低得分率：三星 70%、四星 80%、五星 85%，一、二星级不作要求。

第十三条 申请星级评定的饭店,如达不到本办法第十二条要求及最低分数或得分率,则不能取得所申请的星级。

法条解读:饭店星级评定依据分别是附录A“必备项目检查表”、附录B“设施设备评分表”和附录C“饭店运营质量评价表”,主要对申请星级饭店的硬件和软件进行评价,其中对附录A每个星级饭店在对应的要求内都要达标,对附录B三星级以上饭店要达到最低分数线的要求,对附录C三星级以上饭店要达到最低分数的要求。

第十四条 星级饭店强调整体性,评定星级时不能因为某一区域所有权或经营权的分离,或因为建筑物的分隔而区别对待。饭店内所有区域应达到同一星级的质量标准和管理要求。否则,星评委对饭店所申请星级不予批准。

第十五条 饭店取得星级后,因改造发生建筑规格、设施设备和服务项目的变化,关闭或取消原有设施设备、服务功能或项目,导致达不到原星级标准的,必须向相应级别星评委申报,接受复核或重新评定。否则,相应级别星评委应收回该饭店的星级证书和标志牌。

第十六条 五星级按照以下程序评定:

1. 申请。申请评定五星级的饭店应在对照《旅游饭店星级的划分及评定》(GB/T14308-2010)充分准备的基础上,按属地原则向地区星评委和省级星评委逐级递交星级申请材料。申请材料包括:饭店星级申请报告、自查打分表、消防验收合格证(复印件)、卫生许可证(复印件)、工商营业执照(复印件)、饭店装修设计说明等。

2. 推荐。省级星评委收到饭店申请材料后,应严格按照《旅游饭店星级的划分及评定》(GB/T14308-2010)的要求,于一个月内对申报饭店进行星评工作指导。对符合申报要求的饭店,以省级星评委名义向全国星评委递交推荐报告。

3. 审查与公示。全国星评委在接到省级星评委推荐报告和饭店星级申请材料后,应在一个月内完成审定申请资格、核实申请报告等工作,并对通过资格审查的饭店,在中国旅游网和中国旅游饭店业协会网站上同时公示。对未通过资格审查的饭店,全国星评委应下发正式文件通知省级星评委。

4. 宾客满意度调查。对通过五星级资格审查的饭店,全国星评委可根据工作需要安排宾客满意度调查,并形成专业调查报告,作为星评工作的参考意见。

5. 国家级星评员检查。全国星评委发出《星级评定检查通知书》,委派二到三名国家级星评员,以明察或暗访的形式对申请五星级的饭店进行评定检查。评定检查工作应在36—48小时内完成。检查未予通过的饭店,应根据全国星评委反馈的有关意见进行整改。全国星评委待接到饭店整改完成并申请重新检查的报告后,于一个月内再次安排评定检查。

6. 审核。检查结束后一个月内,全国星评委应根据检查结果对申请五星级的饭店进行审核。审核的主要内容及材料有:国家级星评员检查报告(须有国家级星评员签名)、星级评定检查反馈会原始记录材料(须有国家级星评员及饭店负责人签名)、依据《旅游饭店星级的划分及评定》(GB/T14308-2010)打分情况(打分总表须有国家级星评员签名)等。

7. 批复。对于经审核认定达到标准的饭店,全国星评委应做出批准其为五星级旅游饭店的批复,并授予五星级证书和标志牌。对于经审核认定达不到标准的饭店,全国星评委应做出不批准其为五星级饭店的批复。批复结果在中国旅游网和中国旅游饭店业协会网站上同时公示,公示内容包括饭店名称、全国星评委受理时间、国家级星评员评定检查时间、国家级星评员姓名、批复时间。

8. 申诉。申请星级评定的饭店对星评过程及其结果如有异议,可直接向国家旅游局申诉。国家旅游局根据调查结果予以答复,并保留最终裁定权。

9. 抽查。国家旅游局根据《国家级星评监督员管理规则》(附件2),派出国家级星评监督员随机抽查星级评定情况,对星评工作进行监督。一旦发现星评过程中存在不符合程序的现象或检查结果不符合标准要求的情况,国家旅游局可对星级评定结果予以否决,并对执行该任务的国家级星评员进行处理。

第十七条 一星级到四星级饭店的评定程序,各级星评委应严格按照相应职责和权限,参照五星级饭店评定程序执行。一、二、三星级饭店的评定检查工作应在24小时内完成,四星级饭店的评定检查工作应在36小时内完成。全国星评委保留对一星级到四星级饭店评定结果的否决权。

法条解读:这是关于五星级饭店评定程序的规定,其他星级饭店评定程序参照该程序进行,注意宾客满意度调查并非星级饭店评定必要程序,只是根据需要安排,且作为评定的参考标准,注意各星级饭店评定检查工作的完成时间是不同的。

第十八条 对于以住宿为主营业务,建筑与装修风格独特,拥有独特客户群体,管理和服务特色鲜明,且业内知名度较高旅游饭店的星级评定,可按照本办法第十六条要求的程序申请评定五星级饭店。

法条解读:本规定是为在大区域内起到标杆、引领作用的,有一定社会影响力的,被社会广泛认可的精品特色酒店开了一条绿色通道,这些酒店即使硬件配套不能达到五星级的标准,也可以被评定为"五星级"。

第十九条 白金五星级饭店的评定标准和检查办法另行制订。

法条解读:新规定借鉴国外的做法,增设了比五星级更高级别的"白金五星级",这是新办法亮点之一。根据相关的规定,"白金五星级"对硬件的要求更为严格,以下6个项目中至少须具备5项:普通客房面积不小于36平方米;有布局合理、装饰豪华、格调高雅、符合国际标准的高级西餐厅,可提供正规的西式正餐和宴会;有位置合理、装饰高雅、气氛浓郁的独立封闭式酒吧;有净高度不小于5米、至少容纳500人的宴会厅;国际认知度极高,平均每间可供出租客房收入连续三年居于所在地同星级饭店前列;有规模壮观、构思独特、布局科学、装潢典雅、出类拔萃的专项配套设施。同时,申报"白金五星级"的饭店还必须具有2年以上五星级饭店资格;地处城市中心商业区或繁华地带,建筑主题鲜明,外观造型独具一格。此外,按照现行标准,获得"白金五星级"标志的饭店5年后,星评委将对其资格进行重新审核。

第二十四条 星级复核是星级评定工作的重要组成部分,其目的是督促已取得星级的饭店持续达标,其组织和责任划分完全依照星级评定的责任分工。星级复核分为年度复核和三年期满的评定性复核。

第二十五条 年度复核工作由饭店对照星级标准自查自纠、并将自查结果报告相应级别星评委,相应级别星评委根据自查结果进行抽查。

评定性复核工作由各级星评委委派星评员以明察或暗访的方式进行。

各级星评委应于本地区复核工作结束后进行认真总结,并逐级上报复核结果。

第二十六条 全国星评委委派二至三名国家级星评员同行,以明察或暗访的方式对饭店进行评定性复核检查。全国星评委可根据工作需要,对满三期的五星级饭店进行宾客满意度调查,并形成专业调查报告,作为评定性复核的参考意见。

第二十七条 对复核结果达不到相应标准的星级饭店,相应级别星评委根据情节轻重给予限期整改、取消星级的处理,并公布处理结果。对于取消星级的饭店,应将其星级证书和星级标志牌收回。

第二十九条 整改期限原则上不能超过一年。被取消星级的饭店,自取消星级之日起一年后,方可重新申请星级评定。

第三十一条 接受评定性复核的星级饭店,如其正在进行大规模装修改造,或者其他适当原因而致使暂停营业,可以在评定性复核当年年前提出延期申请。经查属实后,相应级别星评委可以酌情批准其延期一次。延期复核的最长时限不应超过一年,如延期超过一年,须重新申请星级评定。

法条解读:星级复核制度是星级评定工作的重要组成部分,其目的是督促星级饭店持续达标,星级复核包括年度复核和三年期满的评定性复核,年度复核依据星级饭店的自查结果进行抽查,评定性复核工作则由星评员以明访或暗访的方式进行,两种复核方式均可能导致限期整改、取消星级的结果,注意被要求限期整改的年限规定。

中华人民共和国星级酒店评定标准

3.1 旅游饭店(tourist hotel)

能够以夜为时间单位向旅游客人提供配有餐饮及相关服务的住宿设施,按不同习惯它也被称为宾馆、酒店、旅馆、旅社、宾舍、度假村、俱乐部、大厦、中心等。

3.2 星级(star-rating)

用星的数量和颜色表示旅游饭店的等级。星级分为五个等级,即一星级、二星级、三星级、四星级、五星级(含白金五星级)。最低为一星级,最高为白金五星级。星级越高,表示旅游饭店的档次越高。

3.3 预备星级(probationary star-rating)

作为星级的补充,其等级与星级相同。

3.4 符号星级以镀金五角星为符号,用一颗五角星表示一星级,两颗五角星表示二星级,三颗五角星表示三星级,四颗五角星表示四星级,五颗五角星表示五星级,五颗白金五角星表示白金五星级。

法条解读:新《标准》增加“白金五星级”酒店的级别,注意旅游饭店的内涵与特征。旅游饭店必须具备两个条件:能够以夜为时间单位提供服务;能够提供包括餐饮在内等服务的住宿设施。

5.2 饭店开业一年后可申请星级,经星级评定机构评定批复后,可以享有五年有效的星级及其标志使用权。开业不足一年的饭店可以申请预备星级,有效期一年。

法条解读:申请星级饭店的时间是开业满一年后,星级及其标志使用权年限是5年,预备星级标志使用权的期限是一年。

6.1 一星级

6.1.1 饭店布局基本合理,方便客人在饭店内的正常活动。

6.1.2 公共信息图形符号符合 GB/T10001.1 和 GB/T10001.2 的规定。

6.1.3 有适应所在地气候的采暖、制冷设备,各区域通风良好。

6.1.4 设施设备养护良好,达到整洁、卫生和有效。

6.1.5 各种指示用和服务用文字至少用规范的中英文同时表示。

6.1.6 能够用英语提供服务。

6.1.7 前厅

a. 有前厅和总服务台;

b. 总服务台位于前厅显著位置,有装饰、光线好,有中英文标志;前厅接待人员 18 小时以上以普通话提供接待、问询、结账和留言服务;

c. 提供饭店服务项目宣传品、客房价目表、所在地旅游交通图、主要交通工具时刻表;

d. 提供小件行李存放服务;

e. 提供行李出入店服务。

6.1.8 客房

a. 至少有 15 间(套)可供出租的客房;

b. 门锁为暗锁,有防盗装置,显著位置张贴应急疏散图及相关说明;

c. 装修良好,有软垫床、桌、椅、床头柜等配套家具;

d. 至少 75% 的客房有卫生间,装有抽水恭桶、面盆、淋浴或浴缸(配有浴帘)。客房中没有卫生间的楼层设有男女分设、间隔式公用卫生间以及专供客人使用的男女分设、间隔式公共浴室,配有浴帘。采取有效的防滑措施,24 小时供应冷水,16 小时供应热水。

e. 照明充足,有遮光窗帘;

f. 备有饭店服务指南、价目表、住宿须知;

g. 客房、卫生间每天全面整理一次,隔日或应客人要求更换床单、被单及枕套,并做到每客必换;

h. 16 小时提供冷热饮用水。

6.1.9 餐饮

a. 有桌椅、餐具、灯具配套及照明充足的就餐区域;

b. 能够提供早餐服务;

c. 餐饮加工区域及用具保持整洁、卫生。

6.1.10 公共区域

a. 有男女分设的公共卫生间;

b. 有公用电话;

c. 有应急照明灯;

d. 走廊墙面整洁、有装修,24 小时光线充足,无障碍物。紧急出口等各种标识清楚,位置合理。

法条解读:一星级饭店在软件与硬件上的要求相对较低,但也有一定标准:如能够用英语提供服务;至少有 15 间(套)可供出租的客房;前厅接待人员 18 小时以上以普通话提供接待、问询、结账和留言服务等。

6.2　二星级

6.2.1　饭店布局基本合理，方便客人在饭店内的正常活动。

6.2.2　公共信息图形符号符合 GB/T10001.1 和 GB/T10001.2 的规定。

6.2.3　有适应所在地气候的采暖、制冷设备，各区域通风良好。

6.2.4　设施设备养护良好，达到整洁、卫生和有效。

6.2.5　各种指示用和服务用文字至少用规范的中英文同时表示。

6.2.6　能够用英语提供服务。

6.2.7　前厅

a. 有与饭店规模、星级相适应的前厅和总服务台；

b. 总服务台位于前厅显著位置，有装饰、光线好，有中英文标志；前厅接待人员 24 小时以普通话提供接待、问询、结账和留言服务；

c. 提供传真服务；

d. 总服务台提供饭店服务项目宣传品、客房价目表、所在地旅游景区(点)介绍、旅游交通图、报刊及主要交通工具时刻表；

e. 有行李推车、提供行李出入房服务；

f. 提供小件行李存放服务；

g. 有管理人员 24 小时在岗值班；

h. 设客人休息场所。

6.2.8　客房

a. 至少有 20 间(套)可供出租的客房；

b. 门锁为暗锁，有防盗装置，显著位置张贴应急疏散图及相关说明；

c. 装修良好，有软垫床、桌、椅、床头柜等配套家具，照明良好；

d. 至少 75% 的客房有卫生间，装有抽水恭桶、面盆、淋浴或浴缸(配有浴帘)。客房中没有卫生间的楼层设有男女分设、间隔式公用卫生间以及专供客人使用的男女分设、间隔式公共浴室，配有浴帘。采取有效的防滑措施，24 小时供应冷水，18 小时供应热水。

e. 照明充足，有遮光窗帘；

f. 有方便使用的电话机，可以拨通或使用预付费电信卡拨打国际、国内长途电话，并配有使用说明；

g. 有彩色电视机，画面音质清晰；

h. 具备防噪音及隔音措施；

i. 备有饭店服务指南、价目表、宾客须知；

j. 设有至少两种规格的电源插座；

k. 客房、卫生间每天全面整理一次，每日或应客人要求更换床单、被单及枕套；

l. 提供洗衣服务；

m. 24 小时提供冷热饮用水。

6.2.9　餐饮

a. 有照明充足的就餐区域，桌椅、餐具、灯具配套；

b. 能够提供早餐服务；

c. 应客人要求提供送餐服务；

d. 餐饮制作区域及用具保持干净、整洁、卫生；

6.2.10　公共区域

a. 提供回车线或停车场；

b. 4层(含4层)以上的楼房有客用电梯；

c. 有公用电话，并配备市内电话簿；

d. 有男女分设的公共卫生间；

e. 代售邮票，代发信件，代售旅行日常用品；

f. 有应急照明灯；

g. 走廊墙面整洁、有装修，24小时光线充足，无障碍物，紧急出口等各种标识清楚，位置合理。

法条解读：二星级饭店与一星级饭店标准有所不同，比如，在前厅方面，要求24小时以普通话提供接待、问询、结账和留言服务，有管理人员24小时在岗值班，设客人休息场所；在客房方面，至少有20间(套)可供出租的客房，电话具有拨打国内、国际长途电话的功能；餐饮方面，有提供送餐服务的要求；在公共区域，有提供回车线或停车场以及4层以上要配备客用电梯等要求。

6.3　三星级

6.3.1　饭店布局合理，方便客人在饭店内活动。

6.3.2　指示用标志清晰，公共信息图形符号符合GB/T10001.1和GB/T10001.2的规定。

6.3.3　有空调设施，各区域通风良好，温、湿度适宜。

6.3.4　有与本星级相适应的计算机管理系统。

6.3.5　设施设备养护良好，使用安全，达到整洁、卫生和有效。

6.3.6　各项管理制度健全，与饭店规模和星级相一致。

6.3.7　各种指示用和服务用文字至少用规范的中英文同时表示。

6.3.8　各对客服务区域能用普通话和英语提供服务。

6.3.9　前厅

a. 有与接待能力相适应的前厅，内装修美观别致，有与饭店规模、星级相适应的总服务台；

b. 总服务台各区段有中英文标志，接待人员24小时提供接待、问询、结账和留言服务；

c. 提供一次性总账单结账服务(商品除外)；

d. 提供信用卡结算服务；

e. 提供饭店服务项目宣传品，客房价目表，所在地旅游交通图、所在地旅游景点介绍、主要交通工具时刻表、与住店客人相适应的报刊；

f. 24小时提供客房预订；

g. 有饭店和客人同时开启的贵重物品保险箱，保险箱位置安全、隐蔽，能够保护客人的隐私；

h. 设门卫应接员,16 小时迎送客人;

i. 设专职行李员,有专用行李车,18 小时为客人提供行李服务,有小件行李存放处;

j. 有管理人员 24 小时在岗值班;

k. 设大堂经理,18 小时在岗服务;

l. 在非经营区设客人休息场所;

m. 提供代客预订和安排出租汽车服务;

n. 门厅及主要公共区域有残疾人出入坡道,配备轮椅,能为残疾人提供必要的服务。

6.3.10　客房

a. 至少有 30 间(套)可供出租的客房;

b. 有门窥镜和防盗装置,在显著位置张贴应急疏散图及相关说明;

c. 装修良好、美观,有软垫床、梳妆台或写字台、衣橱及衣架、座椅或简易沙发、床头柜、床头灯及行李架等配套家具,室内满铺地毯、木地板或其他较高档材料,室内采用区域照明且目的物照明度良好;

d. 有卫生间,装有抽水恭桶、梳妆台(配备面盆、梳妆镜和必要的盥洗用品)、浴缸或淋浴间,浴缸配有浴帘、淋浴喷头(另有单独淋浴间的可以不带淋浴喷头),采取有效的防滑措施,采用较高级建筑材料装修地面、墙面和天花,色调柔和,目的物照明度良好,有良好的排风系统或排风器,温湿度与客房适宜,有 110/220V 不间断电源插座,24 小时供应冷、热水;

e. 有方便使用的电话机,可以直接拨通或使用预付费电信卡拨打国际、国内长途,并配有使用说明;

f. 可以提供国际互联网接入服务,并有使用说明;

g. 有彩色电视机,播放频道不少于 16 个,画面和音质清晰,备有频道指示说明,播放内容应符合中国政府规定;

h. 具备有效的防噪音及隔音措施;

i. 有至少两种规格的电源插座,并提供插座转换器;

j. 有遮光窗帘;

k. 有单人间;

l. 有套房;

m. 有与本星级相适应的文具用品,有服务指南、价目表、住宿须知、所在地旅游景点介绍和旅游交通图,应客人要求提供相应的报刊;

n. 客房、卫生间每天全面整理 1 次,每日或应客人要求更换床单、被单及枕套,客用品和消耗品补充齐全;

o. 提供开夜床服务,放置晚安致意卡;

p. 床上用棉织品(床单、枕芯、枕套、棉被及被单等)及卫生间针织用品(浴衣、浴巾、毛巾等)材质良好、工艺讲究、柔软舒适;

q. 24 小时提供冷热饮用水,免费提供茶叶或咖啡;

r. 70% 客房有小冰箱,提供适量酒和饮料,备有饮用器具和价目单;

s. 客人在房间会客,可应要求提供加椅和茶水服务;

t. 提供留言和叫醒服务;

u. 提供衣装湿洗、干洗和熨烫服务；

v. 有送餐菜单和饮料单，18 小时提供送餐服务，有可挂置门外的送餐牌；

w. 提供擦鞋服务。

6.3.11　餐厅及吧室

a. 有餐厅，提供早、中、晚餐服务；

b. 有宴会单间或小宴会厅，能提供宴会服务；

c. 有酒吧或茶室或其他供客人休息交流且提供饮品服务的场所；

d. 餐具无破损，卫生、光洁；

e. 菜单及饮品单美观整洁，出菜率不低于 90%。

6.3.12　厨房

a. 位置合理，紧邻餐厅；

b. 墙面满铺瓷砖，用防滑材料满铺地面，有地槽，有吊顶；

c. 冷菜间、面点间独立分隔，有足够的冷气设备，冷菜间温度符合食品卫生标准，内有空气消毒设施；

d. 粗加工间与其他操作间隔离，各操作间温度适宜；

e. 有必要的冷藏、冷冻设施；

f. 洗碗间位置合理；

g. 有专门放置临时垃圾的设施并保持其封闭；

h. 厨房与餐厅之间，有起隔音、隔热和隔气味作用的进出分开、自动闭合的弹簧门；

i. 采取有效的消杀蚊蝇、蟑螂等虫害措施。

6.3.13　会议康乐设施：有会议康乐设施设备，并提供相应服务。

6.3.14　公共区域

a. 提供回车线或停车场；

b. 4 层(含 4 层)以上的建筑物有足够的客用电梯；

c. 有公用电话，并配备市内电话簿；

d. 有男女分设、间隔式公共卫生间；

e. 有小商店，出售旅行日常用品、旅游纪念品、工艺品等商品；

f. 代售邮票、代发信件，办理传真、复印、打字、国际长途电话等服务；

g. 提供电脑出租服务；

h. 有应急供电设施和应急照明设施；

i. 走廊地面满铺地毯或其他较高档材料，墙面整洁、有装修，24 小时光线充足，无障碍物，紧急出口标识清楚，位置合理。

6.3.15　在选择项目中至少具备 10 项。

法条解读：三星级饭店标准高于二星级饭店，主要表现在：饭店整体要求有计算机管理系统；前厅方面，要求提供信用卡结算服务，24 小时提供客房预订服务，有饭店和客人同时开启的贵重物品保险箱，设门卫应接员，16 小时迎送客人，设大堂经理，18 小时在岗服务并提供代客预订和安排出租汽车服务，值得一提的是，从三星级饭店开始，前厅的门厅及主要公共区域要为残疾人设置出入坡道，配备轮椅，提供专门残疾人特殊服务；在客房方面，至少有30间(套)可供出租的客房,提供国际互联网接入服务,有彩色电视机,播放频道不少于16个,有单人间、有套房,提供开夜床服务,70%客房有小冰箱,提供留言和叫醒服务并提供擦鞋服务;餐厅方面,主要是有宴会单间或小宴会厅,能提供宴会服务,有酒吧或茶室或其他供客人休息交流且提供饮品服务的场所;在公共区域方面,主要是有提供电脑出租服务和有小商店的要求。

6.4　四星级

6.4.1　饭店布局和功能划分合理,设施使用方便、安全。

6.4.2　内外装修采用高档材料,工艺精致,具有突出风格。

6.4.3　指示用标志清晰、实用,公共信息图形符号符合 GB/T10001.1 和 GB/T10001.2 的规定。

6.4.4　有中央空调(别墅式度假饭店除外),各区域通风良好。

6.4.5　有与本星级相适应的计算机管理系统。

6.4.6　有公共音响转播系统;背景音乐曲目、音量适宜,音质良好。

6.4.7　设施设备养护良好,无噪音,达到整洁、卫生和有效。

6.4.8　各项管理制度健全,与饭店规模和星级一致。

6.4.9　各种指示用和服务用文字至少用规范的中英文同时表示。

6.4.10　能用普通话和英语提供服务,必要时能用第二种外国语提供服务。

6.4.11　前厅

a. 面积宽敞,与接待能力相适应;

b. 气氛豪华,风格独特,装饰典雅,色调协调,光线充足;

c. 有与饭店规模、星级相适应的总服务台;

d. 总服务台各区段有中英文标志,接待人员 24 小时提供接待、问询和结账服务;

e. 提供留言服务;

f. 提供一次性总账单结账服务(商品除外);

g. 提供信用卡结算服务;

h. 18 小时提供外币兑换服务;

i. 提供饭店服务项目宣传品、客房价目表、中英文所在地交通图、所在地和全国主要旅游景点介绍、主要交通工具时刻表及相应报刊;

j. 24 小时接受客房预订;

k. 有饭店和客人同时开启的贵重物品保险箱,保险箱位置安全、隐蔽,能够保护客人的隐私;

l. 设门卫应接员,18 小时迎送客人;

m. 设专职行李员,有专用行李车,24 小时提供行李服务,有小件行李存放处;

n. 有管理人员 24 小时在岗值班;

o. 设大堂经理,18 小时在岗服务;

p. 在非经营区设客人休息场所;

q. 提供代客预订和安排出租汽车服务;

r. 门厅及主要公共区域有残疾人出入坡道,配备轮椅,有残疾人专用卫生间或厕位,能为残疾人提供必要的服务。

6.4.12 客房

a. 至少有40间(套)可供出租的客房;

b. 70%客房的面积(不含卫生间)不小于20平方米;

c. 装修豪华,有高档软垫床、写字台、衣橱及衣架、茶几、座椅或沙发、床头柜、床头灯、台灯、落地灯、全身镜、行李架等高级配套家具,室内满铺高级地毯,或优质木地板或其他高档地面材料,采用区域照明且目的物照明度良好;

d. 客房门能自动闭合,有门窥镜、门铃及防盗装置;显著位置张贴应急疏散图及相关说明;

e. 有卫生间,装有高级抽水恭桶、梳妆台(配备面盆、梳妆镜和必要的盥洗用品)、浴缸并带淋浴喷头(有单独淋浴间的可以不带淋浴喷头),配有浴帘,水龙头冷热标识清晰,采取有效的防滑措施,采用高档建筑材料装修地面、墙面和天花,色调高雅柔和,采用分区照明且目的物照明度良好,有良好的低噪音排风系统,温湿度与客房适宜,有110/220V不间断电源插座、电话副机,配有吹风机,24小时供应冷、热水;

f. 有方便使用的电话机,可以直接拨通或使用预付费电信卡拨打国际、国内长途电话,并备有电话使用说明和所在地主要电话指南;

g. 提供国际互联网接入服务,并有使用说明;

h. 有彩色电视机,播放频道不少于16个,画面和音质良好,备有频道指示说明,播放内容应符合中国政府规定;

i. 有客人可以调控且音质良好的音响装置;

j. 有防噪音及隔音措施,效果良好;

k. 有至少两种规格的电源插座,方便客人使用,并提供插座转换器;

l. 有内窗帘及外层遮光窗帘;

m. 有单人间;

n. 有套房;

o. 有至少3个开间的豪华套房;

p. 有与本星级相适应的文具用品,有服务指南、价目表、住宿须知、所在地旅游景点介绍和旅游交通图、与住店客人相适应的报刊;

q. 客房、卫生间每天全面整理1次,每日或应客人要求更换床单、被单及枕套,客用品和消耗品补充齐全,并应客人要求随时进房清扫整理,补充客用品和消耗品;

r. 床上用棉织品(床单、枕芯、枕套、棉被及被衬等)及卫生间针织用品(浴巾、浴衣、毛巾等)材质良好、工艺讲究、柔软舒适;

s. 提供开夜床服务,放置晚安致意品;

t. 24小时提供冷热饮用水及冰块,并免费提供茶叶或咖啡;

u. 客房内设微型酒吧(包括小冰箱),提供适量酒和饮料,备有饮用器具和价目单;

v. 提供留言及叫醒服务;

w. 客人在房间会客,可应要求提供加椅和茶水服务;

x. 提供衣装干洗、湿洗、熨烫及缝补服务,可在24小时内交还客人,16小时提供加急服务；

y. 有送餐菜单和饮料单，24 小时提供中西式送餐服务，送餐菜式品种不少于 8 种，饮料品种不少于 4 种，甜食品种不少于 4 种，有可挂置门外的送餐牌；

z. 提供擦鞋服务。

6.4.13 餐厅及吧室

a. 有布局合理、装饰豪华的中餐厅；

b. 有独具特色、格调高雅、位置合理的咖啡厅（或简易西餐厅），能提供自助早餐、西式正餐；

c. 有宴会单间或小宴会厅，能提供宴会服务；

d. 有专门的酒吧或茶室或其他供客人休息交流且提供饮品服务的场所；

e. 餐具按中西餐习惯成套配置，无破损，卫生、光洁；

f. 菜单及饮品单装帧精致，完整清洁，出菜率不低于 90%。

6.4.14 厨房

a. 位置合理、布局科学，传菜路线不与其他公共区域交叉；

b. 墙面满铺瓷砖，用防滑材料满铺地面，有地槽、有吊顶；

c. 冷菜间、面点间独立分隔，有足够的冷气设备，冷菜间内有空气消毒设施；

d. 粗加工间与其他操作间隔离，各操作间温度适宜，冷气供给充足；

e. 有必要的冷藏、冷冻设施，生熟食品及半成食品分柜置放，有干货仓库并及时清理过期食品；

f. 洗碗间位置合理；

g. 有专门放置临时垃圾的设施并保持其封闭，排污设施（地槽、抽油烟机和排风口等）保持清洁通畅；

h. 厨房与餐厅之间，有起隔音、隔热和隔气味作用的进出分开、自动闭合的弹簧门；

i. 采取有效的消杀蚊蝇、蟑螂等虫害措施。

6.4.15 会议康乐设施：有会议康乐设施设备，并提供相应服务。

6.4.16 公共区域

a. 有足够的停车场；

b. 3 层以上建筑物有数量充足的高质量客用电梯，轿厢装修高雅；另配有服务电梯；

c. 有公用电话，并配备市内电话簿；

d. 各主要区域均有男女分设的间隔式公共卫生间；

e. 有商店，出售旅行日常用品、旅游纪念品、工艺品等商品；

f. 有商务中心，代售邮票，代发信件，提供电报、传真、复印、打字、国际长途电话和电脑出租等服务；

g. 代购交通、影剧、参观等票务；

h. 提供市内观光服务；

i. 主要公共区域有闭路电视监控系统；

j. 有应急供电系统和应急照明设施。

k. 走廊地面满铺地毯或其他高档材料，墙面整洁、有装修装饰，24 小时光线充足，无障碍物,紧急出口标识清楚醒目,位置合理。

6.4.17　在选择项目中至少具备26项。

法条解读:作为高星级饭店,四星级饭店有不同于一、二、三星级饭店的标准,例如:必要时能用第二种外国语提供服务,18小时提供外币兑换服务,至少有40间(套)可供出租的客房,70%客房的面积(不含卫生间)不小于20平方米,提供市内观光服务等,这是中低档次星级饭店所没有的。

6.5　五星级

6.5.1　饭店布局和功能划分合理,设施使用方便、安全。

6.5.2　内外装修采用高档材料,工艺精致,具有突出风格。

6.5.3　指示用标志清晰、实用、美观,公共信息图形符号符合GB/T10001.1和GB/T10001.2的规定。

6.5.4　有中央空调(别墅式度假饭店除外),各区域通风良好。

6.5.5　有与本星级相适应的计算机管理系统。

6.5.6　有公共音响转播系统;背景音乐曲目、音量适宜,音质良好。

6.5.7　设施设备养护良好,无噪音,达到完备、整洁和有效。

6.5.8　各项管理制度健全,与饭店规模和星级相一致。

6.5.9　各种指示用和服务用文字至少用规范的中英文同时表示。

6.5.10　能用普通话和英语提供服务,必要时能够用第二种外国语提供服务。

6.5.11　前厅

a. 空间宽敞,与接待能力相适应,不使客人产生压抑感;

b. 气氛豪华,风格独特,装饰典雅,色调协调,光线充足;

c. 有与饭店规模、星级相适应的总服务台;

d. 总服务台各区段有中英文标志,接待人员24小时提供接待、问询和结账服务;

e. 提供留言服务;

f. 提供一次性总账单结账服务(商品除外);

g. 提供信用卡结算服务;

h. 18小时提供外币兑换服务;

i. 提供饭店服务项目宣传品、客房价目表、中英文所在地交通图、全国旅游交通图、所在地和全国旅游景点介绍、主要交通工具时刻表、与住店客人相适应的报刊;

j. 24小时接受客房预订;

k. 有饭店和客人同时开启的贵重物品保险箱,保险箱位置安全、隐蔽,能够保护客人的隐私;

l. 设门卫应接员,18小时迎送客人;

m. 设专职行李员,有专用行李车,24小时提供行李服务,有小件行李存放处;

n. 有管理人员24小时在岗值班;

o. 设大堂经理,24小时在岗服务;

p. 在非经营区设客人休息场所;

q. 提供代客预订和安排出租汽车服务;

r. 门厅及主要公共区域有残疾人出入坡道,配备轮椅,有残疾人专用卫生间或厕位,能为残疾人提供必要的服务。

6.5.12 客房

a. 至少有40间(套)可供出租的客房;

b. 70%客房的面积(不含卫生间和门廊)不小于20平方米;

c. 装修豪华,具有文化氛围,有舒适的床垫、写字台、衣橱及衣架、茶几、座椅或沙发、床头柜、床头灯、台灯、落地灯、全身镜、行李架等高级配套家具,室内满铺高级地毯,或用优质木地板或其他高档材料装饰,采用区域照明且目的物照明度良好;

d. 客房门能自动闭合,有门窥镜、门铃及防盗装置,显著位置张贴应急疏散图及相关说明;

e. 有面积宽敞的卫生间,装有高级抽水恭桶、梳妆台(配备面盆、梳妆镜和必要的盥洗用品)、浴缸并带淋浴喷头(另有单独淋浴间的可以不带淋浴喷头),配有浴帘,采取有效的防滑措施,采用豪华建筑材料装修地面、墙面和天花,色调高雅柔和,采用分区照明且目的物照明度良好,有良好的无明显噪音的排风系统,温度与客房无明显差异,有110/220V不间断电源插座、电话副机,配有吹风机,24小时供应冷、热水;

f. 有方便使用的电话机,可以直接拨通或使用预付费电信卡拨打国际、国内长途电话,并备有电话使用说明和所在地主要电话指南;

g. 提供互联网接入服务,并备有使用说明;

h. 有彩色电视机,播放频道不少于16个,画面和音质优良,备有频道指示说明,播放内容应符合中国政府规定;

i. 有可由客人调控且音质良好的音响装置;

j. 有防噪音及隔音措施,效果良好;

k. 有至少两种规格的电源插座,方便客人使用,并提供插座转换器;

l. 有沙帘及遮光窗帘;

m. 有单人间;

n. 有套房;

o. 有至少4个开间的豪华套房;

p. 有与本星级相适应的文具用品,有服务指南、价目表、住宿须知、所在地旅游景区(点)介绍和旅游交通图、与住店客人相适应的报刊;

q. 客房、卫生间每天全面清理1次,每日或应客人要求更换床单、被单及枕套,客用品和消耗品补充齐全,并应客人要求随时进房清理,补充客用品和消耗品;

r. 床上用棉织品(床单、枕芯、枕套、棉被及被衬等)及卫生间针织用品(浴巾、浴衣、毛巾等)材质良好、工艺讲究、柔软舒适;

s. 提供开夜床服务,放置晚安致意品;

t. 24小时提供冷热饮用水及冰块,并免费提供茶叶或咖啡;

u. 客房内设微型酒吧(包括小冰箱),提供适量酒和饮料,备有饮用器具和价目单;

v. 客人在房间会客,可应要求提供加椅和茶水服务;

w. 提供叫醒、留言及语音信箱服务;

x. 提供衣装干洗、湿洗、熨烫及修补服务，可在 24 小时内交还客人，18 小时提供加急服务；

y. 有送餐菜单和饮料单，24 小时提供中西式送餐服务，送餐菜式品种不少于 8 种，饮料品种不少于 4 种，甜食品种不少于 4 种，有可挂置门外的送餐牌；

z. 提供擦鞋服务。

6.5.13　餐厅及吧室

a. 有布局合理、装饰豪华的中餐厅；

b. 有布局合理、装饰豪华、格调高雅的专业外国餐厅，配有专门厨房；

c. 有独具特色、格调高雅、位置合理的咖啡厅（或简易西餐厅），能提供自助早餐、西式正餐，咖啡厅（或有一餐厅）营业时间不少于 18 小时并有明确的营业时间；

d. 有 3 个以上宴会单间或小宴会厅，能提供宴会服务；

e. 有专门的酒吧或茶室或其他供客人休息交流且提供饮品服务的场所；

f. 餐具按中外习惯成套配置，材质高档，工艺精致，有特色，无破损磨痕，光洁、卫生；

g. 菜单及饮品单装帧精美，完整清洁，出菜率不低于 90%。

6.5.14　厨房

a. 位置合理、布局科学，传菜路线不与其他公共区域交叉；

b. 墙面满铺瓷砖，用防滑材料满铺地面，有地槽、有吊顶；

c. 冷菜间、面点间独立分隔，有足够的冷气设备，冷菜间内有空气消毒设施；

d. 冷菜间有二次更衣场所及设施；

e. 粗加工间与其他操作间隔离，各操作间温度适宜，冷气供应充足；

f. 有必要的冷藏、冷冻设施，生熟食品及半成食品分柜置放，有干货仓库并定期清理过期食品；

g. 洗碗间位置合理；

h. 有专门放置临时垃圾的设施并保持其封闭，排污设施（地槽、抽油烟机和排风口等）保持畅通清洁；

i. 厨房与餐厅之间，有起隔音、隔热和隔气味作用的进出分开、自动闭合的弹簧门；

j. 采取有效的消杀蚊蝇、蟑螂等虫害措施。

6.5.15　会议康乐设施：有会议康乐设施设备，并提供相应服务。

6.5.16　公共区域

a. 有足够的停车场；

b. 3 层以上建筑物有数量充足的高质量客用电梯，轿厢装饰高雅，另配有服务电梯；

c. 有公用电话；

d. 各公共区域均有男女分设的间隔式公共卫生间；

e. 有商店，出售旅行日常用品、旅游纪念品、工艺品等商品；

f. 有商务中心，代售邮票，代发信件，代办电报、电传、传真、复印、国际长途电话，提供打字和电脑出租等服务；

g. 代购交通、影剧、参观等票务；

h. 提供市内观光服务；

i. 有紧急救助室;

j. 有应急供电系统和应急照明设施;

k. 主要公共区域有闭路电视监控系统;

l. 走廊地面满铺地毯或其他高档材料,墙面整洁、有装修装饰,24 小时光线充足,无障碍物,紧急出口标识清楚醒目,位置合理。

6.5.17 在选择项目中至少具备 33 项。

法条解读:五星级饭店与四星级饭店标准大致相同,主要在于二者均属高星级饭店,但是二者之间要求的不同主要表现在:有至少 4 个开间的豪华套房,四星级饭店则只要求有 3 个开间的豪华套房;前厅的空间宽敞,五星级饭店要求不使客人产生压抑感,增加顾客情感因素的要求;五星级饭店设大堂经理,24 小时在岗服务,而四星级饭店只要求 18 小时的在岗服务;五星级饭店要求有 3 个以上宴会单间或小宴会厅,四星级饭店则没有数量的要求;五星级饭店要求有紧急救助室,四星级饭店则无此要求;等等。

6.6 白金五星级

6.6.1 具有两年以上五星级饭店资格。

6.6.2 地理位置处于城市中心商务区或繁华地带,交通极其便利。

6.6.3 建筑主题鲜明,外观造型独具一格,有助于所在地建立旅游目的地形象。

6.6.4 内部功能布局及装修装饰能与所在地历史、文化、自然环境相结合,恰到好处地表现和烘托其主题氛围。

6.6.5 除有富丽堂皇的门廊及入口外,饭店整体氛围极其豪华气派。

6.6.6 各类设施配备齐全,品质一流;有饭店内主要区域温湿度自动控制系统。

6.6.7 有位置合理、功能齐全、品味高雅、装饰华丽的行政楼层专用服务区,至少对行政楼层提供 24 小时管家式服务。

6.6.8 以下项目中至少具备 5 项:

a. 普通客房面积不小于 36 平方米;

b. 有布局合理、装饰豪华、格调高雅、符合国际标准的高级西餐厅,可提供正规的西式正餐和宴会;

c. 有位置合理、装饰高雅、气氛浓郁的独立封闭式酒吧;

d. 有净高不小于 5 米、至少容纳 500 人的宴会厅;

e. 国际认知度极高,平均每间可供出租客房收入连续三年居于所在地同星级饭店前列;

f. 有规模壮观、构思独特、布局科学、装潢典雅、出类拔萃的专项配套设施。

6.6.9 在选择项目中至少具备 37 项。

6.7 选择项目(共 73 项)

6.7.1 综合类别(21 项)

a. 5 家以上饭店共享同一连锁品牌或 10 家以上饭店由同一家饭店管理公司管理;

b. 总经理连续 5 年以上担任过同级饭店高级管理职位;

c. 总经理连续 2 年以上接受饭店管理专业教育或培训;

d. 总经理持有全国旅游岗位培训指导机构颁发的《旅游行业管理人员岗位培训证书》;

e. 不少于15%的员工通过全国旅游岗位培训指导机构认可的"旅游饭店职业英语等级测试";

f. 委托代办服务("金钥匙");

g. 电梯内有方便残疾人使用的按键;

h. 有残疾人客房;

i. 客用电梯轿厢内两侧均有按键;

j. 不少于50%的客房配备客用保险箱;

k. 不少于70%的客房内配有静音、节能、环保型冰箱;

l. 为客房内床上用品及卫生间一次性客用品、客用布草的再次使用设有征询客人意见牌;

m. 客房内配有逃生用充电式手电;

n. 客房卫生间有大包装、循环使用的洗发液、沐浴液方便容器;

o. 客房卫生间配备防雾梳妆镜或化妆放大镜;

p. 不少于50%的客房卫生间淋浴与浴缸分设;

q. 不少于50%的客房卫生间干湿区分开(或有独立的化妆间);

r. 客房卫生间有饮用水系统;

s. 设有无烟楼层;

t. 餐厅、吧室均设有无烟区;

u. 餐厅及吧室不使用一次性筷子、一次性湿毛巾和塑料桌布;

6.7.2 特色类别一(20项)

a. 至少容纳200人的多功能厅或专用会议室,并有良好的隔音、遮光效果,配设衣帽间;

b. 至少容纳200人的大宴会厅,配有序门和专门厨房;

c. 至少2个小会议室或洽谈室(至少容纳10人);

d. 现场监控系统及视音频转播系统;

e. 有录音、扩音功能的音响控制系统;

f. 同声传译设施(至少2种语言);

g. 多媒体演示系统(含电脑、多媒体投影仪、实物投影仪等);

h. 会议即席发言麦克风;

i. 至少2 000平方米的展厅;

j. 独立的鲜花店;

k. 独立的酒吧、茶室等;

l. 大堂酒吧;

m. 饼屋;

n. 所有客房内配有电熨裤机;

o. 所有客房附设写字台电话;

p. 套房数量占客房总数的10%以上;

q. 所有套房供主人和来访客人使用的卫生间分设;

r. 有5个以上开间的豪华套房;

s. 设行政楼层，有本楼层客人专用服务区；
t. 行政楼层客房内配有可收发传真或上网的设备。

6.7.3　特色类别二（16 项）

a. 有观光电梯；
b. 有自动扶梯；
c. 歌舞厅；
d. 有影剧场，舞美设施和舞台照明系统能满足一般演出需要；
e. 美容美发室；
f. 健身中心；
g. 桑拿浴；
h. 保健按摩；
i. 视音频交互服务系统（VOD），提供客房内可视性账单查询服务；
j. 提供语音信箱服务；
k. 24 小时提供加急洗衣服务；
l. 定期歌舞表演；
m. 专卖店或商场；
n. 独立的书店或图书馆（至少有 1 000 册图书）；
o. 有 24 小时营业的餐厅；
p. 旅游信息电子查询系统。

6.7.4　特色类别三（16 项）

a. 自用温泉或海滨浴场或滑雪场；
b. 不少于 30% 的客房有阳台；
c. 室内游泳池；
d. 室外游泳池；
e. 棋牌室；
f. 游戏机室；
g. 桌球室；
h. 乒乓球室；
i. 保龄球室（至少 4 道）；
j. 网球场；
k. 高尔夫练习场；
l. 电子模拟高尔夫球场；
m. 高尔夫球场（至少 9 洞）；
n. 壁球场；
o. 射击或射箭场；
p. 其他运动休闲项目。

7 星级的评定规则

7.1 星级评定的责任分工

法条解读：白金五星级饭店虽属于五星级饭店，但是其评定标准明显比五星级饭店严格、要求更高，注意对两者进行区别。

7.2 星级的申请

7.2.1 申请星级的饭店，均须执行《旅游统计调查制度》，承诺履行向全国旅游饭店星级评定机构提供不涉及本饭店商业机密的经营管理数据的义务。

7.2.2 旅游饭店申请星级，应向相应评定权限的旅游饭店星级评定机构递交星级申请材料；申请四星级以上的饭店，应按属地原则逐级递交申请材料。申请材料包括：饭店星级申请报告、自查自评情况说明及其他必要的文字和图片资料。

7.3 星级的评定规程

7.3.1 受理

接到饭店星级申请后，相应评定权限的旅游饭店星级评定机构应在核实申请材料的基础上，于14天内做出受理与否的答复，对申请四星级以上饭店，其所在地旅游饭店星级评定机构在逐级递交或转交申请材料时应提交推荐报告或转交报告。

7.3.2 检查

受理申请或接到推荐报告后，相应评定权限的旅游饭店星级评定机构应在一个月内以明察和暗访的方式安排评定检查。检查合格与否，检查员均应提交检查报告，对检查未予通过的饭店，相应星级评定机构应加强指导，待接到饭店整改完成并要求重新检查的报告后，于一个月内再次安排评定检查。对申请四星级以上的饭店，检查分为初检和终检：

a. 初检由相应评定权限的旅游饭店星级评定机构组织，委派检查员以暗访或明察的形式实施检查，并将检查结果及整改意见记录在案，供终检时对照使用；初检合格，方可安排终检；

b. 终检由相应评定权限的旅游饭店星级评定机构组织，委派检查员对照初检结果及整改意见进行全面检查；终检合格，方可提交评审。

7.3.3 评审

接到检查报告后的一个月内，旅游饭店星级评定机构应根据检查员意见对申请星级的饭店进行评审。评审的主要内容有：审定申请资格，核实申请报告，认定本标准的达标情况，查验违规及事故、投诉的处理情况等。

7.3.4 批复

对于评审通过的饭店，旅游饭店星级评定机构应给予评定星级的批复，并授予相应星级的标志和证书。对于经评审认定达不到标准的饭店，旅游饭店星级评定机构不予批复。

法条解读：星级的评定程序包括：申请（四星级以上饭店应当按属地原则逐级递交申请材料）、受理（一般14天内作出决定）、检查（时间一般是一个月，检查方式分明访和暗访，四星级以上饭店还要分初检和终检）、评审（一般是一个月内）和批复五个步骤。

7.5 星级的评定原则

7.5.1 饭店所取得的星级表明该饭店所有建筑物、设施设备及服务项目均处于同一水准。如果饭店由若干座不同建筑水平或设施设备标准的建筑物组成，旅游饭店星级评定机构应按每座建筑物的实际标准评定星级,评定星级后,不同星级的建筑物不能继续使用相同的饭店名称。否则,旅游饭店星级评定机构应不予批复或收回星级标志和证书。

7.5.2 饭店取得星级后,因改造发生建筑规格、设施设备和服务项目的变化,关闭或取消原有设施设备、服务功能或项目,导致达不到原星级标准的,必须向原旅游饭店星级评定机构申报,接受复核或重新评定。否则,原旅游饭店星级评定机构应收回该饭店的星级证书和标志。

7.5.3 某些特色突出或极其个性化的饭店,若自身条件与本标准规定的条件有所区别,可以直接向全国旅游饭店星级评定机构申请星级。全国旅游饭店星级评定机构应在接到申请后一个月内安排评定检查,根据检查和评审结果给予评定星级的批复,并授予相应星级的证书和标志。

法条解读:这是关于星级评定方法的规定,注意星级取得之后,因原来对应星级饭店因素发生变化,必须要接受原旅游饭店星级评定委员会复核和重新评定;同时,某些特色突出的或个性化饭店,可以直接通过全国旅游饭店星级评定委员会申请星级而不受相关原则和程序的约束。

7.6 星级的复核及处理

7.6.2 对已经评定星级的饭店,旅游饭店星级评定机构应按照本标准及附录A、附录B和附录C进行复核,每年一次。

7.6.3 复核工作应在饭店对照星级标准自查自纠、并将自查结果报告旅游饭店星级评定机构的基础上,由旅游饭店星级评定机构以明察或暗访的形式安排抽查验收。旅游饭店星级评定机构应于本地区复核工作结束后进行认真总结,并逐级上报复核结果。

7.6.4 对严重降低或复核认定达不到本标准相应星级的饭店,按以下办法处理:

a. 旅游饭店星级评定机构根据情节轻重给予签发警告通知书、通报批评、降低或取消星级的处理,并在相应范围内公布处理结果;

b. 凡在一年内接到警告通知书三次以上或通报批评两次以上的饭店,旅游饭店星级评定机构应降低或取消其星级,并向社会公布;

c. 被降低或取消星级的饭店,自降低或取消星级之日起一年内,不予恢复或重新评定星级;一年后,方可重新申请星级;

d. 已取得星级的饭店如发生重大事故,造成恶劣影响,其所在地旅游饭店星级评定机构应立即反映情况或在权限范围内做出降低或取消星级的处理。

7.6.5 饭店接到警告通知书、通报批评、降低星级的通知后,必须认真整改并在规定期限内将整改情况报告处理机构。

7.6.6 旅游饭店星级评定机构对星级饭店进行处理的责任分工依照星级评定的责任分工办理。全国旅游饭店星级评定机构保留对各星级饭店的直接处理权。

7.6.7 凡经旅游饭店星级评定机构决定提升或降低、取消星级的饭店,应立即将原星级标志和证书交还授予机构,由旅游饭店星级评定机构做出更换或没收的处理。

法条解读:星级饭店的复核按照相关要求一年复核一次,形式可分为明察或暗访,星级饭店复核的结果包括:警告通知书、通报批评、降低或取消星级的处理,注意降低或取消其星级的构成要件和被降低或取消星级的饭店重新申请星级的条件。

旅游景区质量等级评定管理办法

第三条 旅游景区质量等级评定工作,遵循自愿申报、分级评定、动态管理、分类指导的原则。

第四条 凡在中华人民共和国境内,正式开业从事旅游经营业务一年以上的旅游景区,包括风景区、文博院馆、寺庙观堂、旅游度假区、自然保护区、主题公园、森林公园、地质公园、游乐园、动物园、植物园及工业、农业、经贸、科教、军事、体育、文化艺术等旅游景区,均可申请参加质量等级评定。

第五条 旅游景区质量等级评定,是指对具有独立管理和服务机构的旅游景区进行评定,对园中园、景中景等内部旅游点,不进行单独评定。

法条解读:注意旅游景区质量等级评定遵循的原则,旅游景区评定资格是:属于《办法》第四条规定的旅游景区的主体范围,在中华人民共和国境内正式开业满一年以上,注意对旅游景区内的园中园、景中景等内部旅游点不进行评定。

第八条 3A级、2A级、1A级旅游景区由全国旅游景区质量等级评定委员会委托各省级旅游景区质量等级评定委员会负责评定。省级旅游景区质量等级评定委员会可以向条件成熟的地市级旅游景区质量等级评定机构再行委托。

4A级旅游景区由省级旅游景区质量等级评定委员会推荐,全国旅游景区质量等级评定委员会组织评定。

5A级旅游景区从4A级旅游景区中产生。被公告为4A级旅游景区一年以上的方可申报5A级旅游景区。5A级旅游景区由省级旅游景区质量等级评定委员会推荐,全国旅游景区质量等级评定委员会组织评定。

法条解读:注意3A及以下的旅游景区等级评定是由省级旅游景区质量等级评定委员会或者地市级旅游景区质量等级评定机构负责,4A与5A的旅游景区等级评定均由全国旅游景区质量等级评定委员会组织评定,但是5A级旅游景区从4A级旅游景区中产生,且该4A级旅游景区必须被公告满一年以上才可以申报。

第九条 各级旅游景区的质量等级评定工作按照"创建、申请、评定、公告"的程序进行。

第十九条 各级旅游景区质量等级评定机构对所评旅游景区要进行监督检查和复核。监督检查采取重点抽查、定期明察和不定期暗访以及社会调查、听取游客意见反馈等方式进行。全面复核至少每三年进行一次。

法条解读:旅游景区的质量等级评定工作遵循"创建、申请、评定、公告"的程序,注意旅游景区至少要三年一次进行全面复核。

第二十一条 经复核达不到要求的,或被游客进行重大投诉经调查情况属实的景区,按以下方法作出处理:

1. 由相应质量等级评定委员会根据具体情况,作出签发警告通知书、通报批评、降低或取消等级的处理。对于取消或降低等级的景区,需由相应的评定机构对外公告。

2. 旅游景区接到警告通知书、通报批评、降低或取消等级的通知后,须认真整改,并在规定期限内将整改情况上报相应的等级评定机构。

3. 凡被降低、取消质量等级的旅游景区，自降低或取消等级之日起一年内，不得重新申请新的资质等级。

第二十二条　旅游景区质量等级评定委员会签发警告通知书、通报批评、降低或取消等级的处理权限如下：

1. 1A、2A、3A 旅游景区达不到标准规定，省、自治区、直辖市旅游景区质量等级评定委员会有权签发警告通知书、通报批评、降低或取消等级。降低或取消等级的通知，须报国家旅游景区质量等级评定委员会备案。

2. 4A、5A 旅游景区达不到标准规定，省、自治区、直辖市旅游景区质量等级评定委员会有权签发警告通知书、通报批评，并报国家旅游景区质量等级评定委员会备案。如认为应作出降低或取消等级的处理，须报国家旅游景区质量等级评定委员会审批。

3. 国家旅游景区质量等级评定委员会有权对各质量等级的旅游景区，作出签发警告通知书、通报批评、降低或取消等级通知的处理，但需事先通知有关省、自治区、直辖市旅游局旅游景区质量等级评定委员会。

法条解读：这是关于旅游景区质量等级复核工作的规定以及复核之后的情况处理。

旅游景区质量等级的划分与评定

3　术语和定义

下列术语和定义适用于本标准。

3.1　旅游景区(tourist attraction)

旅游景区是以旅游及其相关活动为主要功能或主要功能之一的空间或地域。本标准中旅游景区是指具有参观游览、休闲度假、康乐健身等功能，具备相应旅游服务设施并提供相应旅游服务的独立管理区。该管理区应有统一的经营管理机构和明确的地域范围。包括风景区、文博院馆、寺庙观堂、旅游度假区、自然保护区、主题公园、森林公园、地质公园、游乐园、动物园、植物园及工业、农业、经贸、科教、军事、体育、文化艺术等各类旅游景区。

3.2　旅游资源(tourism resources)

自然界和人类社会凡能对旅游者产生吸引力，可以为旅游业开发利用，并可产生经济效益、社会效益和环境效益的各种事物和因素。

3.3　游客中心(tourist center)

旅游景区设立的为游客提供信息、咨询、游程安排、讲解、教育、休息等旅游设施和服务功能的专门场所。

4　旅游景区质量等级及标志

4.1　旅游景区质量等级划分为五级，从高到低依次为 AAAAA、AAAA、AAA、AA、A 级旅游景区。

4.2　旅游景区质量等级的标牌、证书由全国旅游景区质量等级评定机构统一规定。

5　旅游景区质量等级划分条件

5.1 AAAAA级旅游景区

5.1.1　旅游交通

a. 可进入性好，交通设施完善，进出便捷；或具有一级公路或高等级航道、航线直达；或具有旅游专线交通工具。

b. 有与景观环境相协调的专用停车场或船舶码头；管理完善，布局合理，容量能充分满足游客接待量要求；场地平整坚实，绿化美观或水域畅通、清洁；标志规范、醒目、美观。

c. 区内游览（参观）路线或航道布局合理、顺畅，与观赏内容联结度高，兴奋感强；路面特色突出，或航道水体清澈。

d. 区内应使用清洁能源的交通工具。

5.1.2　游览

a. 游客中心位置合理，规模适度，设施齐全，功能体现充分；咨询服务人员配备齐全，业务熟练，服务热情。

b. 各种引导标识（包括导游全景图、导览图、标识牌、景物介绍牌等）造型特色突出，艺术感和文化气息浓厚，能烘托总体环境；标识牌和景物介绍牌设置合理。

c. 公众信息资料（如研究论著、科普读物、综合画册、音像制品、导游图和导游材料等）特色突出，品种齐全，内容丰富，文字优美，制作精美，适时更新。

d. 导游员（讲解员）持证上岗，人数及语种能满足游客需要，普通话达标率100%。导游员（讲解员）均应具备大专以上文化程度，其中本科以上不少于30%。

e. 导游（讲解）词科学、准确、有文采，导游服务具有针对性，强调个性化，服务质量达到GB/T 15971-1995中4.5.3和第5章要求。

f. 公共信息图形符号的设置合理，设计精美，特色突出，有艺术感和文化气息，符合GB/T 10001.1的规定。

g. 游客公共休息设施布局合理，数量充足，设计精美，特色突出，有艺术感和文化气息。

5.1.3　旅游安全

a. 认真执行公安、交通、劳动、质量监督、旅游等有关部门制定和颁布的安全法规，建立完善的安全保卫制度，工作全面落实。

b. 消防、防盗、救护等设备齐全、完好、有效，交通、机电、游览、娱乐等设备完好，运行正常，无安全隐患。游乐园达到GB/T 16767规定的安全和服务标准。危险地段标志明显，防护设施齐备、有效、特殊地段有专人看守。

c. 建立紧急救援机制，设立医务室，并配备专职医务人员，设有突发事件处理预案，应急处理能力强，事故处理及时、妥当，档案记录准确、齐全。

5.1.4　卫生

a. 环境整洁，无污水、污物，无乱建、乱堆、乱放现象，建筑物及各种设施设备无剥落、无污垢，空气清新、无异味。

b. 各类场所全部达到GB 9664规定的要求，餐饮场所达到GB 16153规定的要求，游泳场所达到GB 9667规定的要求。

c. 公共厕所布局合理，数量能满足需要，标识醒目美观，建筑造型景观化。所有厕所具备水冲、盥洗、通风设备，并保持完好或使用免水冲生态厕所，厕所设专人服务，洁具洁净、无污垢、无堵塞，室内整洁，有文化气息。

d. 垃圾箱布局合理，标识明显，造型美观独特，与环境相协调；垃圾箱分类设置，垃圾清扫及时，日产日清。

e. 食品卫生符合国家规定，餐饮服务配备消毒设施，不应使用对环境造成污染的一次性餐具。

5.1.5　邮电服务

a. 提供邮政及邮政纪念服务。

b. 通讯设施布局合理。出入口及游人集中场所设有公用电话，具备国际、国内直拨功能。

c. 公用电话亭与环境相协调，标志美观醒目。

d. 通讯方便，线路畅通，服务亲切，收费合理。

e. 能接收手提电话信号。

5.1.6　旅游购物

a. 购物场所布局合理，建筑造型、色彩、材质有特色，与环境协调。

b. 对购物场所进行集中管理，环境整洁，秩序良好，无围追兜售、强买强卖现象。

c. 对商品从业人员有统一管理措施和手段。

d. 旅游商品种类丰富，本地区及本旅游区特色突出。

5.1.7　经营管理

a. 管理体制健全，经营机制有效。

b. 旅游质量、旅游安全、旅游统计等各项经营管理制度健全有效，贯彻措施得力，定期监督检查，有完整的书面记录和总结。

c. 管理人员配备合理，中高级以上管理人员均具备大学以上文化程度。

d. 具有独特的产品形象、良好的质量形象、鲜明的视觉形象和文明的员工形象，确立自身的品牌标志，并全面、恰当地使用。

e. 有正式批准的旅游总体规划，开发建设项目符合规划要求。

f. 培训机构、制度明确，人员、经费落实，业务培训全面，效果良好，上岗人员培训合格率达100%。

g. 投诉制度健全，人员落实、设备专用，投诉处理及时、妥善，档案记录完整。

h. 为特定人群（老年人、儿童、残疾人等）配备旅游工具、用品，提供特殊服务。

5.1.8　资源和环境的保护

a. 空气质量达 GB 3095-1996 的一级标准。

b. 噪声质量达到 GB 3096-1993 的一类标准。

c. 地面水环境质量达到 GB 3838 的规定。

d. 污水排放达到 GB 8978 的规定。

e. 自然景观和文物古迹保护手段科学，措施先进，能有效预防自然和人为破坏，保持自然景观和文物古迹的真实性和完整性。

f. 科学管理游客容量。

g. 建筑布局合理,建筑物体量、高度、色彩、造型与景观相协调;出入口主体建筑格调突出,并烘托景观及环境;周边建筑物与景观格调协调,或具有一定的缓冲区域。

h. 环境氛围优良。绿化覆盖率高,植物与景观配置得当,景观与环境美化措施多样,效果好。

i. 区内各项设施设备符合国家关于环境保护的要求,不造成环境污染和其他公害,不破坏旅游资源和游览气氛。

5.1.9 旅游资源吸引力

a. 观赏游憩价值极高。

b. 同时具有极高历史价值、文化价值、科学价值,或其中一类价值具世界意义。

c. 有大量珍贵物种,或景观异常奇特,或有世界级资源实体。

d. 资源实体体量巨大,或资源类型多,或资源实体疏密度极优。

e. 资源实体完整无缺,保持原来形态与结构。

5.1.10 市场吸引力

a. 世界知名。

b. 美誉度极高。

c. 市场辐射力很强。

d. 主题鲜明,特色突出,独创性强。

5.1.11 年接待海内外旅游者 60 万人次以上,其中海外旅游者 5 万人次以上。

5.1.12 游客抽样调查满意率很高。

5.2 AAAA 级旅游景区

5.2.1 旅游交通

a. 可进入性良好。交通设施完善,进出便捷,或具有一级公路或高等级航道、航线直达;或具有旅游专线交通工具。

b. 有与景观环境相协调的专用停车场或船舶码头,且管理完善,布局合理,容量能满足游客接待量要求,场地平整坚实或水域畅通。标志规范、醒目。

c. 区内游览(参观)路线或航道布局合理、顺畅,观赏面大,路面有特色,或航道水质良好。

d. 区内使用低排放的交通工具,或鼓励使用清洁能源的交通工具。

5.2.2 游览

a. 游客中心位置合理,规模适度,设施齐全,功能完善;咨询服务人员配备齐全,业务熟练,服务热情。

b. 各种引导标识(包括导游全景图、导览图、标识牌、景物介绍牌等)造型有特色,与景观环境相协调。标识牌和景物介绍牌设置合理。

c. 公众信息资料(如研究论著、科普读物、综合画册、音像制品、导游图和导游材料等)特色突出,品种齐全,内容丰富,制作良好,适时更新。

d. 导游员(讲解员)持证上岗,人数及语种能满足游客需要,普通话达标率 100%。导游员(讲解员)均应具备高中以上文化程度,其中大专以上不少于 40%。

e. 导游(讲解)词科学、准确、生动。导游服务质量达到 GB/T 15971-1995 中 4.5.3 和第

5章要求。

f. 公共信息图形符号的设置合理，设计精美，有特色，有艺术感，符合GB/T 10001.1的规定。

g. 游客公共休息设施布局合理，数量充足，设计精美，有特色，有艺术感。

5.2.3　旅游安全

a. 认真执行公安、交通、劳动、质量监督、旅游等有关部门制定和颁布的安全法规，建立完善的安全保卫制度，工作全面落实。

b. 消防、防盗、救护等设备齐全、完好、有效，交通、机电、游览、娱乐等设备完好，运行正常，无安全隐患。游乐园达到GB/T 16767规定的安全和服务标准；危险地段标志明显，防护设施齐备、有效，高峰期有专人看守。

c. 建立紧急救援机制，设立医务室，并配备医务人员；设有突发事件处理预案，应急处理能力强，事故处理及时、妥当，档案记录准确、齐全。

5.2.4　卫生

a. 环境整洁，无污水、污物，无乱建、乱堆、乱放现象，建筑物及各种设施设备无剥落、无污垢，空气清新、无异味。

b. 各类场所全部达到GB 9664规定的要求，餐饮场所达到GB 16153规定的要求，游泳场所达到GB 9667规定的要求。

c. 公共厕所布局合理，数量能满足需要，标识醒目美观，建筑造型与景观环境相协调。所有厕所具备水冲、盥洗、通风设备，并保持完好或使用免水冲生态厕所。厕所管理完善，洁具洁净、无污垢、无堵塞。室内整洁。

d. 垃圾箱布局合理，标识明显，数量能满足需要，造型美观，与环境相协调。垃圾分类收集，清扫及时，日产日清。

e. 食品卫生符合国家规定，餐饮服务配备消毒设施，不使用对环境造成污染的一次性餐具。

5.2.5　邮电服务

a. 提供邮政及邮政纪念服务。

b. 通讯设施布局合理。出入口及游人集中场所设有公用电话，具备国际、国内直拨功能。

c. 公用电话亭与环境相协调，标志美观醒目。

d. 通讯方便，线路畅通，服务亲切，收费合理。

e. 能接收手提电话信号。

5.2.6　旅游购物

a. 购物场所布局合理，建筑造型、色彩、材质有特色，与环境协调。

b. 对购物场所进行集中管理，环境整洁，秩序良好，无围追兜售、强买强卖现象。

c. 对商品从业人员有统一管理措施和手段。

d. 旅游商品种类丰富，具有本地区特色。

5.2.7　经营管理

a. 管理体制健全，经营机制有效。

b. 旅游质量、旅游安全、旅游统计等各项经营管理制度健全有效，贯彻措施得力，定期监督检查，有完整的书面记录和总结。

c. 管理人员配备合理，高级管理人员均应具备大学以上文化程度。

d. 具有独特的产品形象、良好的质量形象、鲜明的视觉形象和文明的员工形象，确立自身的品牌标志，并全面、恰当地使用。

e. 有正式批准的旅游总体规划，开发建设项目符合规划要求。

f. 培训机构、制度明确，人员、经费落实，业务培训全面，效果良好，上岗人员培训合格率达100%。

g. 投诉制度健全，人员、设备落实，投诉处理及时、妥善，档案记录完整。

h. 为特定人群（老年人、儿童、残疾人等）配备旅游工具、用品，提供特殊服务。

5.2.8　资源和环境的保护

a. 空气质量达GB 3095-1996的一级标准。

b. 噪声质量达到GB 3096-1993的一类标准。

c. 地面水环境质量达到GB 3838的规定。

d. 污水排放达到GB 8978的规定。

e. 自然景观和文物古迹保护手段科学，措施先进，能有效预防自然和人为破坏，保持自然景观和文物古迹的真实性和完整性。

f. 科学管理游客容量。

g. 建筑布局合理，建筑物体量、高度、色彩、造型与景观相协调，出入口主体建筑有格调，与景观环境相协调，周边建筑物与景观格调协调，或具有一定的缓冲区域或隔离带。

h. 环境氛围良好。绿化覆盖率高，植物与景观配置得当，景观与环境美化措施多样，效果良好。

i. 区内各项设施设备符合国家关于环境保护的要求，不造成环境污染和其他公害，不破坏旅游资源和游览气氛。

5.2.9　旅游资源吸引力

a. 观赏游憩价值很高。

b. 同时具有很高历史价值、文化价值、科学价值，或其中一类价值具全国意义。

c. 有很多珍贵物种，或景观非常奇特，或有国家级资源实体。

d. 资源实体体量很大，或资源类型多，或资源实体疏密度优良。

e. 资源实体完整，保持原来形态与结构。

5.2.10　市场吸引力

a. 全国知名。

b. 美誉度高。

c. 市场辐射力强。

d. 形成特色主题，有一定独创性。

5.2.11　年接待海内外旅游者50万人次以上，其中海外旅游者3万人次以上。

5.2.12　游客抽样调查满意率高。

法条解读：国家旅游局设立旅游区（点）质量等级评定工作，负责全国旅游区（点）质量等级评定的组织、领导工作，并具体负责评定AAAAA级和AAAA级旅游区（点）。

5.3　AAA级旅游景区

5.3.1　旅游交通

a. 可进入性较好。交通设施完备，进出便捷。或具有至少二级以上公路或高等级航道、航线直达；或具有旅游专线等便捷交通工作。

b. 有与景观环境相协调的专用停车场或船舶码头。且布局合理，容量能满足需求。场地平整坚实或水域畅通。标志规范、醒目。

c. 区内游览（参观）路线或航道布局合理、顺畅，观赏面大。路面有特色，或航道水质良好。

d. 区内使用低排放的交通工作，或鼓励使用清洁能源的交通工具。

5.3.2　游览

a. 游客中心位置合理，规模适度，设施、功能齐备。游客中心有服务人员，业务熟悉，服务热情。

b. 各种引导标识（包括导游全景图、导览图、标识牌、景物介绍牌等）造型有特色，与景观环境相协调。标识牌和景物介绍牌设置合理。

c. 公众信息资料（如研究论著、科普读物、综合画册、音像制品、导游图和导游材料等）有特色，品种全，内容丰富，制作良好，适时更新。

d. 导游员（讲解员）持证上岗，人数及语种能满足游客需要。普通话达标率100%。导游员（讲解员）均应具备高中以上文化程度，其中大专以上不少于20%。

e. 导游（讲解）词科学、准确、生动、导游服务质量达到GB/T 15971-1995中4.5.3和第5章要求。

f. 公共信息图形符号的设置合理，设计有特色，符合GB/T 10001.1的规定。

g. 游客公共休息设施布局合理，数量满足需要，设计有特色。

5.3.3　旅游安全

a. 认真执行公安、交通、劳动、质量监督、旅游等有关部门制定和颁布的安全法规，建立完善的安全保卫制度，工作全面落实。

b. 消防、防盗、救护等设备齐全、完好、有效，交通、机电、游览、娱乐等设备完好，运行正常，无安全隐患。游乐园达到GB/T 16767规定的安全和服务标准。危险地段标志明显，防护设施齐备、有效，高峰期有专人看守。

c. 建立紧急救援机制，设立医务室，至少配备兼职医务人员。设有突发事件处理预案，应急处理能力强，事故处理及时、妥当，档案记录准确、齐全。

5.3.4　卫生

a. 环境整洁，无污水、污物，无乱建、乱堆、乱放现象，建筑物及各种设施设备无剥落、无污垢，空气清新、无异味。

b. 各类场所全部达到GB 9664规定的要求，餐饮场所达到GB 16153规定的要求，游泳场所达到GB 9667规定的要求。

c. 公共厕所布局合理，数量满足需要，标识醒目，建筑造型与景观环境协调。全部厕所具备水冲、通风设备，并保持完好或使用免水冲生态厕所。厕所整洁，洁具洁净、无污垢、无堵塞。

d. 垃圾箱布局合理,标识明显,数量满足需要,造型美观,与环境协调。垃圾清扫及时,日产日清。

e. 食品卫生符合国家规定,餐饮服务配备消毒设施,不使用造成污染的一次性餐具。

5.3.5 邮电服务

a. 提供邮政及邮政纪念服务。

b. 通讯设施布局合理。游人集中场所设有公用电话,具备国际、国内直拨功能。

c. 公用电话亭与环境基本协调,标志醒目。

d. 通讯方便,线路畅通,服务亲切,收费合理。

e. 能接收手提电话信号。

5.3.6 旅游购物

a. 购物场所布局合理,建筑造型、色彩、材质与环境协调。

b. 对购物场所进行集中管理,环境整洁,秩序良好,无围追兜售、强买强卖现象。

c. 对商品从业人员有统一管理措施和手段。

d. 旅游商品种类丰富,具有本地区特色。

5.3.7 经营管理

a. 管理体制健全、经营机制有效。

b. 旅游质量、旅游安全、旅游统计等各项经营管理制度健全有效,贯彻措施得力,定期监督检查,有完整的书面记录和总结。

c. 管理人员配备合理,80%以上中高级管理人员具备大专以上文化程度。

d. 具有独特的产品形象、良好的质量形象、鲜明的视觉形象和文明的员工形象,确立自身的品牌标志,并全面、恰当地使用。

e. 有正式批准的总体规划,开发建设项目符合规划要求。

f. 培训机构、制度明确,人员、经费落实,业务培训全面,效果良好,上岗人员培训合格率达100%。

g. 投诉制度健全,人员、设备落实,投诉处理及时、妥善,档案记录完整。

h. 能为特定人群(老年人、儿童、残疾人等)提供特殊服务。

5.3.8 资源及环境的保护

a. 空气质量达GB 3095-1996的一级标准。

b. 噪声质量达到GB 3096-1993的一类标准。

c. 地面水环境质量达到GB 3838的规定。

d. 污水排放达到GB 8978的规定。

e. 自然景观和文物古迹保护手段科学,措施得力,能有效预防自然和人为破坏,保持自然景观和文物古迹的真实性和完整性。

f. 科学管理游客容量。

g. 建筑布局合理,建筑物体量、高度、色彩、造型与景观相协调。出入口主体建筑有格调,与景观环境相协调。周边建筑物与景观格调协调,或具有一定的缓冲区或隔离带。

h. 环境氛围良好。绿化覆盖率较高,植物与景观配置得当,景观与环境美化效果良好。

i. 区内各项设施设备符合国家关于环境保护的要求,不造成环境污染和其他公害,不破坏旅游资源和游览气氛。

5.3.9　旅游资源吸引力

a. 观赏游憩价值较高。

b. 同时具有很高历史价值、文化价值、科学价值,或其中一类价值具省级意义。

c. 有较多珍贵物种,或景观奇特,或有省级资源实体。

d. 资源实体体量大,或资源类型较多,或资源实体疏密度良好。

e. 资源实体完整,基本保持原来形态与结构。

5.3.10　市场吸引力

a. 周边省市知名。

b. 美誉度较高。

c. 市场辐射力较强。

d. 有一定特色,并初步形成主题。

5.3.11　年接待海内外旅游者30万人次以上。

5.3.12　游客抽样调查满意率较高。

5.4　AA级旅游景区

5.4.1　旅游交通

a. 可进入性较好。进出方便,道路通畅。

b. 有专用停车(船)场所,布局较合理,容量能基本满足需求,场地平整坚实或水域畅通,标志规范、醒目。

c. 区内游览(参观)路线或航道布局基本合理、顺畅。

d. 区内使用低排放的交通工具,或鼓励使用清洁能源的交通工具。区内无对环境造成污染的交通工具。

5.4.2　游览

a. 有为游客提供咨询服务的游客中心或相应场所,咨询服务人员业务熟悉,服务热情。

b. 各种引导标识(包括导游全景图、导览图、标识牌、景物介绍牌等)清晰美观,与景观环境基本协调。标识牌和景物介绍牌设置合理。

c. 公众信息资料(如研究论著、科普读物、综合画册、音像制品、导游图和导游材料等)品种多,内容丰富,制作较好。

d. 导游员(讲解员)持证上岗,人数及语种能满足游客需要。普通话达标率100%。导游员(讲解员)均应具备高中以上文化程度。

e. 导游(讲解)词科学、准确、生动。导游服务质量达到GB/T 15971-1995中4.5.3和第5章要求。

f. 公共信息图形符号的设置合理,规范醒目,符合GB/T 10001.1的规定。

g. 游客公共休息设施布局合理,数量基本满足需要,造型与环境基本协调。

5.4.3　旅游安全

a. 认真执行公安、交通、劳动、质量监督、旅游等有关部门制定和颁布的安全法规,建立完善的安全保卫制度,工作全面落实。

b. 消防、防盗、救护等设备齐全、完好、有效,交通、机电、游览、娱乐等设备完好,运行正常,无安全隐患。游乐园达到 GB/T 16767 规定的安全和服务标准。危险地段标志明显,防护设施齐备、有效。

c. 建立紧急救援机制。配备游客常用药品。事故处理及时、妥当,档案记录完整。

5.4.4 卫生

a. 环境比较整洁,无污水、污物,无乱建、乱堆、乱放现象,建筑物及各种设施设备无剥落、无污垢,空气清新、无异味。

b. 各类场所全部达到 GB 9664 规定的要求,餐饮场所达到 GB 16153 规定的要求,游泳场所达到 GB 9667 规定的要求。

c. 公共厕所布局合理,数量基本满足需要,标识醒目,建筑造型与景观环境协调。70%以上厕所具备水冲设备,并保持完好或使用免水冲生态厕所。厕所整洁,洁具洁净、无污垢、无堵塞。

d. 垃圾箱布局合理,标识明显,数量基本满足需要,造型美观,与环境基本协调。垃圾清扫及时,日产日清。

e. 食品卫生符合国家规定,餐饮服务配备消毒设施,不使用对环境造成污染的一次性餐具。

5.4.5 邮电服务

a. 提供邮政或邮政纪念服务。

b. 通讯设施布局合理。游人集中场所设有公用电话,具备国内直拨功能。

c. 公用电话亭与环境基本协调,标志醒目。

d. 通讯方便,线路畅通,服务亲切,收费合理。

e. 能接收手提电话信号。

5.4.6 旅游购物

a. 购物场所布局基本合理,建筑造型、色彩、材质与环境基本协调。

b. 对购物场所进行集中管理,环境整洁,秩序良好,无围追兜售、强买强卖现象。

c. 对商品从业人员有统一管理措施和手段。

d. 旅游商品种类较多,具有本地区特色。

5.4.7 经营管理

a. 管理体制健全,经营机制有效。

b. 旅游质量、旅游安全、旅游统计等各项经营管理制度健全有效,贯彻措施得力,定期监督检查,有完整的书面记录和总结。

c. 管理人员配备合理,70%以上中高级管理人员具备大专以上文化程度。

d. 具有独特的产品形象、良好的质量形象、鲜明的视觉形象和文明的员工形象。

e. 有正式批准的总体规划,开发建设项目符合规划要求。

f. 培训机构、制度明确,人员、经费落实,业务培训全面,效果良好,上岗人员培训合格率达100%。

g. 投诉制度健全,人员、设备落实,投诉处理及时、妥善,档案记录基本完整。

h. 能为特定人群(老年人、儿童、残疾人等)提供特殊服务。

5.4.8 资源和环境的保护

a. 空气质量达 GB 3095-1996 的一级标准。

b. 噪声质量达到 GB 3096-1993 的一类标准。

c. 地面水环境质量达到 GB 3838 的规定。

d. 污水排放达到 GB 8978 的规定。

e. 自然景观和文物古迹保护手段科学,措施得力,能有效预防自然和人为破坏,基本保持自然景观和文物古迹的真实性和完整性。

f. 科学管理游客容量。

g. 建筑布局基本合理,建筑物体量、高度、色彩、造型与景观基本协调。出入口主体建筑有格调,与景观环境相协调。周边建筑物与景观格调基本协调,或具有一定的缓冲区或隔离带。

h. 环境氛围良好。绿化覆盖率较高,植物与景观配置得当,景观与环境美化效果较好。

i. 区内各项设施设备符合国家关于环境保护的要求,不造成环境污染和其他公害,不破坏旅游资源和游览气氛。

5.4.9 旅游资源吸引力

a. 观赏游憩价值一般。

b. 同时具有较高历史价值、文化价值、科学价值,或其中一类价值具地区意义。

c. 有少量珍贵物种,或景观突出,或有地区级资源实体。

d. 资源实体体量较大,或资源类型较多,或资源实体疏密度较好。

e. 资源实体基本完整。

5.4.10 市场吸引力

a. 全省知名。

b. 有一定美誉度。

c. 有一定市场辐射力。

d. 有一定特色。

5.4.11 年接待海内外旅游者 10 万人次以上。

5.4.12 游客抽样调查满意率较高。

5.5 A 级旅游景区

5.5.1 旅游交通

a. 通往旅游景区的交通基本通畅,有较好的可进入性。

b. 具有停车(船)场所,容量能基本满足需求,场地较平整坚实或水域较畅通,有相应标志。

c. 区内游览(参观)路线或航道布局基本合理、顺畅。

d. 区内使用低排放的交通工具,或鼓励使用清洁能源的交通工具。

5.5.2 游览

a. 有为游客提供咨询服务的场所,服务人员业务熟悉,服务热情。

b. 各种公众信息资料(包括导游全景图、标识牌、景物介绍牌等)与景观环境基本协调。标识牌和景物介绍牌设置基本合理。

c. 宣传教育材料(如研究论著、科普读物、综合画册、音像制品、导游图和导游材料等)品种多,内容丰富,制作较好。

d. 导游员(讲解员)持证上岗,人数及语种能基本满足游客需要。普通话达标率100%。导游员(讲解员)均应具高中以上文化程度。

e. 导游(讲解)词科学、准确、生动。导游服务质量达到GB/T 15971-1995中4.5.3和第5章要求。

f. 公共信息图形符号的设置基本合理,基本符合GB/T 10001.1的规定。

g. 游客公共休息设施布局基本合理,数量基本满足需要。

5.5.3　旅游安全

a. 认真执行公安、交通、劳动、质量监督、旅游等有关部门制定和颁布的安全法规,安全保卫制度健全,工作落实。

b. 消防、防盗、救护等设备齐全、完好、有效,交通、机电、游览、娱乐等设备完好,运行正常,无安全隐患。游乐园达到GB/T 16767规定的安全和服务标准。危险地段标志明显,防护设施齐备、有效。

c. 事故处理及时、妥当,档案记录完整,配备游客常用药品。

5.5.4　卫生

a. 环境比较整洁,无污水、污物,无乱建、乱堆、乱放现象,建筑物及各种设施设备无剥落、无污垢,空气清新、无异味。

b. 各类场所全部达到GB 9664规定的要求,餐饮场所达到GB 16153规定的要求,游泳场所达到GB 9667规定的要求。

c. 公共厕所布局较合理,数量基本满足需要,建筑造型与景观环境比较协调。50%以上厕所具备水冲设备,并保持完好或使用免水冲生态厕所。厕所较整洁,洁具洁净、无污垢、无堵塞。

d. 垃圾箱布局较合理,标识明显,数量基本满足需要,造型与环境比较协调。垃圾清扫及时,日产日清。

e. 食品卫生符合国家规定,餐饮服务配备消毒设施,不使用对环境造成污染的一次性餐具。

5.5.5　邮电服务

a. 提供邮政或邮政纪念服务。

b. 通讯设施布局较合理。游人集中场所设有公用电话,具备国内直拨功能。

c. 通讯方便,线路畅通,收费合理。

d. 能接收手提电话信号。

5.5.6　旅游购物

a. 购物场所布局基本合理,建筑造型、色彩、材质与环境较协调。

b. 对购物场所进行集中管理,环境整洁,秩序良好,无围追兜售、强买强卖现象。

c. 对商品从业人员有统一管理措施和手段。

d. 旅游商品有本地区特色。

5.5.7 经营管理

a. 管理体制健全,经营机制有效。

b. 旅游质量、旅游安全、旅游统计等各项经营管理制度健全有效,贯彻措施得力,定期监督检查,有比较完整的书面记录和总结。

c. 管理人员配备合理,60%以上中高级管理人员具大专以上文化程度。

d. 具有一定的产品形象、质量形象和文明的员工形象。

e. 有正式批准的总体规划,开发建设项目符合规划要求。

f. 培训机构、制度明确,人员、经费落实,业务培训全面,效果良好,上岗人员培训合格率达100%。

g. 投诉制度健全,人员、设备落实,投诉处理及时,档案记录基本完整。

h. 能为特定人群(老年人、儿童、残疾人等)提供特殊服务。

5.5.8 资源和环境的保护

a. 空气质量达到GB 3095-1996的一级标准。

b. 噪声质量达到GB 3096-1993的一类标准。

c. 地面水环境质量达到GB 3838的规定。

d. 污水排放达到GB 8978的规定。

e. 自然景观和文物古迹保护手段科学,措施得力,能有效预防自然和人为破坏,基本保持自然景观和文物古迹的真实性和完整性。

f. 科学管理游客容量。

g. 建筑布局较合理,建筑物造型与景观基本协调。出入口主体建筑与景观环境基本协调。周边建筑物与景观格调较协调,或具有一定的缓冲区或隔离带。

h. 环境氛围较好。绿化覆盖率较高,景观与环境美化效果较好。

i. 区内各项设施设备符合国家关于环境保护的要求,不造成环境污染和其他公害,不破坏旅游资源和游览气氛。

5.5.9 旅游资源吸引力

a. 观赏游憩价值较小。

b. 同时具有一定历史价值、文化价值、科学价值,或其中一类价值具地区意义。

c. 有个别珍贵物种,或景观比较突出,或有地区级资源实体。

d. 资源实体体量中等,或有一定资源类型,或资源实体疏密度一般。

e. 资源实体较完整。

5.5.10 市场吸引力

a. 本地区知名。

b. 有一定美誉度。

c. 有一定市场辐射力。

d. 有一定特色。

5.5.11 年接待海内外游客3万人次以上。

5.5.12 游客抽样调查基本满意。

法条解读:各省级旅游局设立地区旅游区(点)质量等级评定机构,在国家旅游局旅游区

(点)质量等级评定机构的指导下,负责本地区旅游区(点)质量等级评定工作,具体负责本地区 AAA 级、AA 级和 A 级旅游区(点)的评定以及向国家旅游局推荐本地区符合条件的 AAAAA 级、AAAA 级旅游区(点),AAA 级、AA 级和 A 级旅游区(点)评定需向国家旅游局备案。

6 旅游景区质量等级的划分依据与方法

6.1 根据旅游景区质量等级划分条件确定旅游景区质量等级,按照《服务质量与环境质量评分细则》、《景观质量评分细则》的评价得分,并结合《游客意见评分细则》的得分综合进行。

6.2 经评定合格的各质量等级旅游景区,由全国旅游景区质量等级评定机构向社会统一公告。

法条解读:根据旅游区(点)质量等级划分条件确定旅游区(点)质量等级,按照《服务质量与环境质量评分细则》、《景观质量评分细则》的评价得分,并结合《游客意见评分细则》的得分综合进行。对于初步评定的 AAAAA 级、AAAA 级和 AAA 级旅游区(点)需要分级公示,征求社会意见。

导游服务质量标准

2.5 导游人员(tour guide)

持有中华人民共和国导游资格证书、受旅行社委派、按照接待计划,从事陪同旅游团(者)参观、游览等工作的人员。导游人员包括全程陪同导游人员和地方陪同导游人员。

2.5.1 地方陪同导游人员(简称地陪)(local guide)

受接待旅行社委派,代表接待社,实施接待计划,为旅游团(者)提供当地旅游活动安排、讲解、翻译等服务的导游人员。

2.5.2 全程陪同导游人员(简称全陪)(national guide)

受组团旅行社委派,作为组团社的代表,在领队和地方陪同导游人员的配合下实施接待计划,为旅游团(者)提供全旅程陪同服务的导游人员。

法条解读:这是对旅游业内相关的定义进行解释。注意旅行社可分为组团社和接待旅行社(地接社),两者关系是委托与受委托的关系;导游人员分为全陪和地陪,两者在提供导游服务过程中作用不同,同时要注意全陪与领队的区别。

3 全陪服务

全陪服务是保证旅游团(者)的各项旅游活动按计划实施,旅行顺畅、安全的重要因素之一。

全陪作为组团社的代表,应自始至终参与旅游团(者)全旅程的活动,负责旅游团(者)移动中各环节的衔接,监督接待计划的实施,协调领队、地陪、司机等旅游接待人员的协作关系。

全陪应严格按照服务规范提供各项服务。

法条解读:这是对全陪职业性质的认识和对全陪在旅游活动当中发挥的功能的规定,其工作职责可以概括为:负责、监督和协调。

3.1　准备工作要求

准备工作是全陪服务的重要环节之一。

3.1.1　熟悉接待计划

上团前,全陪要认真查阅接待计划及相关资料,了解旅游团(者)的全面情况,注意掌握其重点和特点。

3.1.2　做好物质准备

上团前,全陪要做好必要的物质准备,携带必备的证件和有关资料。

3.1.3　与接待社联络

根据需要,接团的前一天,全陪应同接待社取得联系,互通情况,妥善安排好有关事宜。

3.2　首站(入境站)接团服务要求

首站接团服务要使旅游团(者)抵达后能立即得到热情友好的接待,旅游者有宾至如归的感觉。

a. 接团前,全陪应向接待社了解本站接待工作的详细安排情况;

b. 全陪应提前半小时到接站地点迎候旅游团(者);

c. 接到旅游团(者)后,全陪应与领队核实有关情况;

d. 全陪应协助领队向地陪交接行李;

e. 全陪应代表组团社和个人向旅游团(者)致欢迎辞,欢迎辞应包括表示欢迎、自我介绍、表示提供服务的真诚愿望、预祝旅行顺利愉快等内容。

3.3　进住饭店服务要求

进住饭店服务应使旅游团(者)进入饭店后尽快完成住宿登记手续、进住客房、取得行李。为此,全陪应积极主动地协助领队办理旅游团的住店手续,并热情地引导旅游者进入房间,还应协助有关人员随时处理旅游者进店过程中可能出现的问题。

3.4　核对商定日程

全陪应认真与领队核对、商定日程。如遇难以解决的问题,应及时反馈给组团社,并使领队得到及时的答复。

3.5　各站服务要求

全陪各站服务,应使接待计划得以全面顺利实施,各站之间有机衔接,各项服务适时、到位,保护好旅游者人身及财产安全,突发事件得到及时有效处理,为此:

a. 全陪应向地陪通报旅游团的情况,并积极协助地陪工作;

b. 监督各地服务质量,酌情提出改进意见和建议;

c. 出现突发事件按附录A(标准的附录)的有关原则执行。

3.6　离站服务要求

全陪应提前提醒地陪落实离站的交通票据及准确时间,协助领队和地陪妥善办理离店事宜,认真做好旅游团(者)搭乘交通工具的服务。

3.7　途中服务要求

在向异地移动途中,无论乘坐何种交通工具,全陪应提醒旅游者注意人身和物品的安全;组织好娱乐活动,协助安排好饮食和休息,努力使旅游团(者)旅行充实、轻松、愉快。

3.8　末站(离境站)服务要求

末站(离境站)的服务是全陪服务中最后的接待环节,要使旅游团(者)顺利离开末站(离境站),并留下良好的印象。

在当次旅行结束时,全陪应提醒旅游者带好自己的物品和证件,征求旅游者对接待工作的意见和建议,对旅途中的合作表示感谢,并欢迎再次光临。

3.9　处理好遗留问题

下团后,全陪应认真处理好旅游团(者)的遗留问题。

全陪应认真、按时填写《全陪日志》或其他旅游行政管理部门(或组团社)所要求的资料。

法条解读:这是对全陪在接待旅游者团队过程中各个阶段的服务要求的规定。

4　地陪服务

地陪服务是确保旅游团(者)在当地参观游览活动的顺利,并充分了解和感受参观游览对象的重要因素之一。

地陪应按时做好旅游团(者)在本站的迎送工作;严格按照接待计划,做好旅游团(者)参观游览过程中的导游讲解工作和计划内的食宿、购物、文娱等活动的安排;妥善处理各方面的关系和出现的问题。

地陪应严格按照服务规范提供各项服务。

法条解读:这是对地陪职业性质的认识和对地陪在旅游活动当中发挥的功能作用的规定,其工作职责可概括为:迎送、讲解、安排与处理。

4.1　准备工作要求

做好准备工作,是地陪提供良好服务的重要前提。

4.1.1　熟悉接待计划

地陪应在旅游团(者)抵达之前认真阅读接待计划和有关资料,详细、准确地了解该旅游团(者)的服务项目和要求,重要事宜做好记录。

4.1.2　落实接待事宜

地陪在旅游团(者)抵达的前一天,应与各有关部门或人员落实、核查旅游团(者)的交通、食宿、行李运输等事宜。

4.1.3　做好物质准备

上团前,地陪应做好必要的物质准备,带好接待计划、导游证、胸卡、导游旗、接站牌、结算凭证等物品。

4.2　接站服务要求

在接站过程中,地陪服务应使旅游团(者)在接站地点得到及时、热情、友好的接待,了解在当地参观游览活动的概况。

4.2.1　旅游团(者)抵达前的服务安排

地陪应在接站出发前确认旅游团(者)所乘交通工具的准确抵达时间。

地陪应提前半小时抵达接站地点,并再次核实旅游团(者)抵达的准确时间。

地陪应在旅游团(者)出站前与行李员取得联络,通知行李员行李送往的地点。地陪应与司机商定车辆停放的位置。

地陪应在旅游团(者)出站前持接站标志,站立在出站口醒目的位置热情迎接旅游者。

4.2.2 旅游团(者)抵达后的服务

旅游团(者)出站后,如旅游团中有领队或全陪,地陪应及时与领队、全陪接洽。

地陪应协助旅游者将行李放在指定位置,与领队、全陪核对行李件数无误后,移交给行李员。

地陪应及时引导旅游者前往乘车处。旅游者上车时,地陪应恭候车门旁。上车后,应协助旅游者就座,礼貌地清点人数。

行车过程中,地陪应向旅游团(者)致欢迎辞并介绍本地概况。欢迎辞内容应包括:

a. 代表所在接待社、本人及司机欢迎旅游者光临本地;

b. 介绍自己姓名及所属单位;

c. 介绍司机;

d. 表示提供服务的诚挚愿望;

e. 预祝旅游愉快顺利。

4.3 入店服务要求

地陪服务应使旅游者抵达饭店后尽快办理好入店手续,进住房间,取到行李,及时了解饭店的基本情况和住店注意事项,熟悉当天或第二天的活动安排,为此地陪应在抵饭店的途中向旅游者简单介绍饭店情况及入店、住店的有关注意事项,内容应包括:

a. 饭店名称和位置;

b. 入店手续;

c. 饭店的设施和设备的使用方法;

d. 集合地点及停车地点。

旅游团(者)抵饭店后,地陪应引导旅游者到指定地点办理入店手续。

旅游者进入房间之前,地陪应向旅游者介绍饭店内就餐形式、地点、时间,并告知有关活动的时间安排。

地陪应等待行李送达饭店,负责核对行李,督促行李员及时将行李送至旅游者房间。

地陪在结束当天活动离开饭店之前,应安排好叫早服务。

4.4 核对、商定节目安排

旅游团(者)开始参观游览之前,地陪应与领队、全陪核对、商定本地节目安排,并及时通知到每一位旅游者。

4.5 参观游览过程中的导游、讲解服务要求

参观游览过程中的地陪服务,应努力使旅游团(者)参观游览全过程安全、顺利。应使旅游者详细了解参观游览对象的特色、历史背景等及其他感兴趣的问题。

4.5.1 出发前的服务

出发前,地陪应提前十分钟到达集合地点,并督促司机做好出发前的各项准备工作。

地陪应请旅游者及时上车。上车后,地陪应清点人数,向旅游者报告当日重要新闻、天气情况及当日活动安排,包括午、晚餐的时间、地点。

4.5.2 抵景点途中的讲解

在前往景点的途中,地陪应相机向旅游者介绍本地的风土人情、自然景观,回答旅游者

提出的问题。

抵达景点前,地陪应向旅游者介绍该景点的简要情况,尤其是景点的历史价值和特色。抵达景点时,地陪应告知在景点停留的时间,以及参观游览结束后集合的时间和地点。地陪还应向旅游者讲明游览过程中的有关注意事项。

4.5.3　景点导游、讲解

抵达景点后,地陪应对景点进行讲解。讲解内容应繁简适度,应包括该景点的历史背景、特色、地位、价值等方面的内容。讲解的语言应生动,富有表达力。

在景点导游的过程中,地陪应保证在计划的时间与费用内,旅游者能充分地游览、观赏,做到讲解与引导游览相结合,适当集中与分散相结合,劳逸适度,并应特别关照老弱病残的旅游者。

在景点导游的过程中,地陪应注意旅游者的安全,要自始至终与旅游者在一起活动,并随时清点人数,以防旅游者走失。

4.6　旅游团(者)就餐时对地陪的服务要求

旅游团(者)就餐时,地陪的服务应包括:

a. 简单介绍餐馆及其菜肴的特色;

b. 引导旅游者到餐厅入座,并介绍餐馆的有关设施;

c. 向旅游者说明酒水的类别;

d. 解答旅游者在用餐过程中的提问,解决出现的问题。

4.7　旅游团(者)购物时对地陪的服务要求

旅游团(者)购物时,地陪应:

a. 向旅游团(者)介绍本地商品的特色;

b. 随时提供旅游者在购物过程中所需要的服务,如翻译、介绍托运手续等。

4.8　旅游团(者)观看文娱节目时对地陪的服务要求

旅游团(者)观看计划内的文娱节目时,地陪的服务应包括:

a. 简单介绍节目内容及其特点;

b. 引导旅游者入座。

在旅游团(者)观看节目过程中,地陪应自始至终坚守岗位。

4.9　结束当日活动时的服务要求

旅游团(者)在结束当日活动时,地陪应询问其对当日活动安排的反映,并宣布次日的活动日程、出发时间及其他有关事项。

4.10　送站服务要求

旅游团(者)结束本地参观游览活动后,地陪应使旅游者顺利、安全离站,遗留问题得到及时妥善的处理。

a. 旅游团(者)离站的前一天,地陪应确认交通票据及离站时间,通知旅游者移交行李和与饭店结账的时间;

b. 离饭店前,地陪应与饭店行李员办好行李交接手续;

c. 地陪应诚恳征求旅游者对接待工作的意见和建议,并祝旅游者旅途愉快;

d. 地陪应将交通和行李票证移交给全陪、领队或旅游者;

e. 地陪应在旅游团(者)所乘交通工具启动后方可离开;

f. 如系旅游团(者)离境,地陪应向其介绍办理出境手续的程序,如系乘机离境,地陪还应提醒或协助领队或旅游者提前 72 小时确认机座。

4.11 处理好遗留问题

下团后,地陪应认真处理好旅游团(者)的遗留问题。

法条解读:这是对地陪在接待旅游者团队过程中各个阶段的服务要求的规定。注意对地陪的服务要求与对全陪的服务要求是不同的,这是因为二者工作性质与职责不同,比如旅游活动当中抵景点途中的讲解、景点导游、讲解构成地陪工作的重要内容,再如旅游团(者)就餐时、旅游团(者)购物时、旅游团(者)文娱等接待计划过程中地陪要做适当引导与介绍等。

5 导游人员的基本素质

为保证导游服务质量,导游人员应具备以下基本素质。

5.1 爱国主义意识

导游人员应具有爱国主义意识,在为旅游者提供热情有效服务的同时,要维护国家的利益和民族的自尊。

5.2 法规意识和职业道德

5.2.1 遵纪守法

导游人员应认真学习并模范遵守有关法律及规章制度。

5.2.2 遵守公德

导游人员应讲文明,模范遵守社会公德。

5.2.3 尽职敬业

导游人员应热爱本职工作,不断检查和改进自己的工作,努力提高服务水平。

5.2.4 维护旅游者的合法权益

导游人员应有较高的职业道德,认真完成旅游接待计划所规定的各项任务,维护旅游者的合法权益。对旅游者所提出的计划外的合理要求,经主管部门同意,在条件允许的情况下应尽力予以满足。

5.3 业务水平

5.3.1 能力

导游人员应具备较强的组织、协调、应变等办事能力。

无论是外语、普通话、地方语还是少数民族语言导游人员,都应做到语言准确、生动、形象、富有表达力,同时注意使用礼貌用语。

5.3.2 知识

导游人员应有较广泛的基本知识,尤其是政治、经济、历史、地理以及国情、风土习俗等方面的知识。

5.4 仪容仪表

导游人员应穿工作服或指定的服装,服装要整洁、得体。

导游人员应举止大方、端庄、稳重,表情自然、诚恳、和蔼,努力克服不合礼仪的生活习惯。

6　导游服务质量的监督与检查

各旅行社应建立健全导游服务质量的检查机构,依据本标准对导游服务进行监督检查。

旅游行政管理部门依据本标准检查导游服务质量,受理旅游者对导游服务质量的投诉。

法条解读:无论是全陪还是地陪,在规范对其业务水平、基本素质等各方面的要求方面基本是一致的。

附录 A　(标准的附录)若干问题处理原则

A1　路线或日程变更

A1.1　旅游团(者)要求变更计划行程

旅游过程中,旅游团(者)提出变更路线或日程的要求时,导游人员原则上应按合同执行,特殊情况报组团社。

A1.2　客观原因需要变更计划行程

旅游过程中,因客观原因需要变更路线或日程时,导游人员应向旅游团(者)做好解释工作,及时将旅游团(者)的意见反馈给组团社和接待社,并根据组团社或接待社的安排做好工作。

法条解读:变更计划行程因发生的原因不同,导游人员处理的原则也不同,因团队要求变更的,导游人员应该执行合同的约定,特殊情况下报告组团社;而因客观原因比如天灾人祸、政府行为等原因而变更的,导游应该做好解释工作,同时将意见反馈组团社和接待社,根据其安排做好工作。

A2　丢失证件或物品

当旅游者丢失证件或物品时,导游人员应详细了解丢失情况,尽力协助寻找,同时报告组团社或接待社,根据组团社或接待社的安排协助旅游者向有关部门报案,补办必要的手续。

A3　丢失或损坏行李

当旅游者的行李丢失或损坏时,导游人员应详细了解丢失或损坏情况,积极协助查找责任者。当难以找出责任者时,导游人员应尽量协助当事人开具有关证明,以便向投保公司索赔,并视情况向有关部门报告。

法条解读:丢失证件或物品的处理原则大致是:协助寻找、报告旅行社和协助报案。丢失或损害行李的处理原则大致是:协助查找责任者、协助开具证明同时报告相关部门。

A4　旅游者伤病、病危或死亡

A4.1　旅游者伤病

旅游者意外受伤或患病时,导游人员应及时探视,如有需要,导游人员应陪同患者前往医院就诊。严禁导游人员擅自给患者用药。

A4.2　旅游者病危

旅游者病危时,导游人员应立即协同领队或亲友送病人去急救中心或医院抢救,或请医生前来抢救。患者如系某国际急救组织的投保者,导游人员还应提醒领队及时与该组织的代理机构联系。

在抢救过程中，导游人员应要求旅游团的领队或患者亲友在场，并详细地记录患者患病前后的症状及治疗情况。

在抢救过程中，导游人员应随时向当地接待社反映情况；还应提醒领队及时通知患者亲属，如患者系外籍人士，导游人员应提醒领队通知患者所在国驻华使（领）馆；同时妥善安排好旅游团其他旅游者的活动。全陪应继续随团旅行。

A4.3　旅游者死亡

出现旅游者死亡的情况时，导游人员应立即向当地接待社报告，由当地接待社按照国家有关规定做好善后工作，同时导游人员应稳定其他旅游者的情绪，并继续做好旅游团的接待工作。

如系非正常死亡，导游人员应注意保护现场，并及时报告当地有关部门。

法条解读：注意旅游者伤病时禁止导游人员擅自给患者用药，对旅游者病危的情形，导游人员要协助抢救，在抢救过程中，导游人员做好的工作是：记录、报告、提醒及继续安排工作；对旅游者出现死亡的情形，无论正常还是非正常死亡，导游都要尽到报告义务，对非正常死亡，导游要保护好现场并做好报告工作。

中华人民共和国旅游行业对客人服务的基本标准（试行）

第一条　旅行社与海外客户签订的合同应遵守国家旅游局统一规定的合同范本内容，注明所提供的价格等级、服务标准、服务项目、双方责权义务以及当地投诉电话和地址。

第二条　旅行社应按合同确认的日程、等级标准及包价内容提供相应的服务。除人力不可抗拒的因素外，如旅行社方面未能向旅游团（者）提供符合合同规定标准的服务，应为旅行团（者）提供补偿服务或将低于标准的服务费差额退还对方。

第三条　旅行社应根据团队客人的国籍、身份、职业、年龄、健康状况等特点和确认的日程合理安排活动，尊重旅游者的生活习惯及风俗，对不同国别、肤色、职业、性别、年龄的旅游者均要一视同仁，热情相待。

第四条　除人力不可抗拒的因素外，属于旅行社工作疏漏，致使旅游团（者）减少服务项目或延误旅游时间，旅行社应退还未提供服务项目的费用，并给予一定的赔偿。

法条解读：《标准》直接确定了旅行社对客服务过程中减少服务项目或延误旅游时间的过错赔偿责任。

第五条　旅行社应按照合同中所确定的标准为旅游团（者）预订饭店，并提前通知对方。如因特殊情况需变更已预定的饭店，在征得游客同意后，可调换同星级或高于原订星级的饭店，不另加收费用。如调换的饭店低于原承诺的饭店星级，需向旅游者说明并将差价部分退还给旅游者。旅行社不得将旅行团（者）安排到非定点饭店住宿。

法条解读：《标准》规定旅行社要变更已经预订饭店的条件是：要征得旅客的同意，调换同星级或高于原订星级的饭店，不得另外加收费用。实际上，旅行社变更已预订饭店的情形就是变更旅游合同的行为；另外，《标准》设定变更已预订饭店的条件时，并没有明确“征得游客同意后”是要“全部旅客同意”还是“大部分旅客同意”,显然不够严谨。

第六条 旅行社应将文娱活动作为固定节目安排。游览日程在3天以内的,一般不少于1次;4至7天的,一般不少于2次;8天以上的,一般不少于3次。

法条解读:这是关于旅行社安排旅游活动时根据游览日确定文娱活动作为固定节目次数的安排。

第七条 旅行社必须安排游客在定点饭店或定点餐馆就餐。要按照规定的餐食标准订餐,不得克扣餐费,不得强行要求游客增加风味餐。

第八条 旅行社要有具体的防范措施以保证旅游者人身财产安全。必须为旅游者投保在华期间人身财产意外保险。旅途中,如发现意外事故,必须及时采取措施并同时将事发的详细经过和处理情况向上级主管部门汇报请示。

第九条 要完善客人行李托运手续,保证游客行李运输安全、准确无误。行李财物损失如系旅行社方面造成的,要进行赔偿;如系饭店、交通部门造成,旅行社有责任协助联系,帮助解决。

第十条 旅行社委派上团的导游人员必须通过全国导游人员资格考试,取得国家旅游局颁发的《导游员证书》。

第十一条 导游员应提前做好一切准备工作。上团时要衣着整洁、举止大方、佩戴胸卡、携带导游证。服务要热情、周到,工作认真负责,积极主动。导游要语言准确、流利,内容要健康、丰富、生动。接待10人以上旅游团要使用引导标志和话筒,如需接站,导游员应提早与机场、车站、码头取得联系,以免发生因抵达时间变更而漏接迟接。

第十二条 旅行团(者)购物要纳入旅游活动日程。导游员要严格按日程节目安排,引导客人到定点旅游商店购物。

第十三条 旅行社全体人员要认真学习涉外人员守则,严守国家机密,遵纪守法,不索要小费,不私收回扣,不套换外汇。

法条解读:《标准》第十条至第十三条明确导游人员的义务:必须持有导游证方可上岗;举止大方、佩戴胸卡、携带导游证;严格按照日程安排以及不得索要小费,私收回扣,不得套换外汇,这与《导游人员管理条例》对导游人员的要求基本一致。

第十四条 旅行社应对重视服务质量,有突出成绩的集体和个人给予表彰和奖励。对受到客人投诉的旅行社及个人,旅游行政管理部门按《旅游投诉暂行规定》进行处理。

第十五条 旅游涉外饭店都必须按《中华人民共和国评定旅游涉外饭店星级的规定和标准》提供相应的星级服务。凡未定星的涉外饭店,应有定点饭店的标志,符合定点饭店的标准要求。

法条解读:依照现行的旅游法律体系,《旅游投诉暂行规定》和《中华人民共和国评定旅游涉外饭店星级的规定和标准》已经分别被《旅游投诉处理办法》和《旅游饭店星级的划分与评定》所废止,故第十四条和第十五条在本标准未被废除之前,应该相应修改为《旅游投诉处理办法》和《旅游饭店星级的划分与评定》。

第十六条 饭店服务人员要有良好的仪表仪容,实行敬语服务,礼貌待客。服务人员要佩戴工号牌,要用标准的普通话和外语解答客人的问题,要使用“您好”、“谢谢”、“请”、“对不起”等敬语。

第十七条　门卫服务要热情、礼貌，及时疏导客流。

第十八条　行李员要主动、热情地为客人运送行李，注意轻拿轻放，保障客人的财物安全。

第十九条　前台服务要及时、热情，办理住店登记手续要尽可能使用电脑管理手段。

第二十条　电话总机服务应准确、迅速，音量要适度，态度要和蔼，及时无误地提供叫醒及留言服务，大堂副理要坚守岗位，对客人提出的合理要求，要尽力满足；对客人的投诉，应认真协助解决。

第二十一条　服务人员要主动、热情，严格按照饭店规定的服务程序、服务标准提供规范化服务。对待宾客要不论国别、肤色、职业、性别，一视同仁、平等对待。要严格遵守外事纪律，自觉维护法制尊严，不得索要小费和私收礼品，不套换外汇，不得做有损国格、人格的事。

法条解读：饭店服务员应当平等对待住店宾客，自觉遵守相关法律与纪律，不做有损国格、人格的事情。值得一提的是，《标准》规定饭店服务员不得收取小费，这显然与国际惯例不符。

第二十二条　饭店各岗位应建立班前班后的交接制度。

第二十三条　饭店应按星级标准提供相应的食宿、交通、商品销售、康乐活动等服务项目，保持周围环境的整洁、优美。大堂、餐厅、会议厅、康乐宫、走廊等场所均应保持整洁、卫生。公共卫生间要有明显的标志，设专人清扫，做到清洁、卫生、无异味、无污渍。

第二十四条　客房布置要合理化，要尽可能给客人以方便。房间内的设备，要完好无损，保持窗户、台面无污迹，地毯无杂物，卫生间无异味，灯具明亮，为宾客创造一个清洁、舒适、安全的环境。

第二十五条　餐厅要整齐、清洁、卫生，台布、餐布、餐具、酒具要干净、完好无破损。客人进入餐厅要热情迎接，引宾入座。要按客人的餐费等级，保证餐饮的质量和标准。餐食既要体现地方特色，又要注意适合客人口味。提供的饮料和食品必须符合《中华人民共和国食品卫生法》规定，杜绝食物中毒等事故发生。

法条解读：本条规定中的《中华人民共和国食品卫生法》应当相应修改为《食品安全法》。

第二十六条　要有完善的治安措施，保障客人的人身、财物安全。前台要有代客保管贵重物品的设施，并有完善的保管和领取手续。客房要放置安全疏散示意图，楼层和公共场所要有显示安全疏散的通道，要保持疏散通道和出口的畅通。行李在离店前，应有完善的交接手续。

第二十七条　要牢固树立“安全第一”的思想。经常进行安全教育，建立车辆安全检查制度。每次出车前，要认真检查车辆状况，尤其是发动机、转向、刹车、信号等安全部件。严禁机件失灵的车辆执行任务。

第二十八条　驾驶员的服装要整洁，注意仪容仪表，以文明的敬语，饱满的工作热情和良好的精神面貌为宾客提供优质服务。要自觉遵守交通规则，不违章行车，不酒后开车。

第二十九条　车辆行驶要平稳，应选择最佳路线，减少颠簸。遇有恶劣气候，或在趟河、陡坡、转弯多的路上行驶，要采取必要的安全措施，确保行车安全。不得冒险在冰面上行驶。

第三十条 接送客人应提前到达指定的地点。客人游览、购物时,驾驶员不得远离车辆,不得用喇叭催促客人上车。

第三十一条 要确保客人物品安全。客人下车游览、购物时,驾驶员要检查门窗是否关闭,并提醒客人随身带好贵重物品。客人活动结束后,驾驶员要及时清理车厢,发现有客人遗忘的物品要及时送还。

第三十二条 执行接送行李任务的驾驶员,要与陪同人员办好交接手续,认真清点行李件数,不得出现任何差错。

第三十三条 非工作人员不得乘坐客人车辆。参观游览时,要按照旅行社已确定日程安排和路线行驶。遇有特殊情况,需更改行程,应先征得领队和陪同人员同意,不得擅自更改路线及活动安排。不得擅自引导客人到非定点餐馆或商店用餐、购物。

第三十四条 驾驶员要树立高尚的职业道德,严格遵守外事纪律,遵纪守法,不准索要小费,私收回扣、套换外汇,或提出其他非正当的要求,不得做有损国格和人格的事。

第三十五条 保护良好的车容车况。做到车身整洁,无油污;玻璃明亮,无水纹,无泥斑点;窗帘要整洁;座椅、靠背要固定完好;车厢内无杂物,空气清新。要根据气温和客人要求提供适量的冷暖气。

第三十六条 要严格按照国家规定的标准收费,不得自行加价。

第三十七条 旅游汽车公司应根据此规定的原则,制定本公司的《车容标准》、《司机仪容仪表标准》、《司机服务标准》、《司机安全行车标准》、《司机驾驶操作标准》,逐项记录考核,并列入考评奖惩工作的内容。

第三十八条 旅游涉外餐馆的订餐标准应对客人公开。不得随意提高餐食毛利率。要严格按照国家旅游局旅管理字(1990)40 号文件《关于加强旅游餐饮质量管理的补充规定》执行。不得降低、克扣客人的餐食标准,不得以任何形式向订餐单位和个人付给钱物。

第三十九条 餐厅工作人员要注意个人的仪表仪容,佩戴工号卡。服务要主动、热情、耐心;要实行敬语服务,礼仪服务。客人入座后,服务员应迅速递上经消毒后的小毛巾(或消毒纸)和送上热茶。

第四十条 对客人不论国别、肤色、职业、性别、年龄,要一视同仁,平等服务。

第四十一条 餐厅的主管人和服务员要主动向陪同人员及客人征求意见并及时改进工作,提高服务质量。

第四十二条 餐馆应准时营业,并严格遵守规定的营业时间。客人待餐时间一般不得超过 20 分钟;客人在未离开餐厅以前,服务员不得打扫餐厅卫生或催促客人离开。

第四十三条 餐馆周围的环境要优雅、整洁,给客人以干净、舒适的感觉。为客人备用的菜单要干净,并保证印刷质量。提供的菜肴基本要与菜单相符。餐厅除可摆放必要的装饰品外,不得摆放经营性的商品,以保持干净、整洁。应备有衣帽存放处或衣架,保证客人的财物安全。

第四十四条 餐厅的台布、餐巾、餐酒具等器皿要完好无损。厨房内必须保持清洁卫生,凡盛放入口食品的容器,使用前必须经过严格清洗、消毒。

第四十五条 冷荤间要备用消毒、防腐、防尘、防蝇设备的措施,并设有专人负责。储藏食品应注意保质保鲜。

第四十六条　公共卫生间要设专人打扫,做到清洁卫生,无异味。洗手池、面镜应无污迹。洗手间内要备有提供客人使用的香皂和皂液、擦手巾(纸巾)或灵敏的干手器。

第四十七条　停车场应设专人管理,车辆排放整齐,保证行驶车辆畅通。

第四十八条　参观游览点应严格遵守国务院颁发的《风景名胜区管理暂行条例》及建设部《关于加强历史文化名城规划工作的通知》,使游览点环境优美并得到保护。

第四十九条　服务人员应着装整洁,注意个人仪容仪表,要佩戴工号卡,实行敬语服务,主动热情,礼貌待客。讲解员做到语言流畅,内容准确,解释完整。

第五十条　游览点要整洁,地面无杂物、无痰迹。古建筑内要无积尘,无蛛网,无蚊蝇。

第五十一条　游览点内的主要景物、文物古迹、古建筑等要有内容准确、字迹清晰的中、英文说明牌,引导标牌要摆放在适当的位置。

第五十二条　游览点举办的文化娱乐活动,要内容健康、秩序良好。

第五十三条　游览点出售饮料、茶水和旅游纪念品的商亭,设施要明快、干净、商品质量要保证。

第五十四条　游览点门前及景区内不得随意设摊位,要统一管理,定位有序。坚决制止尾随客人,强行兜售商品的行为。

第五十五条　公共卫生间要有明显的标志,要有专人负责清扫。设备要完好,无缺损,不漏水。做到无蚊蝇、无异味。地面无烟头、痰迹、便池要及时冲洗,做到干净、无垢。

第五十六条　游览点要有停车场地,设专人管理,车辆排放整齐,进出停车场的车辆要限速。严格控制车辆进入游览区域。

第五十七条　要建立安全管理制度,保障游客的人身、财物的安全。登山缆车、游船等交通工具要设备完好,确保安全。出入口要保持畅通无阻,设专人疏导。

第五十八条　游览点内多点收费必须合理,无特殊价值的应做到"一票全包"。

法条解读:《标准》的目的是提高旅游服务质量,保护旅游者的合法权益,满足旅游者的合理要求,《标准》的原则是"宾客至上,质量第一"。《标准》规定了旅游行业对客人服务的基本标准包括五个方面:旅行社对客人服务的基本标准;旅游涉外饭店对客人服务的基本标准;旅游涉外汽车对客人服务的基本标准;旅游涉外餐馆对客人服务的基本标准;参观游览点对客人服务的基本标准。

中国旅游饭店行业规范

第五条　饭店由于出现超额预订而使预订客人不能入住的,饭店应当主动替客人安排本地同档次或高于本饭店档次的饭店入住,所产生的有关费用由饭店承担。

法条解读:本条是关于饭店由于出现超额预订而使预订客人不能入住的情形的规定:饭店要安排客人同档次或高档次饭店入住,要承担相关的费用。

第七条　饭店在办理客人入住手续时,应当按照国家的有关规定,要求客人出示有效证件,并如实登记。

法条解读:本条是关于饭店对客人入住有审核客人身份并如实登记的义务的规定。

第八条 以下情况饭店可以不予接待：

（一）携带危害饭店安全的物品入店者；

（二）从事违法活动者；

（三）影响饭店形象者（如携带动物者）；

（四）无支付能力或曾有过逃账记录者；

（五）饭店客满；

（六）法律、法规规定的其他情况。

法条解读：为保障饭店正常经营，饭店对某些特殊情况行使接待拒绝权，并不违背对客人要一律公平的原则。

第九条 饭店应当将房价表置于总服务台显著位置，供客人参考。饭店如给予客人房价折扣，应当书面约定。

第十条 饭店应在前厅显著位置明示客房价格和住宿时间结算方法，或者确认已将上述信息用适当方式告知客人。

法条解读：新《规范》已删去旧法中的“12点退房，超过12点加收半天房费，超过18点加收1天房费”的规定。这种修订并非是对“12点退房”的否定，其完全不影响饭店企业根据自己的行业特点与自主经营权运用约定俗成的行业惯例进行运作，也就是说酒店仍然是有权利自己决定客人住店时间计算方法的，作为酒店企业本身仍然可以继续按常规，按业内约定俗成的习惯，按国际惯例运作。这也是法律赋予企业的自主经营权。

第十一条 根据国家规定，饭店如果对客房、餐饮、洗衣、电话等服务项目加收服务费，应当在房价表或有关服务价目单上明码标价。

法条解读：《规范》赋予饭店可以对客房、餐饮、洗衣、电话等服务项目加收服务费的权利，这条规定的依据是1989年9月30日国家旅游局、财政部、国家物价局、国家税务局联合下发的《关于旅游涉外饭店加收服务费问题的通知》，非旅游饭店不能加收服务费，目前该规定仍然执行有效。

第十二条 为了保护客人的人身和财产安全，饭店客房房门应当装置防盗链、门镜、应急疏散图，卫生间内应当采取有效的防滑措施。客房内应当放置服务指南、住宿须知和防火指南。有条件的饭店应当安装客房电子门锁和公共区域安全监控系统。

第十三条 饭店应当确保健身、娱乐等场所设施、设备的完好和安全。

第十四条 对可能损害客人人身和财产安全的场所，饭店应当采取防护、警示措施。警示牌应当中外文对照。

第十五条 饭店应当采取措施，防止客人放置在客房内的财物灭失、毁损。由于饭店的原因造成客人财物灭失、毁损的，饭店应当承担责任。

法条解读：饭店有保障住店客人人身和财产安全的义务，故饭店应当具备防止客人人身和财产安全权益损害的设施设备，第十五条的规定明确了饭店对住店客人财产安全保障的责任，这主要在于有些饭店忽视了有效地保护好住店客人的财物的义务，造成客人财物的丢失。客人物品报失的情况各种各样，有的是错误报失，有的是虚假报失，有的是真正失窃。在真正的失窃案中，又有多种情况，有的留有现场，有的没有留下任何痕迹；有的失窃案是饭店的过错所为（如服务员在清扫完客人的房间后未锁上房门，以致客人的物品被窃），有的失窃案是客人的过错所致,如果是饭店的过错造成客人财物灭失、毁损,则其要承担责任。

第十六条 饭店应当保护客人的隐私权。除日常清扫卫生、维修保养设施设备或者发生火灾等紧急情况外,饭店员工未经客人许可不得随意进入客人下榻的房间。

法条解读:这是饭店对住店客人隐私权保护的规定。隐私权是自然人对于自己不愿公开的个人信息所享有的依法受保护,不被他人非法披露和利用的一种人格权。作为隐私权必须具备一定的构成要件:(1) 秘密性,权利人的个人信息不为公众所知,处于不公开状态。(2) 保密性,指权利人采取的一系列防止隐私泄露的行为、措施。(3) 精神性,指作为隐私的个人信息是无形的,属于精神性人身要素;权利人的个人信息公开与否对精神、情感带来较大影响。可见,隐私权具有人身性,不可转让,与权利人的精神、情感不可分离,其受损害的结果表现为精神痛苦的心理状态。由于酒店提供的是生活服务,这必然容易涉及客人的个人隐私问题,如服务员通过向客人提供客房服务,从中就可以了解到客人的基本起居情况,故法条规定非在特殊情况下饭店员工未经客人许可不得进入客人房间,避免某些时候由于种种疏忽,其超限度地提供个性化服务,造成客人隐私权的破坏,这并不是客人所期待的。

第十七条 饭店应当在前厅处设置有双锁的客人贵重物品保险箱。贵重物品保险箱的位置应当安全、方便、隐蔽,能够保护客人的隐私。饭店应当按照规定的时限,免费提供住店客人贵重物品的保管服务。

第十八条 饭店应当对住店客人贵重物品的保管服务做出书面规定,并在客人办理入住登记时予以提示。违反第十七条和本条规定,造成客人贵重物品灭失的,饭店应当承担赔偿责任。

第十九条 客人寄存贵重物品时,饭店应当要求客人填写贵重物品寄存单,并办理有关手续。

第二十条 饭店客房内设置的保险箱仅为住店客人提供存放一般物品之用。对没有按规定将贵重物品存放在饭店前厅贵重物品保险箱内,而造成客房里客人的贵重物品灭失、毁损的,如果责任在饭店一方,可视为一般物品予以赔偿。

第二十一条 如无事先约定,在客人结账退房离开饭店以后,饭店可以将客人寄存在贵重物品保险箱内的物品取出,并按照有关规定处理。饭店应当将此条规定在客人贵重物品寄存单上明示。

第二十二条 客人如果遗失饭店贵重物品保险箱的钥匙,除赔偿锁匙成本费用外,饭店还可以要求客人承担维修保险箱的费用。

第二十三条 饭店保管客人寄存在前厅行李寄存处的行李物品时,应当检查其包装是否完好、安全,询问有无违禁物品,并经双方当面确认后,给客人签发行李寄存牌。

第二十四条 客人在餐饮、康乐、前厅行李寄存处等场所寄存物品时,饭店应当当面询问客人寄存物品中有无贵重物品。客人寄存的物品中如有贵重物品的,应当向饭店声明,由饭店员工验收并交饭店贵重物品保管处免费保管;客人事先未声明或不同意核实而造成物品灭失、毁损的,如果责任在饭店一方,饭店按照一般物品予以赔偿;客人对寄存物品没有提出需要采取特殊保管措施的,因为物品自身的原因造成毁损或损耗的,饭店不承担赔偿责任;由于客人没有事先说明寄存物品的情况,造成饭店损失的,除饭店知道或者应当知道而没有采取补救措施的以外,饭店可以要求客人承担相应的赔偿责任。

法条解读：第十七条至第二十四条是饭店对住店客人代为保管的物品作了区别对待管理，主要在于贵重物品管理不同于一般物品保管，对贵重物品保管要求饭店有专门保险箱，对住店客人贵重物品的保管服务需要做出书面规定等。值得一提的是，《规范》直接确认对没有按规定将贵重物品存放在饭店前厅贵重物品保险箱内，而造成客房里客人的贵重物品灭失、毁损的情形，主要责任在于客人，如果饭店有过错的，仅承担对其做一般物品赔偿责任。

第二十七条 饭店应当保护停车场内饭店客人的车辆安全。由于保管不善，造成车辆灭失或者毁损的，饭店承担相应责任，但因为客人自身的原因造成车辆灭失或者毁损的除外。双方均有过错的，应当各自承担相应的责任。

第二十八条 饭店应当提示客人保管好放置在汽车内的物品。对汽车内放置的物品的灭失，饭店不承担责任。

法条解读：第二十七、二十八条是饭店对停车场内饭店客人车辆安全保障义务的规定。这意味着，在不存在因客人自身原因造成车辆灭失或者毁损的情形下，对于饭店范围内的客人车辆被盗或受损，无论何种原因，饭店均应当承担负责，而不可以免除或者减轻其承担的责任。

第二十九条 饭店如果谢绝客人自带酒水和食品进入餐厅、酒吧、舞厅等场所享用，应当将谢绝的告示设置于经营场所的显著位置，或者确认已将上述信息用适当方式告知客人。

法条解读：本条是关于饭店有权"谢绝客人自带酒水和食品"的规定，结束了长久以来"饭店是否可以谢绝客人自带酒水"问题的讨论。之所以允许这样规定，原因主要是：这是国际饭店业通行的惯例，企业有经营自主权，旅游饭店综合成本较大，饭店要对用餐客人的食品卫生安全负责。

第三十条 饭店有义务提醒客人在客房内遵守国家有关规定，不得私留他人住宿或者擅自将客房转让给他人使用及改变使用用途。对违反规定造成饭店损失的，饭店可以要求入住该房间的客人承担相应的赔偿责任。

第三十一条 饭店可以口头提示或书面通知客人不得自行对客房进行改造、装饰。未经饭店同意进行改造、装饰而造成损失的，饭店可以要求客人承担相应的赔偿责任。

第三十二条 饭店有义务提示客人爱护饭店的财物。由于客人的原因造成损坏的，饭店可以要求客人承担赔偿责任。由于客人原因，饭店维修受损设施、设备期间导致客房不能出租、场所不能开放而发生的营业损失，饭店可视其情况要求客人承担责任。

第三十三条 对饮酒过量的客人，饭店应恰当、及时地劝阻，防止客人在饭店内醉酒。客人醉酒后在饭店内肇事造成损失的，饭店可以要求肇事者承担相应的赔偿责任。

法条解读：对住店客人存在私留他人住宿或者擅自将客房转让给他人使用及改变使用用途，自行对客房进行改造、装饰，不爱护饭店的财物，饮酒过量等情形的，饭店有义务予以提醒、提示、通知或者劝阻；对于旅客来说，确实有履行合同、遵守饭店有关规章的义务，造成饭店损失的，饭店可以通过协商、调解以及诉讼等方式来维护自己的权利。

第三十四条 客人结账离店后，如有物品遗留在客房内，饭店应当设法同客人取得联系，将物品归还或寄还给客人，或替客人保管，所产生的费用由客人承担。三个月后仍无人认领的，饭店可登记造册，按拾遗物品处理。

法条解读：本条是关于饭店对客人结账离店后遗留物品的处理规定：取得联系归还、替客人保管。若三个月后仍无人认领的，则按拾遗物品处理。

星级饭店访查规范

3.1 星级饭店(star-rated hotel)

各级旅游星级饭店评定机构依据《旅游饭店星级的划分与评定》，评定星级的旅游饭店。

3.2 星级饭店访查(star-rated hotel inspection)

具备检查资格的专业人员受各级旅游星级饭店评定机构委派，以普通客人身份入住饭店，针对已评定星级饭店落实和执行星评标准的情况进行检查，或在不通知饭店管理方具体检查时间的情况下，以“神秘客人”的形式对饭店质量进行暗访的一系列检查活动。

3.3 神秘客人(mysterious shopper)

持有各级旅游星级饭店评定机构的有关委派证件，以普通旅客身份入住饭店，不通报身份，在店检查期间亦不暴露真实身份的访查人员。

4 基本要求

坚持随机抽查，不提前通知的检查，以顾客和专家身份对服务质量进行监控，保证检查的有效性和客观性。

4.1 访查员为以神秘客人入住的质检人员

4.1 访查员为接受各级旅游星级饭店评定机构的委派，以“神秘客人”方式入住被访查饭店的质量检查人员

4.1.1 访查员对饭店进行明察时，应以普通旅客的身份入住饭店。

4.1.2 访查员对饭店进行暗访检查时，应不通报身份，在店检查期间亦不得暴露真实身份。

4.1.3 对任何一家饭店，参加检查的访查员均应为2—3人。

4.1.4 访查员在店访查时间以住店时间最短为24小时，最长为72小时。

法条解读：这是关于访查员访查规范实施的规定，注意暗访必须以“神秘客人”的身份进行，而明察则以“普通旅客”身份。

4.2 访查对象为获得相应星级的旅游饭店

4.2 访查对象为已进行星级评定并获得相应星级的旅游饭店

4.2.1 星级饭店按照星级标准的规定接受复核访查，特殊情况下，由全国旅游星级饭店评定机构安排不定期访查。

4.2.2 访查结束后限期整顿的饭店在整顿期完成后半年内接受一次访查。

4.3 访查权限

4.3.1 白金五星和五星级饭店由全国旅游星级饭店评定机构委派访查员进行访查。

4.3.2 四星级及其以下星级饭店由省(自治区、直辖市)旅游星级饭店评定机构委派访查员进行访查。

4.3.3 全国旅游星级饭店评定机构可酌情授权辖区内的地、市或优秀旅游城市的旅游星级饭店评定机构委派访查员进行三星级及其以下星级饭店的访查。

4.3.4　全国旅游星级饭店评定机构每年不定期对四星级以下的饭店进行抽样访查。

4.4　访查依据为本标准的附录 A

4.5　访查程序

4.5.1　访查员以普通住店客人住店，重点针对饭店前厅、客房、餐饮等核心产品进行访查并进行打分。

4.5.2　访查结束时，访查员向饭店管理方出具相应旅游星评饭店评定机构签发的《访查通知书》和本人的《星评员检查证》，由店方报销往返交通费和住店期间的费用（仅限于访查人员个人以访查为目的的消费），同时访查员当面向饭店高层管理人员反馈访查情况。

4.5.3　在针对直接对客部门的访查结束后，若访查员认为必要，可公开身份，要求检查饭店后台部门的服务情况及饭店的整体质量监控情况。

4.5.4　访查结束后，在 7 个工作日以内整理访查打分情况，完成访查报告，向相应旅游星级饭店评定机构汇报访查情况。

4.5.5　各级旅游星级评定机构根据访查报告在一个月内对饭店下达处理意见，做出奖惩决定。

5　访查结果的处理

访查结束后，各级旅游星级饭店评定机构应向被查饭店反馈访查情况，并做出相应处理，访查处理结果应逐级上报更高一级星评机构。各省级旅游星级饭店评定机构每半年一次将本辖区星级饭店的访查结果及其处理意见上报全国旅游星级饭店评定机构。

5.1　访查结果达标饭店的奖励

5.1.1　口头表扬。

5.1.2　通报表扬。

5.1.3　饭店申请更高星级评定时予以加分。

5.1.4　在评选各个级别的最佳饭店时予以加分。

5.2　访查结果未达标饭店的处理

5.2.1　口头提醒。

5.2.2　书面警告。

5.2.3　通报批评。

5.2.4　限期整顿。

5.2.5　降低星级或取消星级。

5.3　各级评定机构处理全国评定机构终审

各级旅游星级饭店评定机构对星级饭店进行处理的责任分工依照星级评定的权限划分办理。全国旅游星级饭店评定机构保留对各星级饭店访查结果的终审权。

5.4　饭店整改情况报告相应评定机构

饭店接到口头批评、警告通知书、通报批评、限期整顿或降低星级的通知后，必须认真整改并在规定期限内将整改情况报告相应旅游星级饭店评定机构。

法条解读：《规范》规定了访查员以明访或暗访的方式对星级饭店进行检查，包括检查的基本要求、访查员资格、访查权限、访查程序和访查结果的规定。建立星级饭店访查制度的目的是：作为星评标准的必要补充，与《旅游饭店星级的划分与评定》共同构成饭店星级评定的完整体系;促进饭店严格按照《旅游饭店星级的划分与评定》参与星级评定,消除饭店突击评星的做法;作为强化星评后续管理的重要手段,促进饭店服务质量的提高;强化饭店的服务意识,提升我国旅游业的顾客满意度。

案例一

◆ 案情回放

2008 年 1 月,王女士打算去海南旅游度假,请旅行社协助预订一家四星级饭店,后该旅行社为游客推荐一家准四星级饭店,并对客人解释说,准四星级虽然没有评星,但是实际条件和四星级饭店是一样的,但是当旅客兴高采烈地来到该饭店后才发现与自己以前住的四星级饭店相差太大,不仅没有地毯和中央空调,而且装修粗糙,充其量也就是二星级饭店的硬件标准,该客人愤而向当地旅游质监部门投诉。

◆ 案情分析

四星级饭店在装修、设施设备和服务方面等都有严格的标准,这在《星级酒店评定标准》中有严格的规定,另外根据《旅游饭店星级的划分与评定》,我国饭店不存在准星级或超星级饭店的说法,故此,该旅行社显然涉嫌欺诈消费者。

案例二

◆ 案情回放

一团队于某天上午抵达 H 市进行两日游,在第一天游览结束后入住酒店。因地陪将晚餐订在入住酒店的餐厅,在其协助领队办好一切手续之后,他找到全陪,告之自己家在附近,有点急事,晚餐就不一起用了,客人晚餐的事就交全陪全权负责照顾,全陪答应下来。用晚餐之前,部分客人要求改吃素斋,全陪找到餐厅主管,要求换餐,遭到拒绝。地陪在服务过程中存在哪些不足之处,当客人提出换餐要求时,全陪应如何处理?

◆ 案情分析

(1) 地陪存在以下不足:

① 没有亲自带客人用第一餐,没做任何交代就离开;② 没有了解客人用餐要求和口味;③ 对就餐相关规定没要求全陪向客人宣布;④ 没有将领队或全陪介绍给餐厅主管。

(2) 当客人提出换餐要求时,全陪应:

① 提供积极的帮助,尽量予以满足;② 向客人说明有关换餐规定;③ 应尽量与餐厅联系,按规定办理;④ 接近就餐时提出换餐要求,一般不应接受,应做好解释工作;⑤ 若客人坚持,建议客人自己点菜,费用自理;⑥ 客人要求加菜,加饮料,应满足,费用自理。

案例三

◆ 案情回放

2007 年 2 月 13 日凌晨,李某在张某开的个体饭店和几个朋友吃饭,由于天气寒冷加上是好友聚餐，就一起喝了一瓶白酒。就餐完毕后准备离开时在饭店的餐厅走道上一不小心摔倒致伤。几个朋友将李某先后送到两家医院治疗，为此花费医疗费用800余元。

事后李某认为，由于饭店地板油腻湿滑致使自己摔倒，于是找到饭店老板索要医疗费。饭店老板则坚持认为是李某喝酒后不小心自己摔倒拒绝赔偿。多次协商未果，李某将饭店诉至法院，要求饭店赔偿医疗费、交通费等各项损失共计1 200元，并要求赔偿精神损失1 000元。

◆ 案情分析

根据《中国旅游饭店行业规范》第十四条的规定：对可能损害客人人身和财产安全的场所，饭店应当采取防护、警示措施，警示牌应当中外文对照。饭店作为公共场所，在从事住宿、餐饮、娱乐等经营活动时，应当在合理限度范围内尽到安全保障义务，和提醒、警示的义务，饭店地板油腻湿滑与李某摔倒致伤有因果关系，应对李某的摔伤负有责任。但由于李某系完全民事行为能力人，在酒后自我保护能力明显削弱，李某亦存在过错。遂依法判决饭店和李某各承担50%的责任损失。

八

部分省份旅游条例导读

北京市旅游管理条例

第一条 为了保护旅游者和旅游经营者的合法权益，维护旅游市场秩序，合理开发、利用旅游资源，促进旅游业的发展，根据本市实际情况，制定本条例。

第二条 凡在本市行政区域内进行旅游开发建设，从事旅游经营和旅游业管理活动，均应当遵守本条例。

本条例所称旅游业，是指利用旅游资源和设施，招徕、接待旅游者和主要为旅游者提供交通、游览、住宿、餐饮、购物、娱乐等有偿服务的综合性产业。

法条解读：《条例》明确了旅游业的内涵与特征，其是一个有偿服务的综合性产业，从学理看，《条例》更倾向于从广义的方面理解旅游业，即旅游业除包括专门从事旅游业务的部门以外，还包括与旅游相关的各行各业。

第三条 本市发展旅游业，应当发挥首都优势，突出北京特色，弘扬中华民族优秀文化，坚持旅游资源保护与开发、利用相结合，社会效益、环境效益与经济效益相统一的原则。

法条解读：发展旅游业要突出地域特色与增加文化内涵相结合原则，旅游资源保护与开发、利用相结合原则以及社会效益、环境效益与经济效益相统一的原则。

第六条 旅游行业协会应当完善行业自律，规范行业竞争，维护协会会员的合法权益。

旅游行业协会可以根据会员需要，提供旅游信息咨询服务，组织旅游市场开发、旅游促销，开展行业交流、行业培训，可以向政府及其有关部门提出促进旅游发展的政策建议。

法条解读：条例强化旅游行业协会自律功能与职责，规定旅游行业协会职责：提供旅游信息咨询服务，组织旅游市场开发、旅游促销，开展行业交流、行业培训，向政府及其有关部门提出促进旅游发展的政策建议。

第十三条 鼓励开发展现古都风貌，体现现代文明，具有知识性、趣味性和参与性的旅游项目。

鼓励开发具有首都优势的观光旅游、修学旅游、会展旅游、奖励旅游、休闲旅游、商务旅游等旅游产品。

第十四条 鼓励开发现代农业观光旅游，推动农村经济的发展。对开展乡村民俗旅游接待、果蔬采摘等旅游项目的单位和个人，市和区、县人民政府予以引导、服务或者资金支持。

第二十条 本市鼓励和支持开发具有北京历史、文化内涵或者旅游地独特性的旅游纪念品。

法条解读:《条例》鼓励发展观光旅游、修学旅游、会展旅游、奖励旅游、休闲旅游、商务旅游和现代农业观光旅游(乡村旅游),体现了鼓励发展现代文明,具有知识性、趣味性和参与性的旅游项目的精神。

第二十四条 市和区、县有关部门对饭店、旅游区(点)、大型游乐场等旅游建设项目进行审批时,应当征求市或者区、县旅游行政管理部门的意见;对周边生产、生活产生重大影响的,应当举行听证会,听取居民和其他利害关系人的意见。

法条解读:《条例》要求在对饭店、旅游区(点)、大型游乐场等旅游建设项目进行行政许可时,应当举行听证会,听取民众意见,体现旅游行政许可的民主精神,是立法上的亮点。

第二十六条 开发建设旅游项目应当符合旅游业发展规划,进行充分论证,避免盲目建设;不得兴建有害旅游者身心健康的旅游项目。

利用森林、水域、自然保护区、文物古迹和历史名胜等资源开发建设旅游项目,必须遵守环境保护、文物保护、森林和自然保护区管理等有关法律、法规和规章,不得破坏自然景观、人文景观和历史文化遗产。

法条解读:《条例》在开发建设旅游项目时重视论证制度,对于涉及资源开发的旅游项目,重视对旅游资源的保护。

第二十八条 从事旅游经营活动,应当依法取得营业执照;按照有关法律、法规的规定,需经旅游行政管理部门许可的,应当取得许可。

第二十九条 旅游经营者应当完善内部管理制度,加强对从业人员的法制教育、职业道德教育和职业技能培训,不断改进和提高服务质量。

旅游经营者应当接受旅游行政管理部门和有关管理部门的监督管理。

第三十条 旅游经营者采取保密措施的营销计划、销售渠道、客户名单等经营信息,属于商业秘密,任何单位和个人不得以非法方式获取、使用或者披露。

第三十一条 旅游从业人员应当参加职业技能培训或者进修;国家规定必须具有岗位资格或者职业资格的,应当取得相应的资格证书,持证上岗。

第三十二条 旅游经营者应当公开服务项目和收费标准;对应当由价格管理部门确定的收费项目和收费标准,不得自行设置和更改。

第三十三条 达到国家标准、行业标准和地方标准并取得服务质量等级的旅游经营者,应当按照相应的标准提供服务。

未取得服务质量等级的旅游经营者,不得使用服务质量等级标志和称谓进行广告宣传或者经营活动。

第三十四条 旅游经营者及其从业人员不得有下列侵害旅游者合法权益的行为:

(一)不履行合同义务或者履行合同义务不符合约定条件;

(二)不按照国家标准、行业标准或者本市规定的标准提供服务;

(三)对服务范围、内容、标准等做引人误解的虚假宣传;

(四)隐瞒真实情况,提供质价不符的服务;

(五)与其他单位和个人恶意串通,采取欺骗、误导的手段招徕旅游者;

（六）出售以假充真、以次充好的商品；

（七）其他侵害旅游者合法权益的行为。

第三十五条 旅行社组织旅游，应当与旅游者订立合同，明确约定行程安排、服务项目、价格标准、违约责任等事项。安排旅游者购物的，应当在合同中明确购物场所、购物次数和停留时间。

订立旅游合同，可以参照市旅游行政管理部门和市工商行政管理部门推荐的合同示范文本。

旅行社及其导游员或者领队必须按照合同约定提供服务，未征得旅游者同意，不得违反合同约定改变行程安排，减少服务项目，降低服务标准，加收服务费用。

旅行社及其导游员或者领队不得强迫或者变相强迫旅游者参加额外付费项目。

第三十六条 旅行社将已经订立旅游合同的旅游者转给其他旅行社出团的，应当征得旅游者的书面同意；旅游者不同意的，旅行社应当全部返还旅游者预付的旅游费用；给旅游者造成损失的，旅行社应当依照法律规定或者按照合同约定予以赔偿。

第三十七条 旅行社与其他旅游经营者发生业务往来，不得账外暗中给予或者收受回扣。

法条解读：《条例》从第二十八条至第三十七条强化对旅游经营者包括旅行社的约束，强行规定其要承担的如下义务：要取得相应资格；完善自身管理制度；保护客户的商业秘密和个人隐私；强化旅游从业人员的职业技能培训；不得进行虚假宣传与广告；不得有侵害旅游消费者权益的各种行为；旅行社必须与旅游者订立旅游合同，明确双方权利义务；旅行社不得擅自转团，不得从事商业贿赂等。

第三十八条 旅行社在旅游行程中安排旅游者在指定购物场所购买商品，商品出现质量问题的，旅行社应当协助旅游者退换；旅行社和指定购物场所的经营者有串通、欺骗行为，或者对商品质量作出承诺、保证，但商品不符合其承诺、保证的质量要求，造成旅游者人身伤害或者财产损失的，旅游者有权要求旅行社赔偿；旅行社赔偿后，可以依法向经营者追偿。

法条解读：对旅行社安排旅游者在指定购物场所购买商品，因为商品瑕疵造成旅游者合法权益损失的，旅行社应该先担责，后再追偿，这实际上确认了旅行社作为委托代理人指定失误要承担的责任。

第三十九条 导游员或者领队应当取得国家规定的执业证书。

导游员或者领队从事导游、领队活动，应当由旅行社委派，并佩戴导游证或者领队证。

导游员或者领队在导游、领队活动中，应当举止文明、语言规范，服务质量符合国家标准。

第四十条 导游员和旅游团队的其他服务人员不得有下列行为：

（一）欺骗、误导旅游者消费；

（二）强行向旅游者兜售物品或者购买旅游者的物品；

（三）向旅游经营者索要或者收受回扣；

（四）向旅游者索要小费或者其他财物；

（五）殴打、谩骂或者以其他方式侮辱旅游者；

（六）其他损害旅游者合法权益的行为。

法条解读：第三十九、四十条是对导游员或领队人员责任的安排，或义务的分配，其规定基本与《导游人员管理条例》中的精神相一致。

第四十三条 饭店、旅店等旅游住宿单位应当遵守本条例和有关旅馆业管理的规定，为旅游者提供安全、卫生和质价相符的服务。

第四十四条 旅游区（点）应当根据接待的需要，按照规定标准，建设停车场、免费公共厕所以及符合环境卫生、通讯、安全保障、无障碍等要求的配套服务设施。

旅游区（点）的配套服务设施，应当统一规划，合理布局，不得影响景区景容。

第四十五条 旅游区内设有收费旅游点或者旅游项目的，应当分别设置单一门票，不得强行向旅游者兜售联票、套票。

第四十六条 在旅游区（点）内或者周围，不得擅自摆摊、圈地、占点，妨碍旅游者观光、摄影；不得纠缠、诱骗或者胁迫旅游者购买商品、接受有偿服务。

第四十七条 任何单位和个人都应当保持旅游区（点）的环境整洁和美观，维护旅游秩序，爱护旅游设施。

旅游区（点）的经营管理者应当加强环境卫生的日常清洁和维护，设置必要的清扫人员，创造文明、整洁的旅游环境。

第四十九条 旅游经营者应当建立安全管理责任制，设置内部安全管理机构或者专门人员，配备必要的安全设备和设施，切实保障旅游者的人身、财产安全。

发生旅游安全事故，旅游经营者应当及时采取处理措施，并向旅游、公安等有关管理部门和所在区、县人民政府报告。

第五十条 经营涉及人身安全的特种旅游项目和客运索道、大型游乐项目，其设备、设施应当符合国家有关安全标准，并定期检测。

旅游经营者应当加强设备、设施的日常维护和保养，保证安全运转，对存在的安全事故隐患，应当立即组织消除。

第五十一条 旅行社组织旅游，应当保证所提供的服务符合保障旅游者人身、财产安全的要求；对可能危及旅游者人身、财产安全的事宜，应当向旅游者作出真实的说明和明确的警示，并采取防止危害发生的措施。

导游员在引导旅游者旅行、游览过程中，应当就可能发生危及旅游者人身、财产安全的情况，向旅游者作出真实的说明和明确的警示，并按照旅行社的要求采取防止危害发生的措施。

第五十二条 旅游区（点）应当根据接待需要，设置地域界限标志、服务设施和游览导向标志等；对具有一定危险性的区域或者项目，应当设立明显的提示或者警示标志，并采取必要的防护措施。

第五十三条 旅游区（点）应当根据旅游安全、环境保护、文物保护以及服务质量等要求，确定旅游接待承载能力，实行游客流量控制。

旅游区（点）达到或者接近游客流量控制标准时，旅游区（点）的经营管理者应当及时进行疏导，并采取分时进入或者限制进入等措施。

第五十四条 旅游者应当自觉遵守有关安全规定，增强自我保护意识。提倡旅游者参加人身意外伤害保险。

法条解读：《条例》第四十三条至第五十四条是对旅游经营者提供安全的旅游设施设备和安全健康的旅游服务的规定，体现了对旅游消费者合法权益保护的精神。

第五十六条　旅游者合法权益受到侵害或者与旅游经营者发生争议，可以通过下列途径解决：

（一）与旅游经营者协商和解；

（二）向旅游、工商行政等管理部门或者消费者协会申诉或者投诉；

（三）有仲裁协议的提请仲裁机构仲裁；

（四）向人民法院提起诉讼。

第五十七条　市和区、县旅游行政管理部门设立并公布旅游投诉电话，接受旅游者的投诉。

第五十八条　旅游行政管理部门接到旅游者投诉后，应当在10日内作出是否受理的决定，决定受理的，应当在45日内作出处理决定，并答复投诉者；对应当由其他行政管理部门处理的，及时转交有关部门处理。

北京市旅行社质量监督管理所依法受理旅游者对旅行社服务质量的投诉。

法条解读：第五十六条至第五十八条是对旅游经营者与旅游者争议机制的规定以及处理旅游者投诉时程序的规定。

福建省旅游条例

第二条　在本省行政区域内的旅游经营者、旅游者以及从事旅游市场监督管理的部门，应当遵守本条例。

本条例所称旅游经营者，是指有偿组织或者接待自然人进行观光、游览、度假等活动和有偿为上述活动提供交通、食宿、购物、娱乐等服务的企业、其他组织和个人。

法条解读：本条确定了《条例》适用的地域范围以及适用的对象：旅游经营者、旅游者以及从事旅游市场监督管理的部门，同时明确了旅游经营者的内涵。

第三条　省、设区的市以及具备发展旅游业条件的县（市、区）人民政府，应当将旅游业纳入国民经济和社会发展计划，加大对旅游业的投入，加强旅游基础设施建设，改善旅游环境，促进旅游业的发展。

法条解读：该条规定是第一次以法律条文的形式明确了旅游业的产业地位，要求省、市、县人民政府应当将旅游业纳入国民经济和社会发展计划，加大对旅游业的投入，加强旅游基础设施建设。

第四条　县级以上地方人民政府旅游行政管理部门依法负责本行政区域内旅游业的监督管理；其他有关行政管理部门按照各自的职责，协同旅游行政管理部门做好旅游业的管理与服务工作。

旅游行政管理部门可以委托旅游质量监督管理机构负责旅游市场秩序的监督检查，受理旅游服务质量投诉。

法条解读：本条规定"旅游行政管理部门可以委托旅游质量监督管理机构负责旅游市场

秩序的监督检查,受理旅游服务质量投诉”,从而避免了作为事业单位的各级旅游质监所在旅游执法过程中因不具有执法主体资格而当被告的尴尬局面,奠定了其作为委托执法主体的地位,为把旅游业纳入依法管理创造了必要条件。

第十条 国家所有的旅游资源的经营权,可以依法有偿出让给企业、其他组织和个人,但应当通过拍卖、招标或者协议的方式进行,具体办法由省人民政府制定。

法条解读:这一规定突破了长期以来国内争论不休的旅游资源经营权不许出让的禁区,为吸引外资、国内民间资本进入旅游资源经营领域开辟了广阔的前景,是立法上的突破。

第十二条 鼓励开发建设与自然景观、人文景观相融合的旅游区(点)、旅游项目,发展具有地方特色的旅游商品生产和健康文明的旅游娱乐项目。

第十三条 旅游区(点)建设必须执行建设项目环境影响评价制度。旅游资源与环境的保护设施,应当与旅游区(点)建设的主体工程同时设计、同时施工、同时投入使用。

法条解读:旅游资源开发建设要重视环境保护,应该遵循《环境保护法》中的“三同时”制度。

禁止在旅游区(点)内进行破坏资源与环境的采石挖土、修建坟墓、毁坏林木等活动。

第十四条 旅游者享有下列权利:

(一)要求旅游经营者全面、真实地提供服务的项目、标准、价格等有关情况;

(二)自主选择旅游经营者;

(三)按照约定获得质价相符的旅游服务,拒绝旅游经营者的强制销售和服务;

(四)由于旅游经营者的过错导致旅游者人身、财产权益受到损害的,有权要求赔偿;

(五)人格尊严、民族风俗习惯和宗教信仰自由受到尊重;

(六)法律、法规规定的其他权利。

第十五条 旅游者应当履行下列义务:

(一)履行合同的约定;

(二)遵守社会公德,尊重旅游区(点)所在地的民族风俗习惯和宗教信仰;

(三)遵守旅游秩序和旅游区(点)有关卫生、安全等管理规定;

(四)爱护旅游资源、旅游环境和旅游设施;

(五)法律、法规规定的其他义务。

法条解读:这是对旅游者权利义务的规定,符合旅游者作为消费者享有权利义务对等的原则。

第十八条 旅游经营者享有下列权利:

(一)依法自主经营;

(二)拒绝非法的检查、收费或者摊派;

(三)拒绝任何部门强制推销商品;

(四)检举控告侵犯其合法权益的单位和个人;

(五)参加行业协会;

(六)法律、法规规定的其他权利。

第十九条 旅游经营者应当履行下列义务:

(一)履行合同的约定;

（二）依照国家标准和行业标准提供规范化的旅游服务，公开服务的项目、标准、价格和商品的品名、规格、等级、价格，不得欺骗和误导旅游者；

（三）保护旅游资源和旅游环境；

（四）不得进行不正当竞争；

（五）对旅游从业人员进行法制教育、职业道德教育和业务技能培训；

（六）接受有关行政管理部门对其服务质量、旅游安全、食品卫生、公共场所卫生、服务收费和其他经营情况的监督管理；

（七）法律、法规规定的其他义务。

法条解读：《条例》充分保护旅游经营者享有的合法权益，同时赋予旅游者相关的义务，有利于规范旅游经营者的经营行为。

第二十一条　旅行社应当按照旅游行政管理部门制定的示范文本与旅游者签订书面合同；旅游者要求补充文本外条款的，旅行社应当与旅游者协商确定，并在合同中载明。

除不可抗力的原因外，未经旅游者同意，旅行社不得擅自改变旅游行程、变更服务项目、降低服务标准和加收费用。

第二十二条　旅游区（点）应当具备与接待容量相适应的基础设施、服务设施和防护设施，并在明显位置公示旅游咨询、旅游投诉和旅游救助的电话。

旅游区（点）的经营者可以径直接待本行政区域外旅游经营者组织的旅游者。

第二十三条　导游人员受旅行社、旅游区（点）经营者或者导游服务机构的委派，按照旅游经营者与旅游者的约定安排活动，不得擅自增减旅游项目、变更旅游计划、中止导游活动。

第二十四条　导游人员从事导游活动应当持证上岗，佩戴标志，文明执业，不得向旅游者兜售物品，不得以明示或者暗示的方式向旅游者索要小费，不得欺骗、胁迫旅游者消费或者与经营者串通欺骗、胁迫旅游者消费。

第二十五条　被授予星级的饭店、酒店、宾馆（以下称星级饭店）应当按照星级标准向旅游者提供相应的服务。

星级饭店不得超越评定的星级进行攀附性宣传。非星级饭店不得使用星级符号、与星级符号相似的标志及星级攀附性文字进行虚假宣传。

第二十六条　旅游经营者应当建立安全管理责任制，提高从业人员的安全知识和防范技能，配备与经营范围相适应的安全管理人员和安全设施，保障旅游者人身、财产安全。

第二十七条　旅游区（点）应当设置界限标志、服务设施和游览导向标志等；对具有一定惊险性和可能危及旅游者人身、财产安全的旅游区（点）或者项目，旅游经营者应当向旅游者作出真实的说明和明确的警示，并设置有效的安全防护设施。

第二十八条　客运架空索道、缆车、漂流、大型游乐场等旅游项目，其设备、设施应当经国家认可的检测机构检测合格，保持安全运行状态，并具备必要的安全保障措施。

第二十九条　发生旅游安全事故，旅游经营者应当及时采取救护措施，并向旅游、公安、卫生、安全管理等有关部门和所在地的县级以上人民政府报告。有关部门和单位应当积极协助，为紧急救援提供方便。

第三十条　依法应当由政府定（调）价的旅游项目，在决定价格或者调整价格前，县级以上地方人民政府价格主管部门应当通过听证的方式，听取旅游经营者和旅游者的意见。

第三十一条 旅游行政管理部门对旅行社、星级饭店、旅行车(船)队、旅游区(点)的质量等级管理实行公告制度。

法条解读:《条例》第二十一条至第三十一条对旅游发展、旅游者与旅游经营者权利与义务及相关法律责任作了明确规定,强调旅游者可按照约定获得质价相符的旅游服务,拒绝旅游经营者的强制销售和服务;旅行社应当按照旅游行政管理部门制定的示范文本与旅游者签订书面合同,未经旅游者同意,不得擅自改变旅游行程、变更服务项目、降低服务标准和加收费用;导游人员不得以明示或者暗示的方式向旅游者索要小费,不得欺骗、胁迫旅游者消费或者与经营者串通欺骗、胁迫旅游者消费,对旅行社、星级饭店、旅行车(船)队、旅游区(点)的质量等级管理实行公告制度等。

第三十二条 旅游行政管理部门不得对组织旅游者来本行政区域旅游的外地旅游经营者附加限制条件。

法条解读:该条打破了以往一些市、县旅游管理部门禁止外地导游带团直接进入景区旅游的禁令,废止了地方保护主义,为营造公平、规范、统一、开放的旅游市场秩序创造了有利条件。

第三十三条 旅游行政管理部门应当建立健全旅游投诉受理制度,接受旅游者的投诉。

旅游行政管理部门应当当场受理旅游者投诉;情况复杂的,应当在七日内作出是否受理的决定,并通知投诉人。

旅游行政管理部门决定受理的旅游投诉案件,保证金赔偿案件应当在九十日内处理终结,其他投诉案件应当在三十日内作出处理,并答复投诉人。

法条解读:这是对旅游投诉受理制度的一般规定。此处关于投诉案件处理期限(30日)与《旅游投诉处理办法》规定期限(60日)不同,根据新法优于旧法的原则,应当适用《旅游投诉处理办法》规定期限。

广东省旅游管理条例

第四条 发展旅游业应当坚持旅游资源的严格保护、合理开发和永续利用相结合的原则,坚持经济效益与社会效益、眼前利益与长远利益、局部利益与全局利益相结合的原则,正确处理好自然景观、人文景观的保护、研究、利用的关系,实现旅游业的可持续发展。

法条解读:这是关于发展旅游业原则的规定,可以归结为可持续发展的原则。

第七条 县级以上人民政府旅游行政管理部门会同规划、文化、环境保护、林业、水利、海洋、民族、宗教等有关部门制定本行政区域内的旅游发展规划,经上一级旅游行政管理部门审核后,报同级人民政府批准。

旅游发展规划应当符合城市总体规划、土地利用总体规划、海域开发利用总体规划,并与风景名胜区、自然保护区、文化宗教场所、文物保护单位等其他专业规划相协调。

制定旅游发展规划时,需要委托拟订的,应当委托具有专业资格的机构拟订。旅游发展规划实施中确需改变的,应当按原审批程序办理报批手续。

法条解读:旅游部门制定旅游规划应当经过双重审批,发展规划坚持总体规划与专业规划相协调的原则,并重视规划的专业化。

第十一条　旅游经营者必须依照法律、法规规定取得经营资格后,方可营业。

第十二条　旅游经营者的经营自主权受法律保护,任何单位和个人不得侵犯。

旅游经营者有权拒绝未办理合法手续、未出示有效执法证件的检查;有权拒绝强行推销商品或者安置人员;有权拒绝非法的收费和摊派;有权要求旅游行政管理部门和其他有关部门保守其商业秘密。

第十三条　旅游经营者经营旅游业,应当公开经营项目、标准,实行明码标价;提供与约定相符的服务或者商品。

旅游经营者应当执行依法制定的政府定价或者政府指导价,不得有哄抬物价、低价倾销、操纵市场价格、发布虚假广告和宣传资料等不正当竞争行为。

旅游经营者需要变更约定服务项目、内容、标准或者价格的,须事先征得旅游者的同意,不得损害旅游者的合法权益。

旅游经营者应当向旅游行政管理部门报送旅游统计资料。

第十四条　旅游经营者不得提供有损国家尊严、人格尊严、民族风俗习惯、宗教信仰的服务项目;不得使用胁迫或者欺骗的手段使旅游者接受服务或购买商品;不得采用明示或者暗示的方式向旅游者索取合同约定以外的费用;不得擅自在旅游景区(点)内或者邻近周围摆摊设点。

第十五条　旅游经营者应当根据有关安全管理规定的要求,配备安全管理人员、设备和设施,建立安全管理制度,保持旅游设备和设施运作良好,切实保障旅游者的人身、财物安全。

森林旅游应当切实做好防火工作,严防山火的发生。在文物保护区域内从事旅游活动,必须采取措施,防止文物遭受破坏。

经营涉及人身安全的特种旅游项目,应当采取可靠的安全保障措施,经验收合格后方可运营。对旅游中可能造成危险的情况,应当事先向旅游者作出真实的说明和明确的警示。发生安全事故时,旅游经营者应当及时救护和处理,并依法赔偿旅游者的损失。

第十六条　旅行社的设立和经营管理,导游人员从事导游活动,应当遵守国家的相关法律法规规定。

法条解读:《条例》第十一条至第十六条是关于旅游经营者权利义务的规定,旅游经营者拥有经营自主权,其含义是:可以拒绝不合法的检查;可以拒绝相关职能部门强行推销商品或者安置人员;可以拒绝不合理的收费与摊派;拥有商业秘密的保证权。旅游经营者的义务归纳为:必须有相应的经营资格;有明码标价的义务,不得进行不正当竞争;不得随意变更约定的服务项目;建立安全管理制度的义务;等等。

第十七条　依法设立的导游服务公司、旅游咨询服务公司,应当报旅游行政管理部门备案。

导游服务公司、旅游咨询服务公司不得从事旅行社的招徕、组团业务。

法条解读:导游服务公司依照有关规定到工商管理部门登记注册,对外以公司名义独立开展经营活动并承担法律责任。导游服务公司职能主要是:维护社会导游合法利益;促进旅行社向专业化发展;为旅游行政管理部门代行导游管理职能等。不论导游服务公司还是旅游咨询服务公司均不可从事旅游社业务(招徕、组团业务)。

第二十条 旅行社、旅游饭店(酒店)、旅游景区(点)、旅游车船公司等经营单位的管理人员、服务人员须接受职业道德教育和岗位专业培训,持证上岗。中、高级管理人员应当取得相应的岗位资格证书,专业技术人员应当取得相应的专业资格证书。

法条解读:这是对旅游经营者从业人员职业技能与职业道德素质要求的规定。

第二十一条 旅游从业人员不得以明示或者暗示的方式向旅游者索要小费。

法条解读:《条例》将禁止收取小费的制度对象范围直接扩大到所有的旅游从业人员。

第二十三条 旅游经营者可以依法成立或者参加旅游行业协会。旅游行业协会可以对其会员的经营活动进行协调、指导,提供咨询,开展旅游宣传促销活动,向旅游行政管理部门反映会员的要求和建议,争取和保障会员的合法权益。

法条解读:这是关于旅游经营者结社权的规定以及旅游行业协会的职责规定。

第二十四条 旅游者在旅游活动中享有下列权利:

(一) 人身安全、财物受到保护;

(二) 人格尊严、民族风俗习惯、宗教信仰受到尊重;

(三) 了解旅游服务项目的真实情况,要求旅游经营者提供有关服务内容、标准、价格等方面的资料;

(四) 自主选择旅游经营者及其服务项目,自主选购商品,决定接受或者不接受约定以外的服务;

(五) 按约定获得质价相符的服务和商品;

(六) 法律、法规规定的其他权利。

第二十五条 旅游者应当履行下列义务:

(一) 遵守法律、法规和社会公德;

(二) 尊重旅游地民族的风俗习惯和宗教信仰;

(三) 保护旅游资源和生态环境,爱护旅游设施;

(四) 遵守旅游秩序和安全、卫生规定;

(五) 履行旅游合同或者约定。

第二十六条 旅游者合法权益受到侵害时,可以要求侵犯其合法权益的旅游经营者停止侵权行为和赔偿损失;也可以向当地旅游行政管理部门或者消费者委员会等有关部门、机构投诉。

法条解读:旅游者享有《消费者权益保护法》规定的各种权利:人身财产安全保障权、自主选择权、人格尊严权等。这意味着,《条例》的精神是将旅游者看为一般的消费者;另外,从程序上看,旅游者在合法权利受到侵害时,有获得相关部门救济的权利。

参考文献

1. 韩玉灵.旅游法教程.北京:高等教育出版社,2003.
2. 杨富斌,王天星.旅游法案例教程.北京:知识产权出版社,2006.
3. 叶晓辉.旅游法理论与实务.北京:清华大学出版社,2009.
4. 宋才发.旅游法教程.北京:知识产权出版社,2006.
5. 杨朝晖.旅游法规教程.大连:东北财经大学出版社,2007.
6. 赵利民.旅游法教程,修订版.北京:科学出版社,2007.
7. 文风,孙旭.旅游法规与案例.北京:清华大学出版社,2010.
8. 帅建华.旅游法教程.长沙:湖南大学出版社,2005.
9. 黄恢月.旅游合同纠纷实务解析.北京:中国旅游出版社,2004.
10. 王利民.合同法案例教程.北京:中国人民大学出版社,2004.

教师反馈及教辅申请表

北京大学出版社以“教材优先、学术为本、创建一流”为目标，主要为广大高等院校师生服务。为更有针对性地为广大教师服务，提升教学质量，在您确认将本书作为指定教材后，请您填好以下表格并经系主任签字盖章后寄回，我们将免费向您提供相应教辅资料。

<table>
<tr><td>书号/书名/作者</td><td colspan="4"></td></tr>
<tr><td>您的姓名</td><td colspan="4"></td></tr>
<tr><td>校/院/系</td><td colspan="4"></td></tr>
<tr><td>您所讲授的课程名称</td><td colspan="4"></td></tr>
<tr><td>每学期学生人数</td><td colspan="2">______ 人　　　______年级</td><td>学时</td><td></td></tr>
<tr><td>您准备何时用此书授课</td><td colspan="4"></td></tr>
<tr><td>您的联系地址</td><td colspan="4"></td></tr>
<tr><td>邮政编码</td><td></td><td>联系电话
（必填）</td><td colspan="2"></td></tr>
<tr><td>E-mail（必填）</td><td></td><td>QQ</td><td colspan="2"></td></tr>
<tr><td colspan="3">您对本书的建议：</td><td colspan="2">系主任签字

盖章</td></tr>
</table>

我们的联系方式：

北京大学出版社经济与管理图书事业部
北京市海淀区成府路 205 号，100871
联 系 人：徐　冰
电　　话：010-62767312 / 62757146
传　　真：010-62556201
电子邮件：em@pup.cn　　xubingjn@yahoo.com.cn
网　　址：http://www.pup.cn
微　　博：北大出版社经管图书，http://weibo.com/pupem